창업가
의
질문

KB038514

창업가의 질문

스타트업을 준비하는
사람들이 궁금해하는
가장
보통의 질문

최유환 지음

pazit

추천의 글

송재훈 회장, MD, PhD
민트벤처파트너스 설립자, (전)삼성서울병원장

스타트업은 '제한된 자원으로 확장가능한 사업 모델을 찾기 위해 창업가에 의하여 만들어지는 신생 회사'로 정의됩니다. 그리고 창업가entrepreneur의 어원이 실행자undertaker 혹은 모험가adventurer라는 것도 창업의 과정이 기본적으로 실패를 극복하기 위한 도전과 모험의 과정임을 시사합니다. 이렇듯 창업가는 스타트업을 창업하고 발전시켜 나가는 기나긴 여정에서 수없이 많은 결정과 선택의 순간을 맞이하게 됩니다. 사업 아이디어나 기술의 평가, 사업화 타당성 검토, 사업 전략 및 사업 모델 수립, 회사 구조 및 팀 빌딩, 법인 설립, 투자유치, 상장이나 회사 매각 등 생애 전 주기에서 수없이 많은 장애물을 넘어가야 합니다.

최유환 대표의 역저인《창업가의 질문: 스타트업을 준비하는 사람들이 궁금해하는 가장 보통의 질문》은 예비 창업자나 초기 창업자들에게 가뭄에 단비 같은 신선한 인사이트를 제공하고 있습니다. 저자는 이론과 실무를 겸한 현장 전문가입니다. 필자는 바이오헬스케어 분야의 벤처스튜디오인 민트벤처파트너스의 스타트업 창업 프로젝트를 저자와 함께 진행하고 있는데, 그의 탁월한 식견, 다양하고 풍부한 현장 경험, 탄탄한 이론적 배경, 유연하고 논리적인 사고는 늘 인상 깊습니다. 이 책은 저자가 현장에서 직접 경험한 내용들과 창업에 대한 저자의 철학이 문답의 형태로 자세하게 설명이 되어 있습니다. 저자는 창업가들이 사업을 하는 동안 한시도 잊어서는 안 되는 마음가짐에 대한 조언을 자상하게 전하면서, 동시에 현실에서 부딪히는 창업의 다양한 이슈들에 대한 지혜로운 해답과 조언을 명쾌하게 풀어냅니다. 이 책이 스타트업 코리아를 꿈꾸는 창업자분 모두에게 성공을 향한 좁은 길을 잘 안내해주는 나침반이 되기를 바랍니다.

배인식 대표

'곰플레이어', '퍼블' 창업자

이 책을 읽는 내내 10년 전쯤 저자가 처음으로 창업한 회사에 선배 창업자로서 참여하고 도왔던 기억이 떠올랐습니다. 그때의 초보 창업자가 이제는 창업자들을 돕는 책을 내게 되었다니, 그와 함께했던 선배로서 흐뭇함도 감출 수가 없습니다. 비록 그때 그 회사는 실패로 끝이 났지만 그때의 경험이 지금의 저자를 만들었다는 생각이 듭니다. 성공을 자랑하는 책들은 많지만 사실 성공으로부터 배우기에는 한계가 있습니다. 저자가 성공과 실패의 경험을 두루 갖고 있기 때문에 이 책의 내용은 흔하게 접하기 어려운 실질적이고 깊이 있는 노하우로 가득합니다. 겪어보지 않고서는 알 수 없는 내용들을 미리 접할 수 있다는 것은 행운입니다. 이 책이 바로 예비 창업자와 초기 창업자에게 그런 역할을 할 것입니다.

송용범 대표

헬스케어앱 '똑닥' 창업자

《창업가의 질문: 스타트업을 준비하는 사람들이 궁금해하는 가장 보통의 질문》을 읽는 동안, 스타트업 창업 후 10년간 경험한 주요 이슈와 결정에 대해서 다시 한번 되돌아보게 되었습니다. 만일 그때 이 책이 있었더라면 창업의 과정에서 중요한 '시간과 돈'을 크게 아낄 수 있었을 거라 생각됩니다. 이 책에서 다루는 이슈들은 저 역시 창업의 과정에서 직접 경험한 이슈들이어서 읽는 내내 놀라움과 공감이 교차했습니다. 이러한 이슈들에 대해 가벼운 스킬이 아닌, '이슈의 본질과 근본적인 판단 기준'을 제시했다는 점에서 이 책의 가치는 매우 높다고 생각합니다. 창업 과정에서 만나는 본질적 고민을 던져주고 그에 대한 올바른 방향을 제시하고 있기 때문에, 만일 창업을 준비 중이거나 초기 스타트업을 운영하고 있다면 이 책을 반드시 지참하여 고민들이 생길 때마다 꺼내 보며 참고할 수 있으면 좋겠습니다.

김경환 상무, CFA

스마일게이트인베스트먼트

스타업에 투자하다 보면 "스타트업 대표를 위한 학원이라도 있었으면 좋겠다"라는 생각을 가끔 합니다. 좌충우돌하는 창업자들을 보면서 측은함과 안타까움이 느껴지기 때문입니다. 이 책은 그렇게 좌충우돌하는 스타트업 창업자들에게 꼭 필요한 지침서입니다. 저자는 전략 컨설팅, 대기업 신사업 기획, 그리고 스타트업 컨설팅사를 직접 창업한 이력 등을 바탕으로, 창업의 여정에서 마주하게 될 현실적인 문제와 해결책들을 이 책에 생생하게 담았습니다. 이 책은 성공을 "성취하는 것"이 아닌 "버티고 버티다가 끝내 만나게 되는 것"으로 정의하는데, 이는 저자가 스타트업의 현실을 얼마나 잘 이해하고 있는지, 또 이 책의 조언들이 얼마나 현실적인지를 알게 해줍니다. 교과서에서 나온 죽어 있는 글자들이 아닌 경험에서 나온 진심 어린 조언과 생생한 사례들은 창업의 길을 걷는 모든 이들에게 큰 힘이 될 것입니다.

이기호 본부장, 변리사

KB인베스트먼트

이 책은 마치 처음 만난 사이가 절친한 친구로 되어가는 과정처럼, 독자인 창업가들을 향해 조심스럽지만 대담하고 친절하게 다가가고 있습니다. 저자는 방대한 지식을 바탕으로 창업가들을 향해 창업의 길 속에서 피어나는 무수한 질문들에 명쾌한 조언들을 선사합니다. 나아가 저자는 창업가가 자칫 오만함으로 빠져들 수 있는 상황에서는 냉철하지만 진정성이 담긴 조언으로 다시 중심을 잡을 수 있도록 돕습니다. 이 책은 창업의 길 속에서 필요한 행동 지침과 지혜가 가득한, 마치 창업가에게는 잠언서箴言書와 같습니다. 창업의 길은 앎의 저변이 넓어지는 이성적 진화와 시장의 풍파를 극복하는 감정적 수련이 부단히 반복되는 길입니다. 창업가라면 무수히 놓이는 갈등의 상황에서 이 책을 창업의 동료이자 잠언서로 삼아 이 책 곳곳에 담겨 있는 지식과 지혜를 통해 위기 상황을 극복할 수 있을 것입니다. 마지막으로 이 책을 만난 모든 창업가에게 부디 이 책의 반복적인 탐독을 통해 시행착오를 최소화하면서 성공적인 창업의 길을 걸어가시기를 진심으로 응원하고 싶습니다.

신준석 교수
성균관대학교 산업공학과, (전)성균관대 기술경영전문대학원장

인생이 한 권의 책이라면, 창업자의 시간들은 긴 불안과 우울의 잿빛 페이지들일 겁니다. 성공한 창업자들이 "내 비법이 여기 있소"라고 소리치는 건, 그 시간들을 다른 색으로 덧칠하고 싶기 때문이겠지요. 하지만 긴 잿빛 페이지들 뒤에 금빛 페이지 몇 장을 더한다고 좋은 책이 될 수는 없다는걸, 그들도 알고 있습니다.

이 책은 그런 잿빛 시간들을 밝혀주는 흰 물감을 묻힌 붓과 같습니다. 차가운 물감이 닿으면, 알지만 잊고 있었던 길이 보입니다. 흰색을 더하면, 마음의 어두움이 옅어집니다. 그렇게 붓과 함께 그려진 창업의 시간들은 조금 더 밝고, 따뜻하고, 그래서 더 길어질 수 있을 겁니다. 주위 사람들의 시간도 그렇게 물들어 가겠지요. 긴 한숨을 쉴 때, 이 책의 한 페이지를 펼쳐 보기를 감히 권합니다. 한숨은 얕아지고, 마음은 밝아지고, 창업의 시간은 다시 움직이기 시작할 겁니다.

박소정 교수
서울대학교 경영대학, (전)서울대 벤처연합전공 주임교수

창업은 누구나 하고 싶어 하는 일이지만 두려운 일입니다. 또한 매력적인 일이지만 어려운 일입니다. 이 책은 선배 창업가이자 수많은 초기 창업가의 조력자가 예비 창업가의 마음속에 있는 바로 그 질문에 대한 답을 솔직담백하고 명쾌하게 들려줍니다. 서울대학교 벤처연합전공의 창업멘토로도 활동하고 있는 저자의 깊이 있는 경험과 인사이트를 엿볼 수 있어 매우 귀중한 책이라 여겨집니다. 당신이 예비 창업자 혹은 초기 창업자라면 망설이지 말고 이 책의 첫 장을 지금 바로 열어보시기 바랍니다. 저자가 실전에서 체득한 생생하고도 진심 어린 조언은 당신의 마음속 뿌연 연기를 걷어내줄 것입니다.

들어가는 글

"창업을 준비하거나, 창업에 대해 궁금해하는 사람들에게 어떤 애기가 도움이 될까?"

이 책은 이런 질문으로부터 시작되었습니다. 그리고 그에 대한 답은 신사업기획자, 스타트업 창업자, 그리고 스타트업 컨설턴트로서 25년의 시간을 보내는 동안 겪었던 저 자신의 직접 경험과 제가 만난 수많은 창업자를 통한 간접 경험으로부터 완성되었습니다.

창업을 준비하거나 창업을 궁금해하는 분들이 가지는 질문은 기본에 가까운 것들이 많습니다. 사실 창업을 한 번만 겪어봐도 알 수 있는 것들에 대해 여전히 많은 분이 저에게 질문을 하십니다. 이 책은 그런 공통의 질문들을 엮은 것입니다. 그리고 그에 대한 답들은 실전에서만 얻을 수 있는 노하우를 중심으로 담아 놓았습니다. 완벽한 이론을 설명하기보다는 실전에서 느꼈던 '경험지'를 담고자 노력했습니다.

여기에서 다루는 질문들이 지극히 기본적인 것임에도 불구하고, 제가 책으로 엮어야겠다고 마음먹은 것은 이런 기본적인 질문들이 스타트업의 출발선상에서 매우 중요한 의사결정 포인트들이기 때문입니다. 기본에 대한 답을 잘못 들고 시작한다는 것은 첫 단추를 잘못 채우는 것과 같습니다. 처음엔 체감을 못 하지만 시간이 흐를수록 잘못된 답 한두 개가 돌이키려 해도 돌이키기 어려운 난제로 남는 경우가 많습니다.

그렇기에 저는 스타트업 창업을 막연히 궁금해하는 단계에서부터 이런 기본적인 질문들에 대한 답을 깊이 고민하시면 좋겠다는 생각이 들었습니다. 특히 내가 창업자로서 맞는 사람인지, 초기 지분 구조는 어떻게 가져가야 하는지, 투자자와의 첫 관계를 어떻게 형성해야 하는지 등의 질문들은 매우 중요한 첫 단추들입니다.

"여기에서 제시한 답들을 그대로 따라가면 무조건 성공하게 되는 걸까?"

질문에 대한 답들을 정리하다 보니, 자연스럽게 이 책이 갖고 있는 '성공'에 대한 관점을 정해야 할 필요를 느꼈습니다. 스타트업 성공의 치트키cheat key 같은 것들을 엮어서 보여주면 좋겠지만 이 책은 조금 다르게 접근하고 있습니다. 그것은 스타트업 성공에 대한 관점이 다르기 때문입니다. 이 책은 지금껏 알려진 수많은 성공의 비결들을 탑재하면 누구든지 성공하게 될 거라고 생각하지 않습니다. 이 책에서는 스타트업의 성공을 '성취하는 것'

이라는 개념보다는 '버티고 버티다가 끝내 만나게 되는 것'이라는 개념으로 정의했습니다.

스타트업의 성공을 결과론적으로 분석한다면 통계적으로 몇 개의 성공 요소를 뽑아낼 수 있을 것입니다. 하지만 실제 창업에 뛰어들고 성공과 실패를 겪어본 창업자들은 성공이 그런 몇 가지의 요소로 달성되는 게 아니라고 말합니다. 그보다는 오히려 묵묵하게 한 길을 가면서 버티고 버틴 끝에 성공이 '찾아왔다'는 표현들을 많이 합니다. 그렇기에 이 책에서 다루는 질문에 대한 답들은 단숨에 성공하기 위한 비법을 담고 있다기보다는 '성공의 때'를 만날 때까지 잘 버틸 수 있는 탄탄한 기반을 마련하기 위해 필요한 것들을 정리해놓았습니다.

"이 책을 쓰는 근본적인 목적은 무엇일까? 궁극적으로 독자에게 주고 싶은 가치는 무엇일까?"

2013년의 어느 봄날, 컨설팅과 대기업의 화려한 커리어를 뒤로 한 채 저는 창업가의 길로 들어섰습니다. 이후 두 차례의 창업을 거치면서 저는 창업자의 고뇌와 외로움이 얼마나 큰지 몸소 느낄 수 있었습니다. 누구와도 고민을 나눌 수 없는 외로운 자리를 지키며 하루하루 앞으로 전진해 나가야 한다는 것이 창업자에게는 가장 큰 고통이자 숙명입니다.

저는 그러한 고민과 걱정을 함께 공감하고 문제를 함께 풀어가는 존재가 되고 싶어서, 두 번의 창업 이후 세 번째로 스타트업 컨설팅 회사를 설립하게 되었습니다. 때로는 제갈공명으로, 때로는 헬퍼로, 때로는 위로자로, 때로는 함께 뛰는 동료로 창업자의 곁을 지켜주는 것이 저의 일입니다. 이것이 제가 생각하는 '스타트업을 위한' 컨설팅입니다. 지난 5년간 스타트업 전문 컨설팅사를 운영하면서 수많은 창업자와 수많은 문제를 두고 함께 고민하며, 함께 울고 함께 웃었던 기억이 생생합니다.

이 책은 그러한 경험들이 공중에 휘발되지 않고 제가 만날 수 없는 불특정 다수의 예비 창업자 및 초기 창업자들에게 공감과 위로, 그리고 실질적인 실전 노하우를 전달하기 위해 쓰였습니다. 저마다 처한 상황이 다르기 때문에 이 책에서 말하는 내용이 결코 진리나 바이블이라고 생각하지 않습니다. 다만 여기에 담긴 실재적 경험들을 통해 문제를 해결할 실마리와 용기를 얻고, 창업자로서의 외로운 길을 걸어가는 지금의 현실에 조금이나마 위로받을 수 있다면 이 책의 가치는 충분하리라 생각합니다.

끝으로, 지금까지의 여정에 뜻을 함께해주시고 책의 추천사로 힘을 보태주신 송재훈 회장님, 배인식 대표님, 김경환 상무님, 이기호 본부장님, 신준석 교수님, 박소정 교수님, 그리고 출간의 과정에 많은 조언과 도움을 주신 박종호 님, 박재호 님, 최인호 님, 윤준민 님, 강명관 님, 안근용 님, 오세나 님께 감사의 말씀을 올리며, 사랑하는 가족과 모든 것의 근원이신 하나님께 감사드립니다.

차례

1부 창업을 꿈꾸고 준비할 때

2부 투자유치를 고려할 때

3부   전략적 의사결정이 어려울 때

4부   HR 이슈가 버거울 때

1부

창업을
꿈꾸고
준비할 때

01

창업을 꿈꾸는 당신에게 던지는
3가지 질문

창업을 준비하면서 두려움과 설렘이 교차합니다. 이런 시기에 어떤 마음
자세가 필요할까요?

"

'순수한 간절함이 있는가? 나의 기질에 대한 냉정한 판단을 했는가? 그
리고 가난하게 살 용기가 있는가?' 세 가지 질문이 필요해요. 창업의 달
콤함에 취해서 꿈을 꾸기보다는 창업에 대한 현실적인 대비를 했으면
합니다. 창업을 앞둔 지금이 나를 점검할 수 있는 마지막 기회이니까요.

Q

창업을 준비하고 있는 직장인입니다. 그동안 퇴근 후 시간과 주말을 이용해서 창업을 준비해왔고, 이제 곧 사표를 던지고 퇴사할 생각입니다. 그런데 막상 직장을 그만두려니 따박따박 받던 월급 생각도 나고 왠지 모를 두려움도 엄습합니다. 밤에 잠을 자려고 누우면 수백 가지 생각이 머릿속을 돌아다녀 쉽게 잠을 청하기도 어려운데, 또 한편으로는 새롭게 열릴 미래에 대한 기대감으로 가슴이 두근거리기도 합니다. 두려움과 기대가 교차하는 시기여서 그런지 생각도 너무 많고 어디에 마음과 정신을 둬야 하는지도 헷갈립니다. 창업을 앞둔 예비 창업자에게 어떤 마음 자세가 필요할까요? 이 중요한 시기에 어떤 것을 생각하고 고민해야 하는지 말씀해주세요.

A

예비 창업자님! 우선 미지의 세계로 걸음을 내딛게 되심을 축하드립니다. 얼마나 떨리고 긴장되고 설레일지 생생하게 느껴집니다. 말 그대로 밤잠 못 이루며 이 생각 저 생각으로 뜬눈으로 밤을 지새울 때가 많으실 겁니다. 저도 처음 창업을 준비할 때, 오만가지 생각에 잠을 못 이루던 기억이 납니다. 어떤 날은 침대에 누워 최악의 경우와 최고의 경우를 오가며 상상의 나래를 폈던 기억이 납니다. 성공한 모습을 그릴 때면 혼자 히죽거리기도 하고, 실패한 모습을 상상할 때면 한숨 쉬며 막막했던 기억도 납니다. 아직 창업하기 전인데도 말이죠.

이후 몇 번의 창업을 경험하면서 창업을 앞둔 상황에서는 이런 저런 상상으로 밤을 지새우는 것보다 사실 몇백 배 더 중요한 일이 있다는 것을 알게 되었습니다. 그것은 바로 지금 이 시간이 창업이라는 장도長道를 떠나기 전에 마지막으로 가질 수 있는 '나에 대한 점검의 시간'이라는 것입니다. 라스트 미닛 찬스Last minute chance, 마지막 기회라는 의미죠. 이 시간이 지나고 나면 창업에 대한 나의 결정은 돌이킬 수 없게 되고, 하루하루 급물살을 타며 롤러코스터에 몸을 맡긴 것처럼 정신없이 살아가게 될 것입니다. 때문에 지금 이 시간이 나에 대해 생각해볼 수 있는 '마지막 기회'인 것입니다.

그렇다면 이 마지막 기회에 무엇을 생각해야 할까요? 저는 세 가지를 제안드리고 싶습니다. 과연 나에게 창업에 대한 순수한 간절함이 있는지, 내가 창업자로서 충분한 기질을 지녔는지, 그리고 마지막으로, 가난할 수 있는 용기와 각오를 갖고 있는지입니다.

첫째, 창업에 대한 순수한 '간절함'이 있는가?

창업의 동기는 다양합니다. 누군가는 취업이 안 돼서, 누군가는 큰 성공을 이루고 큰돈을 벌고 싶어서 창업을 선택했을 수 있습니다. 또 누군가는 언론에서 보이는 창업자들을 보면서 마치 연예인이나 인플루언서가 되고 싶은 마음으로 창업했을지 모릅니다. 그런데 실제로 창업을 해본 많은 사람의 얘기를 들어보면, 비록 창업의 동기는 다양하겠지만 결국 내가 어떤 문제를 풀고 있고 어떤 혁신을 만들어가고 있는지, 그리고 누군가에게 어떤 가치를 제공하고 있는지가 명확해야 위기의 상황이 왔을 때 버틸 수 있다고 말합니다.

제가 말씀드리고 싶은 순수한 간절함이란 바로 이런 것입니다. 나는 어떤 혁신을 만들어내고 있는지, 어떤 가치가 있는 사업을 하려는 것인지에 대해 먼저 마음속에 명확하게 정의가 되어야만 '순수한 간절함'이라는 것이 생겨납니다. 중요한 것은 이러한 명제들이 단순히 머릿속에서 멋있는 말로만 정의되어 있어서는 안 됩니다. 나 자신이 이것에 대해 '진심으로 공감하고 확신하고 있는지'가 중요합니다.

사실 창업을 하고 회사가 잘될 때는 순수한 간절함이 있든 없든 별로 차이가 나지 않습니다. 그냥 그 자체로 신나고 행복한 시간들을 보내게 됩니다. 그러나 회사가 어려워지면서 난관에 부딪히고, 자금난을 겪고, 경쟁에 부딪히고, 또 직원들과의 관계에서 어려움을 겪는 등 여러 가지 문제를 만났을 때, 창업자가 이런 어려움들을 극복하고 버텨낼 수 있는 힘은 바로 이런 '순수한 간절함'으로부터 나옵니다.

이것은 마치 '좋아함'과 '사랑함'의 차이와도 같습니다. 어떤 이성을 내가 그냥 좋아하는 정도라면, 싫어하는 점이 보이는 순간 바로 마음이 떠나게 될 것입니다. 그러나 내가 순수하게 '사랑'한다면, 그 사람의 단점과 문제점이 보인다고 해도 오히려 그 사람을 더욱 감싸주고 챙겨주고 싶은 마음이 들 것입니다. 창업자와 사업의 관계도 이와 비슷합니다. 몇 가지 난관을 만났을 때 곧바로 마음이 식는다면 그 창업자에게는 그 사업에 대한 순수한 간절함이 없는 것입니다.

창업자도 사람이기에 위기의 상황에 부딪히게 되면 곧바로 모든 것을 놓아 버리고 싶은 충동을 느끼게 되죠. 지금 창업을 준비하는 여러분은 아직 공감이 되진 않겠지만 언젠가 창업을 하게 된다면 이런 어려운 순간들을 겪게 될 것입니다.

그런 어려운 순간이 왔을 때 나를 잡아주는 것은 무엇일까요? 어차피 취업도 안 되는데 그냥 버텨보자는 마음이 들까요? 아니면 돈 많이 벌어야 하니 이 정도 어려움은 참아보자 하고 견디게 될까요? 혹은 멋진 창업자들을 보며 '나도 반드시 저렇게 될 거야'라는 마음으로 견딜 수 있게 될까요? 이런 것들이 한두 번 정도는 나를 다시 일으켜줄 수 있겠지만, 근본적으로는 내 안에 명확한 명제가 자리 잡지 않으면 내가 가졌던 창업의 동기들은 생각보다 나를 지탱해주기에 부족하다는 것을 느끼게 될 것입니다. 그동안 제가 현장에서 만났던 수많은 창업자도 이 점에 대해서는 같은 생각을 갖고 있습니다. 힘든 순간에 나를 붙잡아주는 건 내 안에 있는 강한 확신뿐이라고 말합니다.

저도 대기업 생활을 접고 처음 창업했을 때 빨리 성공해서 내가 유능한 사람이라는 것, 혼자서도 멋지게 일어날 수 있다는 것을 과시하고 싶은 마음이 컸습니다. 내가 만드는 가치보다는 빨리 남들에게 보여주고 싶은 마음이 훨씬 컸습니다. 그러다 보니 회사가 어려움을 겪고 자금이 말라가고 머지않아 폐업할 수밖에 없는 상황에 부딪혔을 때, 이 사업을 지탱해야만 한다는 간절함이 그다지 느껴지지 않았습니다. 조금 더 적나라하게 표현하면 내가 이 사업을 위해서 버텨야 한다는 마음보다는 '아, 내가 아이템을 잘못 만났구나. 빨리 다른 아이템으로 갈아타서 내가 원하는 것을 이루어야겠다'라는 얄팍한 생각이 바로 들었습니다. 그 이유는 제 안에 순수한 간절함이 없었기 때문입니다. 제 안에 순수한 간절함이 없는 상태에서 단순히 창업이 가져다주는 달콤함만을 기대하며 뛰어들었기에 어려움이 닥쳤을 때 바로 무너지게 되었던 것입니다.

지금 여러분은 어떠신가요? 언젠가 멋지게 성공해서 달콤한 열매를 한 입 베어 물고 시원한 바람을 쐬며 그 성취감을 즐기게 된다고 상상하는 것 자체를 부정하거나 비난하고 싶지 않습니다. 그러나 중요한 것은 그러한 달콤한 상상만으로는 버텨내기 힘들다는 것을 꼭 알고 계시길 바랍니다. 그렇기 때문에 내가 하고 있는 이 사업에 대한 근본적인 질문, 어떤 문제인지, 어떤 혁신인지, 어떤 가치인지를 명확하게 정의하고 또 스스로가 이 부분을 얼마나 공감하고 있는지 다시 짚어보는 것이 좋습니다.

둘째, 나의 '기질'에 대한 냉정한 판단이 있는가?

처음 창업에 뛰어드는 사람들은 누구나 자신감이 넘칩니다. 누군가는 능력이 있고, 누군가는 독보적인 기술이 있고, 누군가는 리더십이 좋고, 누군가는 인맥이 좋고, 누군가는 학벌이 좋고….
이런 자신감을 갖고 창업판에 뛰어들기 때문에 자신만만해합니
다. 그러나 실제로 창업을 겪어본 많은 선배 창업자가 "사업은 종
합예술"이라고 말합니다. 즉 한두 가지 재능만으로 자신만만해
서는 안 된다는 것입니다. 내가 어떤 한 가지 역량이나 한 가지
분야에 특출난 능력이 있다고 해서 반드시 사업에 성공하는 것
은 아니라는 겁니다.

실제로 그런 예는 주변을 살펴보면 아주 쉽게 찾아볼 수 있습
니다. 업무 능력이 뛰어난 사람인데 사업에서는 고전을 면치 못
하는 경우, 리더십이 훌륭한 사람인데 막상 자기 회사를 차리니
리더십 때문에 위기를 겪는 경우, 또 인맥이나 학벌이 좋은데 잠
시 동안 인맥으로 반짝하는 듯하다가 기울어져 버린 경우 등 다
양한 사례들을 발견할 수 있을 것입니다.

자, 그럼 한두 가지 역량만으로 성공할 수 있는 게 아니라면,
도대체 무엇이 중요하다는 것일까요? 능력과 역량은 분명히 중
요한 요소이지만 이런 것들 이전에 '내가 어떤 기질을 가지고 있
는지'를 생각해보는 것이 중요합니다. 나라는 사람이 '누가 시키
는 일을 잘해내는 사람인지, 아니면 스스로 일을 만들어내는 사
람인지'를 잘 판단해봐야 합니다. 창업은 하고 싶은데 나는 그냥
주어진 일을 잘하는 사람이라면 지금이라도 창업을 포기하는 게
나을 겁니다. 그런데도 창업을 꼭 하고 싶다면, 공동창업자로서
함께하는 것이 더 좋습니다. 즉 나의 기질에 대한 냉정한 판단이

필요합니다. 나의 기질을 먼저 판단한 후에 그에 맞는 위치와 역할로 창업에 뛰어드는 것이 현명할 것입니다.

아무리 뛰어난 기술자나 개발자라 하더라도 사업을 돌파하고 스스로 일을 만들어낼 수 있는 역량이 없다면 사업을 이끌어 가는 꼭짓점의 자리를 지키기에는 부적합할 것입니다. 이런 분들은 내가 만든 회사이고 내가 가진 기술이니 내가 무조건 원톱으로 창업을 주도해야 한다고 고집을 부리는 모습을 종종 보이는데요. 이런 경우 대부분 상당한 어려움을 겪고 무너지게 됩니다. 자신의 기질에 맞지 않은 역할을 억지로 맡아서 끌고 갔기 때문입니다. 기술자와 사업가는 전혀 다른 영역인데 나에 대한 판단 없이 내가 모든 것을 차지해야 한다고 판단했기 때문입니다. 나의 잘못된 판단으로 인해 창업 이후 회사의 구성원 모두가 겪게 될 고통을 생각해본다면, 오히려 창업을 준비하는 지금 이 시점에 나의 기질에 대해 냉정하게 판단해보는 게 필수입니다.

물론 사람에 따라서는 아직까지 경험해보지 않았기 때문에 스스로를 판단하기 어려울 수도 있습니다. 이런 경우는 어찌되었든 모험을 해봐야겠지요. 그러나 나의 기질에 대한 판단이 불가능하다는 결론을 내리기 이전에 면밀한 노력을 해볼 필요가 있습니다. 거창하지 않습니다. 학창 시절 과제를 수행하는 과정에서 나의 행동이 어땠는지, 동아리 활동을 했다면 그 안에서의 나의 역할과 성향은 어땠는지, 회사 업무 과정에서 나의 적극성과 주도성은 어땠는지 등 이렇게 지난 시절 경험들을 돌아보면 나의 기질에 대한 판단을 내릴 수 있을 것입니다. 창업을 준비하는 이 시기가 지나고 나면, 나의 기질에 대한 뒤늦은 판단과 후회가 생겼다고 해도 그때는 이미 회사 구조나 리더십 체계를 바꾸기 어려워집니다. 때문에 지금 이 시기에 나의 기질에 대해 깊이 고민해 보시기 바랍니다.

셋째, 가난하게 살 수 있는 용기가 있는가?

평생을 창업과 신사업 개발과 관련된 일을 했던 저는 '가슴 뛰는' 일을 하며 살아온 사람입니다. 그런데요, 아이러니하게도 저는 '가슴 뛰는 일을 해라, 좋아하는 일을 해라'는 말을 별로 좋아하지 않습니다. 정확히 말하면 이런 말을 싫어한다기보다는 이런 선언적 문구만 던져서는 안 된다는 것입니다. 성공한 사람들을 소개하는 수많은 책, 강연, 언론기사 등을 보면, 좋아하는 일에 몰두하고 가슴 뛰는 일을 하기 위해 끈질기게 노력한 결과 큰 성공을 거뒀다는 점에만 초점을 둡니다. 물론 그 이야기 속에서는 그가 겪은 고생담도 담겨 있을 것입니다. 그럼에도 불구하고 이야기의 매력도를 올리기 위해 결과적으로 그가 거둔 성공에 무게를 두는 경우가 많습니다. 그러다 보니 성공에 이르기까지 겪었던 수많은 고난과 고초는 그다지 머릿속에 남지 않습니다. 그래서 저는 창업을 준비하는 사람들에게 늘 조건을 달고 얘기합니다. "가슴 뛰는 일을 해라! 다만 그러려면 죽도록 고생할 각오도 해라." 특히 현실적으로는 죽도록 고생한다는 말 대신 "가난하게 살 각오도 해라"는 말을 자주 합니다.

막상 창업을 해보면 일 자체가 어려워서 힘들어하는 사람은 별로 없습니다. 일은 어떤 식으로든 내가 시간을 투자하고 노력하면 풀리는 부분들이 많습니다. 따박따박 월급을 받던 직장을 퇴사하고 창업한 분들의 얘기를 들어보면, 일 자체보다는 직장생활 대비 느껴지는 재정적 불확실성에 힘들어합니다. 안정적으로 들어오던 월급이 더 이상 들어오지 않고, 재정 상태가 불규칙적이라는 것에 대한 심리적, 실질적 어려움을 많이 겪게 됩니다. 매월 돌아오는 월급날 직원들에게 월급을 주어야 하는 스트레스는 물론이고, 때때로 데스밸리를 지나갈 때는 몇 개월씩 내 월급은 챙겨갈 수조차 없는 상황을 대부분의 창업자는 겪게 됩니다. 그리고 행여 투자를 잘 받았다 하더라도 투자자의 눈치를 보며 나와 내 가족이 삶을 영위하기에는 턱없이 부족한 낮은 수준의 월급을 가져가야만 하는 상황을 버텨야 하는 것이 현실이죠. 그래서 눈앞이 캄캄해지는 이런 일들을 몇 번 경험하고 난 창업자들에게는 그저 '가슴 뛰는 일을 해라'는 말이 무책임하게 느껴지는 것입니다.

일전에 TV 채널을 돌리다가 한 다큐멘터리 프로그램을 보게 되었는데요. '제주도의 푸른밤'이라는 노래를 만들고 노래한 가수 최성원 씨가 실제로 제주도에 살고 있는 모습을 담은 프로그램이었습니다(2015년 11월 7일 MBC 휴먼다큐 '사람이 좋다'). 그런데 그날 제가 본 방송에서는 최성원 씨의 아들이 출연해서 함께 차를 몰고 어디론가 향하는 장면이 나왔는데요. 음악 활동을 본업으로 하고 있는 최성원 씨의 아들이 푸념을 하는 장면이었습니다. 음악을 하니 돈도 없고 일도 잘 풀리지 않는 것 같고 여러 가지로 살기 힘들다는 것이었습니다. 그때 최성원 씨가 아들의 말을 들으며 따뜻한 위로를 건넬 줄 알았는데, 뜻밖에도 무심한 말투로 툭 던지듯 이렇게 말했습니다. "너 음악 좋아하잖아. 네가 좋아하는 일 하고 있잖아. 좋아하는 일을 하면 가난하게 살 수도 있어야지." 이 말 속에 제가 예비 창업자들에게 줄 수 있는 아주 간결하고 강력한 메시지가 담겨 있다는 생각이 들었습니다. 아마도 최성원 씨의 말에는 평생의 인생 경험과 지혜가 담겨 있을 것입니다. 지금이야 K팝 스타가 전 세계적으로 주목을 받고, 아이들의 선망의 대상이 되고, 상상할 수 없는 큰 부를 획득하는 최고의 직업이 되었지만, 최성원 씨가 가수로 활동하던 시대에는 딴따라라 불리며 무시를 당하기도 했습니다. 이런 시대에 좋아하는 일을 선택해서 자신의 업으로 해나간다는 것은 지금보다 훨씬 더 큰 비장함과 용기, 각오가 필요했을 겁니다. 특히 가난하게 살 수 있는 각오가 필요했을 것입니다.

창업을 한다는 것이 바로 이런 길을 걷는 것과 비슷하다고 생각합니다. 아직도 99% 이상의 스타트업들은 망하거나 빛을 보지 못한 채 기울어가는 것이 현실입니다. 그리고 단 1%만이 살아남는다는 이 확률은 시간이 흘러도 변하지 않을 것입니다. 오죽하면 한 창업자는 이런 말을 했습니다. "돈을 벌기 위해 창업한다는

데 그건 아주 이상한 말입니다. 99%의 회사는 망하지 않습니까? 그런데 왜 창업의 길을 돈을 벌 수 있는 길이라고 생각할까요?" 네, 저도 이 말에 크게 공감합니다. 아마 우리는 창업을 해서 돈을 못 벌 가능성이 더 크고, 성공하기보다는 망할 가능성이 더 클 겁니다.

그렇다고 해서 지금 창업을 준비하는 분들에게 "자, 이제 이쯤에서 창업을 포기하시죠"라고 말씀드리는 것은 아닙니다. 저는 여전히 누군가에게는 인생을 살면서 한 번쯤은 도전해봐야 할 일이라고 생각하기 때문입니다. 다만 이토록 현실적인 어려움이 수반되는 길이니 가슴 뛰는 일을 한다는 푸른 꿈에만 젖어서 현실감각 없이 창업에 뛰어들지는 말았으면 하는 당부의 말씀을 드리는 것입니다.

창업을 하고 사업을 진행하는 동안, 나의 생활 수준을 좀 더 낮추고 지출을 줄여서 가난하게 살 수 있는 각오도 해야 합니다. 때로는 생계를 위해 본업 외에 사이드잡을 찾아야 할지도 모른다는 것을 미리 알고 시작했으면 합니다. 단순히 각오하는 것을 넘어 미리 대비하고 준비해야 합니다.

창업을 해보고 싶은 분들, 혹은 창업을 준비하고 있는 분들을 만나게 되면 저는 가장 먼저 이 질문부터 합니다. "한동안 소득이 전혀 없다고 가정하면, 지금 가지고 있는 돈으로 몇 개월 동안 삶을 유지할 수 있나요?" 만일 그 기간이 채 1년이 안 된다면 창업을 하는 동시에 생계를 위한 사이드잡을 반드시 수행해야 한다고 조언합니다. 만일 소득 없이 버틸 수 있는 기간이 매우 짧거나 혹은 생계를 위한 수단을 따로 마련하기 어려운 상황이라면 아예 창업을 보류하는 것은 어떠냐고 얘기합니다. 창업의 꿈에 부풀어 있는 사람에게는 매우 냉정하고 차가운 얘기겠지만, 창업은 현실이기 때문에 매우 직설적으로 이런 말씀을 드리는 편입니다.

저는 여러분이 창업을 통해 큰 성공까지는 이루지 못한다 하더라도 창업의 과정을 거치는 동안 조금이라도 고생을 덜 하기를 바라는 마음뿐입니다. 지금 창업을 준비하고 계시는 여러분께 창업은 좋은 것이고 멋진 것이고 짜릿한 것이라고 말씀드리는 것은 너무 쉽습니다. 그리고 이미 그런 메시지는 여기저기에 넘쳐납니다. 그렇기에 누군가는 창업에 대한 순수한 간절함을, 나에 대한 냉정한 판단을, 인간으로서 최소한의 생활을 유지할 수 있는 준비를 반드시 강조해야 한다고 생각합니다. 창업자란, 어차피 가만히 놔둬도 이상의 날개를 펴기 마련입니다. 그렇기에 창업자를 돕는 조력자인 저는 이상과 현실의 균형을 맞출 수 있도록 도와드리려는 것입니다. 멋진 꿈을 품는 만큼, 현실을 잘 헤쳐가는 것도 성공하는 창업의 필요충분 조건임을 잊지 마시길 바랍니다!

02

창업에 준비된 사람은 없지만, 창업에 맞는 사람은 있습니다

중소기업에서 연구원으로 일하며 창업을 준비하고 있습니다. 전공도 경영과 무관하고, 연구원 생활만 하느라 사업과 관련된 경험이 전혀 없습니다. 이렇게 창업에 있어서는 배운 것도 없고 준비된 것도 전혀 없는 제가 창업을 해도 괜찮을까요? 어떤 것을 준비하고 갖춰야 성공하는 창업가가 될까요? 막상 창업하려니 아무것도 준비되어 있지 않은 것 같아 걱정이 앞섭니다.

--- " ---

아무리 위대한 창업자도 태어날 때부터 준비되어 있는 사람은 없습니다. 그러니 너무 주눅 들거나 위축될 필요는 없습니다. 다만, 창업에 '준비된' 사람은 없어도 창업에 '맞는' 사람은 있습니다. 내가 창업이라는 업의 본질에 잘 맞는 사람인지 판단해보세요.

Q

안녕하세요? 창업을 심각하게 고려하고 있는 중소기업 소속의 연구원입니다. 주변에서 창업한 친구들을 보면 어떤 친구는 정말 사업가 기질이 있어서 창업하는 것 같고, 또 어떤 친구는 사업가 기질은 없지만 직장생활의 대안으로 창업의 길을 선택한 것 같습니다. 언론에 나오는 성공한 창업자들을 보더라도 어떤 분은 굉장히 내성적이어서 왠지 사업가의 느낌이 없는 반면, 또 어떤 분은 전형적인 천재 창업자처럼 보입니다.

과연 창업은 어떤 사람이 해야 하는 걸까요? 창업을 위해 어떤 것이 준비되어야 성공할 수 있을까요? 저는 기계공학을 전공했고, 창업에 대해서는 직·간접적으로도 경험해본 적이 없습니다. 창업에 전혀 준비가 안 되어 있는 상태인데, 이런 상태로 창업해도 괜찮은 건지 궁금합니다.

A

네, 정말 좋은 질문을 해주셨네요. 이 질문은 사실 창업을 고려하는 직장인뿐만 아니라 대학생, 주부, 은퇴자 등 창업을 고려하는 모든 분께 해당하는 아주 좋은 질문입니다. 답부터 말씀드리면, '예비 창업자가 무엇을 준비해야 하는가'라는 질문에 앞서서 내가 창업에 정말 맞는 사람인지를 먼저 고민해봤으면 합니다. '이런 책을 보세요, 저런 강의를 들으세요'와 같은 직접적인 답을 드리지 못해 죄송하지만, 창업에 대한 스킬과 노하우를 익히는 것보다는 우선 자신이 창업에 맞는지를 고민해보는 것이 진정한 '준비'라고 생각합니다(사실 창업에 대한 스킬과 노하우는 이 책을 잘 읽어 보면 많은 도움을 받을 것이라고 생각합니다).

아무리 위대한 창업자라도 태어날 때부터 창업에 준비된 사람은 없습니다. 위대한 창업자는 빚어지고 만들어지는 것이지 처음부터 탄생하는 것은 아니라고 생각합니다. 왜 그럴까요? 그건 바로 성공적인 창업가가 되기 위한 공통의 특징 같은 것을 정의하기 어렵기 때문입니다. 만약 창업에 성공한 사람들이 공통적으로 A, B, C라는 세 가지 요소나 스펙을 갖고 있다면, 예비 창업자들은 이 세 가지 요소를 장착하면 될 것입니다. 그렇게 될 수만 있다면 세상에는 준비된 창업자가 존재할 것입니다. 그러나 현실에서는 성공한 창업자들을 공통적인 특징 몇 가지로 정의한다는 것은 매우 어려운 일입니다.

저는 대학이나 기업에서 창업가 정신이라는 주제로 특강을 하는데요. 사실 이런 주제의 특강이 가장 어렵습니다. 창업가의 특징과 정신을 한두 가지로 표현하기가 사실상 불가능하기 때문입니다. 100명의 창업자가 있다면 그 100명은 모두 다른 사람들이기 때문에 그들이 만들어내는 100가지의 사업 또한 그 색깔과 성장 과정, 고난의 스토리가 모두 다릅니다. 어느 하나 닮은 구석이 없는 모두 다른 스토리를 갖고 사업을 만들어 나갑니다.

저는 현장에서 연간 20~30개의 스타트업들을 꾸준히 컨설팅하고 있고, 매월 검토하는 사업계획서 및 IR 문서만 해도 수십 개에 달합니다. 그런 수많은 회사를 직·간접적으로 경험하면서 느끼는 것은 각자가 가진 창업의 배경, 동기, 당위성, 계기 등이 전부 다르다는 것입니다. 어떤 일관된 원칙이 있다고 얘기할 수 없다는 것입니다.

'창업자는 열정이 있어야 한다. 문제 해결을 잘해야 한다. 끈기가 있어야 한다. 인맥이 있어야 한다. 돌파력이 있어야 한다. 집중력이 높아야 한다' 등 이런 여러 가지 얘기가 수많은 언론, SNS, 서적을 통해 다루어지고 있습니다. 하지만 사실 이런 이야기들은 통계적으로 찾아낸 공통점에 불과합니다. 실제로 창업자 한 사람 한 사람이 가지고 있는 기질은 너무나 다양합니다. 때문에 이런 기질과 역량을 몇 개의 단어로 표현한다는 것이 저는 옳지 않다고 생각합니다. 그리고 재미있는 사실은 열정, 문제 해결능력, 끈기, 인맥, 돌파력 등은 사실 창업뿐만이 아니라, 직장생활이든 취미생활이든 육아 현장이든 사람이 수행하는 모든 일을 성공적으로 해내는 데 반드시 필요한 덕목입니다.

그리고 또 언론, SNS, 서적에서 정의하는 몇 가지 멋스러운 단어들은 예비 창업자에게 오히려 잘못된 인식을 주어서 근거 없이 과도한 자신감을 갖게 하거나, 혹은 반대로 과도하게 위축되게 할 수 있는 위험성이 있다고 생각합니다. 실제 현장에서 창업자들을 만나 보면 그렇게 멋진 몇 가지 단어로 표현할 수 있는 사람들이 아닙니다. 누군가는 굉장히 게으르고 놀기 좋아하는 사람인데, 오히려 이런 사람에게 아주 흥미로운 아이디어가 떠올라서 그 아이디어를 통해 사업으로 발전되는 경우도 있습니다. 또 누군가는 열정을 다하고 문제를 잘 해결하는 사람이지만 그럼에도 시기를 잘못 만나거나 혹은 코로나와 같은 외생 변수에 의해서 실패하는 경우도 있습니다. 전자는 누가 봐도 창업가 정신이라는 멋진 단어에 안 어울리는 사람이지만 성공했고, 후자는 누가 봐도 전형적인 창업가 정신을 갖고 있지만 실패했죠.

말씀드리고 싶은 것은 이것입니다. 통계적으로 분석했을 때 성공한 창업자들이 가지고 있다는 공통적인 기질이나 마인드셋을 가지고 있으면 창업에 성공할까요? 그렇지 않다는 것입니다. 좋은 창업자, 성공하는 창업자가 되기 위해서 무언가를 준비하고 갖춰야만 한다는 것 자체가 저는 어불성설이라고 생각합니다. 예비 창업자 자신이 가지고 있는 기질, 장·단점, 강·약점이 무엇인지 잘 파악하고, 창업 준비 과정에서부터 자신만의 창업 스토리를 만들어가는 것이 가장 중요합니다. 창업의 출발선상에 서서 성공한 사람들의 특징을 보며 나의 준비도를 판단하려고 애쓰는 대신, 나 자신만의 스토리를 어떻게 만들어갈지 고민해야 합니다.

그렇다면 아무 생각 없이 그냥 뛰어들면 되는 것일까요? 그렇지 않습니다. 앞에서 말씀드렸듯이, 진정한 준비는 자기 자신이 창업에 맞는 사람인지를 고민해보는 것입니다. 창업을 준비하는 단계에서 대부분의 예비 창업자는 사업 아이디어를 만들어내고, 회사를 설립하고, 팀을 꾸리고, 제품을 준비하는 등 현실적으로 닥쳐오는 수많은 '할 일'에만 몰두하게 됩니다. 즉 본격적으로 시작하기에 앞서 내가 창업해도 되는 것인지, 내가 정말 창업에 맞는 사람인지에 대한 고민은 하지 못한 채 현실의 굴레 속에서 하루하루 정신없이 보내게 된다는 것입니다.

저는 자기 자신에 대한 판단이 가장 중요하다고 생각합니다. 이것은 찌개집 비유(질문 03 핵심역량이 없는 제너럴리스트 창업자에게 참고)에서 얘기했던 핵심역량이나 자산을 보유해야 한다는 것과는 또 다른 얘기입니다. 내가 가진 스킬, 노하우, 인맥, 역량, 자산 등이 아닌, 보다 더 기저에 있는 자기 자신만의 '본성과 기질'에 대한 부분입니다. 예비 창업자가 어떤 본성과 기질을 가지고 있어야 창업에 잘 맞는지를 얘기해보려는 것입니다.

저는 세 번의 창업을 경험했고, 지금은 수많은 스타트업과 한 몸이 되어 실제 창업 현장을 치열하게 경험하고 있습니다. 직·간접적으로 창업의 현장을 겪으면서 제가 느끼는 것은 확실히 창업에 '맞는' 본성과 기질이 있다는 것입니다. 창업에 준비된 사람은 없지만 창업에 맞는 사람은 있습니다.

쉽게 말하면 이런 것입니다. 누군가 시키는 일을 잘하는 사람이라면 개인적으로 저는 그런 분은 직장생활을 하는 것이 맞다고 생각합니다. 누가 시키지도 않았는데 일을 계속 벌이거나 스스로 문제를 발견하고 정의할 수 있는 본성과 기질을 가진 분들이 창업에 맞다고 생각합니다. 주어진 문제를 푸는 것도 필요하지만, 그보다는 문제 자체를 정의해내는 것이 창업자에게 필수적인 기질입니다.

이것을 판단하기 위해서는 결국 자기 자신에 대한 고찰이 핑장히 중요한데요. 지금까지 수많은 경험을 돌아볼 필요가 있습니다. 만일 직장인이라면 직장에서 있었던 여러 가지 경험을 통해 자기 자신이 어떤 사람인지를 판단할 수 있을 것입니다. 대학생이라면 과제를 수행하거나 동아리 내에서의 활동들을 돌아보면서 내가 어떤 사람인지 판단할 수 있을 것입니다. 남들이 주도하는 일의 일원이 되어 주어진 일을 열심히 해내고, 그것에서 성취감을 느끼고, 조직에 속한 소속감을 느끼는 것에 의미를 더 많이 두고 있는 사람이라면 사실 창업에 맞는 기질은 아니라고 생각합니다. 이런 분들은 창업하더라도 자신이 주도하기보다는 공동창업자나 초기 멤버로 합류하는 것이 나을 것입니다(아, 간혹 회사에서는 주도적이지 않았던 분이 자기 사업을 차리고 나면 누구보다 주도적으로 일을 해내는 분도 있습니다. 그러니 직장에서의 모습 또한 스스로 세밀하게 돌아보면서 정확한 판단을 해보길 바랍니다. 나의 기질을 누르고 철저히 작장인 모드로 살아간 세월은 나의 기질을 판단하는 표본으로 적합하지 않습니다).

반대로 어딜 가든 스스로 뭔가 일을 만들어내고, '이것도 해보자, 저것도 해보자'라는 제안과 아이디어가 샘솟는 사람이라면 창업자로서의 본성과 기질을 지녔다고 생각합니다.

2013년 2월, 저는 컨설팅사와 대기업에서의 경력을 뒤로하고 처음으로 창업의 세계로 뛰어들었습니다. 컨설팅사나 대기업에 있을 때도 새로운 사업을 일으키는 부서에 있었고, 뭔가 새로운 아이디어를 제안하거나 '이것저것 해보자' 하는 업무를 주로 했습니다. 그런 업무를 하는 동안 큰 즐거움과 보람을 느꼈습니다. 저에게는 새로운 일을 벌이고 도전하려는 기질이 있었던 것입니다. 저에게 그런 기질이 있었음에도 오랜 세월 대기업 생활을 하는 동안 저는 어느새 주어진 일을 열심히 해내는 데 익숙한 사람이 되었습니다. 그래서 대기업의 자리를 박차고 나와 첫 창업을 했을 때 가장 당황스러웠던 순간은 누구도 나에게 일을 시키지 않고, 누구도 나를 감시하지 않고, 누구도 나를 평가하지 않고, 동시에 누구도 나를 보호해주지 않는다는 것이었습니다. 이런 부분이 굉장히 당황스러웠고 힘들었습니다.

그 이후 두 차례 더 창업하면서 저는 결국은 제 안에 있는 창업자로서의 기질을 되찾긴 했습니다. 그러나 제가 아마도 20~30년 이상 조직에서 계속 일을 했다면 원초적으로 가지고 있던 창업자로서의 기질보다는 주어진 일을 열심히 하는 기질로 굳어졌을지 모른다는 생각이 듭니다. 그만큼 자신이 본원적으로 어떤 기질을 가지고 있는지 판단하는 것은 굉장히 중요하고 어려운 일입니다. 그러나 그 기질을 파악해야만 창업의 길고 험한 시간이 즐거움과 행복이 될 수 있습니다.

질문자께서도 스스로 내가 창업에 맞는 사람인지를 질문해보길 권합니다. 언론에 나오는 창업자들의 스토리를 보며 어떤 스킬을 배워야 하는지를 고민하기보다, 자기 자신을 더 깊이 파보는 시간을 가져야 합니다. 본격적으로 창업의 바퀴가 굴러가면 더 이상은 나를 돌아보고 챙길 수 있는 시간이 없기 때문입니다. 지금 현재는 비록 내가 주어진 숙제를 잘하는 사람이라 하더라도 삶의 순간순간 되돌아보았을 때 '아, 내 내면에는 창업자의 기질이 있구나'라는 것을 발견할 수도 있고요. 또 반대로 지나온 세월 내내 뭔가를 벌이고 이끌어 가는 자리에 있었다고 하더라도 내심 '나는 누군가가 일으키는 일을 성실하게 열심히 해내는 게 행복한 사람이구나'라고 느낄 수도 있습니다. 이러한 판단은 사실 자신밖에는 할 수 없습니다. 시중에 떠도는 이런 저런 심리 테스트를 한다 해도 알 수 없는 것입니다.

성공한 사람들이 무엇을 갖고 있는지를 살펴보는 것에 노력을 기울이기보다는, 창업이라는 멈출 수 없는 게임을 시작하기에 앞서 훨씬 더 근본적이고 본원적인 문제에 여러분의 시간과 노력을 기울여 보시길 권합니다.

03

핵심역량이 없는
제너럴리스트 창업자에게

경영 관련 업무의 경력만 쌓아온 직장인입니다. 저처럼 기술자가 아닌 사람이 창업하려고 할 때 어떻게 하면 좋을까요?

"

김치찌개 하나 못 끓이면서 찌개집 사장을 하겠다고요? 제너럴리스트 generalist 창업자들이 범하는 흔한 오류입니다. 핵심을 남에게 맡기고 본인은 경영만 하면 된다고 생각하죠. 대기업에서는 워킹하겠지만 스타트업에서는 매우 위험합니다. 어떻게든 핵심역량과 핵심 프로세스를 본인이 직접 보유하고 습득하고 장악해야 합니다.

Q

안녕하세요? 저는 창업을 준비 중인 대기업 직원입니다. 이번에 회사에서 맡게 된 프로젝트가 너무 잘돼서 회사 내에서 큰 칭찬도 받고 특별 승진도 하게 됐습니다. 그런데 그렇게 맡았던 일이 잘되고 나서 그 프로젝트를 위해 바쳤던 시간을 돌아보니, 이게 결국은 잘돼도 내 사업이 아닌데 '내가 여기에 왜 이렇게까지 열정을 바쳐야 하지?'라는 생각이 들더군요. 그래서 회사에서의 성공 경험을 바탕으로 자신감을 탑재하고 직접 창업해볼까 합니다.

참고로 저는 대기업에서 전략 기획과 신사업 기획을 수행해왔으며, 약 15년 동안 신사업 추진을 통해 수많은 사업을 기획하고 만들어가는 과정을 경험했습니다. 그래서 사업 기획에 대한 경험도 충분하다고 생각하고, 새롭게 사업을 벌이는 것과 관련해서 필요한 인맥도 많이 갖추고 있다고 생각합니다. 다만, 한 가지 걸리는 부분은 제가 특정 산업 영역이나 특정 분야에 대한 기술자가 아니라는 것입니다. 회사에서 주어진 다양한 일들을 수행하다 보니, 특정 분야에 대한 전문성보다는 제너럴리스트로 커리어를 쌓아왔습니다. 저와 같이 기술자가 아닌 사람이 창업해도 괜찮을까요? 기술이 없는 약점을 보완할 방법이 있을까요?

A

대기업을 다니며 창업을 준비 중이시군요. 대기업을 다니다가 창업을 선택하는 분들의 대부분은 기술자, 개발자, 과학자의 커리어를 가진 분들이 많습니다. 아무래도 이런 분들은 기술 개발에 대한 아이디어를 갖고 있어서 이를 바탕으로 창업하기 용이하기 때문일 것입니다. 하지만 이런 개발자 못지않게 질문하신 분처럼 전략 기획, 신사업, 경영 관리 등의 분야에서 일을 하다가 창업을 하는 분들도 꽤 있습니다. 그런 분들은 공통적으로 본인이 가진 업무 능력에 대한 자신감, 조직 관리에 대한 연륜, 인맥과 네트워크에 대한 자부심, 사업 기획력에 대한 풍부한 경험 등 자신감이 충만한 경우가 많습니다. 즉 경영자로서의 역량을 충분히 갖췄다고 자신하기 때문에 창업에 쉽게 도전하는 것입니다.

물론 이런 경영자로서의 역량도 창업을 하고 스타트업을 이끌어가는 데 있어서 굉장히 중요한 역량입니다. 실제로 스타트업이 어느 정도 성장했을 때에는, 대기업에서 쌓았던 리더십과 체계적인 관리 역량이 사업을 성장시키고 투자자나 파트너사들을 설득하는 데 분명히 긍정적 역할을 합니다. 뿐만 아니라 조직 및 인사와 관련된 수많은 질문을 해결하는 데도 대기업에서 쌓은 역량과 경험은 큰 도움이 됩니다.

그러나 저는 일반적인 상황에서 스타트업에게 필요한 경영자로서의 역량이 아닌 '초기' 스타트업에게 어떤 역량이 필요한지 위주로 말씀드리고 싶습니다. '경영자로서의 역량'이 분명히 회사 운영에는 중요한 요소임에도 불구하고, 처음 창업했을 때는 사실 이런 역량보다 더 중요한 역량이 따로 있습니다. 그것은 바로 사업을 구현하는 데 없어서는 안 될 역량, 즉 그 사업의 핵심

역량Core capability입니다. 비유적으로 표현해서, 찌개집을 열겠다면 창업자가 김치찌개 하나라도 직접 끓일 수 있어야 한다는 의미입니다.

대기업에서 전략, 경영, 재무, 관리, 지원, 인사 등의 역할을 했던 분들의 공통점은 실제로 김치찌개 하나 손님상에 내놓을 수 없는, 즉 사업을 만들어내어 돌아가게 만드는 핵심적인 역량이 없다는 것입니다.

찌개집 주인이 찌개 하나 끓이지 못하면서 식당 청소 잘하고, 서빙 직원들과 화목하게 잘 지내고, 카운터 잘 지킨다고 식당 운영이 잘될 수 있을까요? 저는 '제대로' 운영되기 어렵다고 생각합니다. 어쩌다 좋은 주방장을 만나서 찌개 맛집으로 유명해진다 한들, 그 주방장이 자리를 비우거나 돌연 퇴직이라도 한다면 식당 주인은 쩔쩔매면서 영업을 중단할 수밖에 없는 상황이 되겠죠. 핵심역량을 식당 주인이 아닌 주방장이 보유하고 있기 때문에 벌어지는 상황입니다.

스타트업에서는 어떨까요? 제가 작은 식당을 비유로 들었지만, 스타트업에서 일어나는 일도 동일합니다. 경영자로서의 능력만 믿고 창업하게 되면 모든 것을 누군가에게 의존해야 하는 상황이 옵니다. 실제로 제가 자문했던 한 스타트업의 경우, 대표님이 사업에 대한 아이디어를 갖고 출발했고 훌륭한 네트워크를 지니고 있었습니다. 하지만 앱서비스Application Service를 만들어낼 수 있는 역량이 없었습니다. 언변도 좋고 경영에 대한 경험도 많은 분이어서 각종 대회, 정부 과제 지원, IR 피칭에서는 좋은 성과들을 냈지만, 정작 앱서비스를 출시하는 데 있어서는 큰 어려움을 겪었습니다. 여차하면 개발자가 이직하고 여차하면 디자이너가 이직하니, 본래 잡아두었던 출시 목표 일정을 계속 미루게 되었습니다. 그리고 여러 사람의 손을 타는 앱서비스가 되다 보니 앱의 퀄리티도 떨어지게 되었죠. 이후에 우연히 믿을 만한 외주 개발사를 만나면서 앱서비스를 출시하긴 했지만, 계속해서 누군가에게 의존해야 하니 불안한 시간을 보내고 있습니다.

그분은 이렇게 말했습니다. "내 아이디어는 비록 여기저기서 환영을 받았지만, 사업을 만들어내는 건 전혀 다른 얘기더라고요. 이렇게까지 모든 것을 의존해서 만들어야 하는 사업인 줄 알았다면, 애초에 저는 시작도 안 했을 겁니다. 회사 밖에서도 안에서도 저는 모든 사람에게 '을'입니다."

물론, 누군가 이런 반론을 제기할 수 있을 겁니다. 찌개를 기가 막히게 끓이는 주방장을 데려와서 이직하지 않게끔 잘 관리하면 되지 않겠냐고. 네, 그 말씀도 틀린 건 아닙니다. 실제로 충분히 좋은 인맥이 있다면, 좋은 사람 뽑아서 회사에 자리 잡게 만들고 이직하지 않도록 섬세하게 소통하고 관리하면서 운영할 수도 있겠죠. 그러나 핵심역량을 지닌 누군가를 잘 뽑는 것도, 자리를 잘 잡게 만드는 것도, 잘 유지하는 것도 사실 매우 어려운 일입니다. 이 모든 것이 조화롭게 돌아가게 하면서 회사를 운영하기란 하늘의 별따기만큼 어려울 것입니다.

혹시 이 말을 대기업 직원이 듣는다면 크게 공감하지 못할 수도 있을 것입니다. 그 이유는 대기업 환경이 주는 착시 때문입니다. 상대적으로 대기업은 브랜드(소위 명함빨), 시스템, 직업 안정성 등이 있기 때문에 인재를 채용하고 유지하는 데 훨씬 편합니다.

반면 스타트업은 브랜드도 시스템도 안정성도 없기 때문에 사람 하나를 채용하고 유지하는 게 여간 어려운 일이 아닙니다. 게다가 경기가 침체하고 스타트업 업계에 찬바람이 불기 시작하면 인재 유지는 더욱 어려워집니다. 어려운 시기에도 대기업은 그나마 사람을 유지할 체력이 되지만 스타트업은 곧바로 풍파를 맞고 흔들리거나 쓰러지게 되니까요. 그러니 대기업 출신의 제너럴리스트들은 그동안 대기업에서 겪었던 인재 채용과 유지의 경험을 기준으로 판단하면 절대 안 된다는 말씀을 드리고 싶습니다.

자, 그렇다면 이런 제너럴리스트들이 창업하려면 어떻게 해야 하는 것일까요? 다음과 같은 3가지 방법이 있고, 자신에게 가장 잘 맞는 방법을 선택해야 합니다.

첫째, 자신에게 전문성이 있는 분야를 찾는다.
둘째, 사업에 필요한 핵심역량을 배운다.
셋째, 새로운 발상으로 기존 시장의 전문성을 뛰어넘는다.

지금부터 하나씩 설명해드리겠습니다. 이제부터 설명해드릴 내용은 예비 창업자의 질문에 답하는 형태로 작성되었으나, 사실 이러한 조언은 이미 사업을 시작한 초기 창업자들에게도 마찬가지로 적용됩니다. 핵심역량이 없는 창업자로서 시작했다면 다음 내용을 잘 읽어보시길 바랍니다.

1. 자신이 갖고 있는 전문성을 기반으로 사업 모델을 찾는다.

일이든 취미든 그동안 보내왔던 세월을 돌아보며, 내가 가진 전문성이 무엇일지 고민하면서 사업 모델을 찾는 것입니다. 남들이 좋다고 하는 트렌드를 따르는 것이 아니라, 철저히 내가 가진 역량으로부터 출발해서 사업 모델을 선택하고, 이를 어떻게 하면 차별화할 것인지를 고민하는 것입니다. 제너럴리스트라 하더라도 각자 갖고 있는 강점과 흥미 분야는 분명히 있을 것입니다. 전략, 재무, 인사, 마케팅 등 업무상의 강점을 활용해서 컨설팅업에 뛰어들거나, 관련된 업무용 제품 및 서비스를 만들거나, 취미 분야를 활용하여 사업을 시작하는 것이 사례가 될 것입니다.

재무, 인사 등의 분야에서 업무 지원 IT 플랫폼을 만들거나, 업무 경험을 토대로 취업 코칭 사이트를 만들거나, 유학 경험을 토대로 유학 관련 사업을 하거나, 취미를 살려 고급 자전거나 고급 오디오를 거래하는 사이트를 만드는 등 다양한 사업 모델이 가능할 것입니다. 물론 이런 사업은 대부분 확실한 경쟁자가 존재할 것입니다. 또한 내 역량을 기준으로 찾기 때문에 트렌드에 부합되거나, 소위 말해 힙hip해 보이지 않을 수도 있습니다. 때문에 투자유치를 받거나 스케일업scale-up에 있어서는 한계를 지닐 수도 있을 것입니다.

그러나 저는 태양 아래에 새로운 사업은 없다고 생각합니다. 때문에 사업의 성패는 새로우냐 아니냐보다는 어떻게 시장을 창출해내고 차별화할 것인지에 달려 있다고 생각합니다. 그래서 가장 중요한 것은 내가 가지고 있는 것이 무엇인지를 곰곰이 생각해보는 것입니다. 나만이 갖고 있는 무언가를 찾는다면 베스트이지만, 그렇지 않더라도 남들보다 잘한다고 생각되는 일이나 혹은 남들과 차별화할 수 있는 자신감이 있는 일을 찾는 것도 충분히 의미 있다고 생각합니다.

2. 내가 하고 싶은 사업이 있다면 그 사업에 필요한 핵심역량을 어떻게든 배우고 나서 창업한다.

내가 가진 역량을 기반으로 해서 사업을 만들면 가장 이상적이지만, 내가 가진 역량이 사업화에 적합하지 않거나, 혹은 내게는 역량과 경험이 전혀 없지만 마음을 뺏겨서 너무나 하고 싶은 사업이 있을 경우 제너럴리스트가 선택해야 하는 방법입니다. 이 경우에는 우선 그 사업을 하기 위한 핵심역량이 무엇인지 파악해야 합니다. 해당 사업의 본질이 무엇인지 고민하고, 이미 그 사업을 하고 있는 분들을 만나 인터뷰도 해보고, 리서치를 통해 그 사업에서 성공한 분들이 어떤 경력과 스토리를 갖고 성공할 수 있었는지 분석해보는 등의 노력이 필요합니다. 이렇게 여러 가지를 조사하고 고민해보면, 해당 사업에서 어떤 역량이 정말 핵심적인지 알 수 있게 됩니다.

핵심역량이 정의되었다면, 이제 그 핵심역량을 배우기 위해 어떤 방법이 있는지 고민해봐야 합니다. 도제 시스템으로 형성된 사업이라면 2~3년간 풀타임으로 누군가의 밑에서 열심히 일을 배워야 할 것입니다. 그러나 경험만으로도 상당 부분 쌓을 수 있는 역량이라면, 아르바이트나 파트타임 형태로 관련 사업장이나 회사에서 일을 하면서 배우는 것도 방법이겠죠. 이 경우는 심지어 회사를 다니면서 퇴근 후나 주말 시간을 활용하여 사이드 프로젝트side project처럼 수행할 수도 있습니다. 이렇게 경험을 쌓아야 하는 경우라면 어떤 식으로든 OJTOn the Job Training의 형태로 배우는 것이 가장 좋을 것입니다.

또, 어떤 사업은 학위나 라이선스를 필요로 하는 경우도 있습니다. 이런 경우라면 학교에 입학하거나 라이선스 취득을 위한 준비의 시간을 투자해야 할 것입니다. 마음은 당장이라도 창업하고 싶겠지만 앞서 말씀드린 이유들을 생각하며 나 스스로가 사업의 핵심역량을 습득하기 위한 투자를 결코 아끼지 말아야 합니다.

3. 새로운 발상을 이용해 기존 시장이 규정하는 전문성을 뛰어넘는다.

쿠팡의 창업자는 물류 전문가가 아니었고, 토스의 창업자는 금융 전문가가 아니었습니다. 그럼에도 성공할 수 있었던 이유는 무엇일까요? 그것은 바로 새로운 발상으로 기존의 프로세스를 새롭게 정의하고, 이를 통해 확보된 자산으로 시장에 진입했기 때문입니다.

'쿠폰이 팡팡'이라는 의미의 '쿠팡'은 초기에 소셜커머스 업체였으나, 소셜커머스로 확보한 유저 베이스User base, 사용자 기반를 토대로 전통의 커머스 시장을 공략했습니다. 이때 내세웠던 것이 바로 로켓배송입니다. 기존에도 익일배송이 일부 존재했으나, 익일배송을 '보장'하는 시스템은 기존 시장에서는 구현되기 어려운 상황이었습니다. 쿠팡의 새로운 발상은 이것을 보장한다는 점이었고, 이를 구현하기 위해서는 기존 시장이 정의하는 '전문성'을 뛰어넘는 새로운 어프로치(접근법)가 있어야만 가능했죠.

토스의 사례도 유사합니다. 토스의 창업자는 금융과는 거리가 먼 경력을 갖고 있었지만, 간편송금 서비스를 통해 유저 베이스를 확보하고, 이를 토대로 전통 금융 영역으로 진입하고 있습니다. 수수료 없는 간편송금을 위해 초기에는 직원들이 수작업으로 송금해주는 방식으로 수행했는데요. 이 부분이 어찌 보면 좀 기괴해 보이지만 결과적으로 이런 새로운 발상이 사업을 일으키는 토대가 되었습니다. 수수료가 없으니 유저들이 모여들었고, 그렇게 모인 유저들을 통해 은행과의 제휴와 정부에 대한 설득을 이어갈 수 있었던 것이죠.

쿠팡과 토스의 공통점은 기존 시장의 질서에서는 생각할 수 없었던 새로운 발상을 통해 유저라는 자산을 확보하고 이 자산을 통해 기존 시장에 진입하여 시장을 흔들었다는 점입니다. 새로운 발상으로, 새로운 접근을 했으니 기존에 정의된 전문성이라는 게 의미 없어지는 것입니다. 전문성이라는 것마저 새롭게 만들어가며 사업을 전개한 것입니다.

제너럴리스트로서 가진 역량에 대한 확신도 없고, 새롭게 역량을 확보하기도 어렵다면, 이러한 새로운 발상을 통해 시장을 흔들 만한 사업 모델을 만드는 것이 좋습니다. 물론 3가지 방법 중 가장 난이도가 있고 검증도 많이 필요한 방법이므로 많은 고민을 해야 하고 강력한 실행력도 필요합니다.

대기업 경력의 제너럴리스트라면 조금 서운하게 들리겠지만, 지금 자신이 가지고 있는 역량은 어쩌면 대기업이라는 환경에서 한정적으로 인정되는 역량일지 모릅니다. 그렇기 때문에 제너럴리스트가 정말 창업해도 되는지 안 되는지에 대한 판단은 회사에서 거대한 시스템의 일부로 인정받은 역량을 기준으로 삼지 말고 실제로 내가 사업을 만들고 수행하고 일으키기 위해 필요한 핵심역량과 자산을 가지고 있는지를 기준으로 해야 합니다. 조직에서 얻은 자신감만으로 창업을 꿈꾼다면, 오히려 창업을 해서는 안 되는 때라고 생각하시길 바랍니다!

04

New가 꼭 Best는
아니에요

사업 아이템을 찾고 있는데, 웬만하면 누군가 다 하고 있더라고요. 새로
운 아이디어를 찾는 게 너무 어려운 것 같습니다. 그렇다고 스타트업이
기존에 있던 아이디어 조금 변형해서 창업하는 건 좀 아닌 것 같아서요.
새로운 아이디어를 찾을 때까지 기다리는 게 맞겠죠?

--- 66 ---

New가 꼭 Best는 아니에요. 특히 이공계나 연구자 출신의 창업자들이
이런 틀에서 벗어나기 어려워합니다. 아이템이 새로울수록 찾기도 어렵
지만, 창업을 한다 해도 챌린지가 몇 배로 더 많습니다. 강박적으로 새
로운 것을 찾기보다는 기존에 있는 것들을 새로운 접근방식으로 해석해
보는 것이 오히려 더 유리합니다.

Q

저는 창업을 준비하고 있는 생활가전 대기업의 연구소 직원입니다. 창업 아이템을 여러 가지 생각하면서 창업을 준비하고 있는 예비 창업자인데요. 막상 아이템들을 생각해낸 후 관련 특허나 기존에 나와 있는 유사 제품들을 리서치해보면, 의외로 비슷한 것이 존재하는 경우가 많더라고요. 그래서 이렇게 저렇게 고민하다가 결국은 아이템을 잡지 못하고 계속해서 탐색만 하고 있는 중입니다. 뭔가 새로운 아이디어들이 잘 떠오르지 않을 때에는 어떻게 해야 될까요?

뭔가 기존에 없는 새로운 아이템이 있어야만 스타트업으로서 인정도 받고 투자도 잘 받을 거라는 생각이 드는데…. 기존의 것들과는 차별화된 사업 아이디어를 만들어낼 수 있는 노하우가 있을까요? 제가 기술자이고 연구원이다 보니 뭔가 새롭지 않은 것에는 흥미도 잘 못 느끼겠고, 그런 아이템으로 창업하면 왠지 스타트업이 아니라는 생각도 듭니다. 세상에 없는 무언가를 찾기 전까지 창업을 계속 미루는 게 나을까요?

A

대기업 연구직으로 계시다가 조기은퇴 후 창업을 꿈꾸는 분들이 참 많습니다. 저에게도 그런 분들로부터 컨설팅 의뢰가 꽤 많이 들어오는 편입니다. 그런데 많은 분이, 특히 엔지니어 출신의 연구원들 혹은 순수과학을 하셨던 연구원들이 대부분 '새로운 아이디어'를 들고 회사를 창업해야 한다고 생각하시더라고요.

그런데 제 생각은 다릅니다. 반드시 새로운 것만이 스타트업의 요건은 아닙니다. 새롭지 않은 아이디어로도 충분히 성공적인 스타트업을 이끌어 가는 경우가 많습니다. 또, 심지어 전혀 새롭지 않고 이미 시장에 검증된 1인자가 있는 경우에도, 그 1인자 대비 약간의 차별화를 통해 확실한 2인자로 시장 내에서 입지를 다지는 경우도 많습니다. 오히려 이런 사업 계획에 투자자들은 지갑을 열기도 합니다. 이미 검증되고 안정된 사업 모델에 뛰어든다고 생각하기 때문에 투자자들이 안심하는 측면도 있습니다.

새로운 것New만이 베스트Best는 아닙니다. 스타트업의 창업은 사업을 하는 것이지, 연구나 학업을 하는 것이 아니기 때문입니다. 창업에는 여러 가지 이유와 동기가 있지만, 우리가 창업을 하는 것은 결국 기업을 세우고 사업을 영위하면서 이윤을 창출하기 위해서입니다. '돈 벌고 싶어서 창업했소'라고 인정하면 속물처럼 보일까요? 하지만 창업하는 사람들의 마음속에 이런 동기가 없다면 거짓이라고 생각합니다. 그리고 이런 상업적 동기가 없다면 그 또한 문제가 있는 창업자라고 생각합니다. 이러든 저러든 사업의 본질은 돈을 버는 데 있다는 것을 인정해야 합니다.

다시 말해, 세계적인 논문을 쓰거나 학계에서 학문적 공로를 인정받는 일과 사업은 전혀 다른 본질을 지니고 있다는 것입니다. 물론, 스타트업을 운영하는 동안 저술했던 책이나 논문이 학계에서도 상당한 학문적 가치를 인정받는 경우가 있습니다. 그러나 그것은 분명 스타트업을 운영하는 과정에서 생겨나는 일종의 부산물 같은 것입니다. 그러한 학문적 성과가 사업의 주목적이

될 수는 없습니다. 학문적 성과를 주목적으로 하고 싶다면 학계나 연구소로 가서 활동하는 것이 맞겠죠. 스타트업은 아무리 멋있는 말로 부른다 한들 결국은 기업입니다. 그것도 아주 작은 기업이죠. 그러니 기업을 세우고 기업의 영업활동을 영위해 나간다는 것에 대한 본질은 바뀌지 않습니다.

이러한 스타트업 창업의 본질에 대해 제가 계속 강조하는 것은 창업의 목적을 세상에 없는 무언가를 만드는 데 둘 필요는 없다는 것을 설명하기 위함입니다. 물론, 세상에 없던 무언가를 아주 멋지게 내놓을 수 있게 된다면 금상첨화겠지만, 그렇지 않은 상황이라도 '사업적으로 의미가 있다'면 창업하기에 충분하다는 것을 강조하고 싶습니다. 즉 창업을 준비하는 우리에게 있어 첫 번째 질문은 새롭냐 아니냐가 아니라, '사업이 될 만하냐 아니냐'가 되어야 한다는 것입니다. 사업 아이템을 바라보는 관점을 재정의해야 한다는 뜻입니다.

실제로 새로운 것만을 추구하는 경우에는 생각보다 많은 챌린지에 맞닥뜨리게 됩니다. 새롭다는 것은 시장도, 경쟁자도, 고객의 니즈도, 그리고 규제조차도 명확하게 정의되어 있지 않은 경우가 대부분입니다. 그렇기 때문에 새로운 것을 만들면 기술적으로는 좋아 보일지 모르지만, 사업적으로는 오히려 새롭다는 이유 때문에 넘어야 될 벽의 높이만 높아질 뿐입니다.

실제 현장에서도 완전히 새로운 아이템을 들고 IR 활동을 수행하는 창업자는 투자자들로부터 꼬리에 꼬리를 무는 수많은 질문을 받을 수밖에 없습니다. 예를 들어, '배달의민족'을 처음 만들었을 때 투자자들은 어떻게 생각했을까요?

정말 수요는 있을까? 전단지를 보고 전화를 걸어 충분히 배달시킬 수 있는데, 사람들이 앱으로 주문을 하게 될까? 생태계를 형성하는 주요 이해관계자인 식당 주인들은 이 앱을 어떻게 받아들일까? 기존에 없었던 앱에 들어온 주문을 확인해야 하고, 배달라이더 배치 상황을 체크해야 하고, 라이더가 음식을 가져가면 픽업했다는 표시를 해야 하고, 배달이 끝나면 리뷰에 대해 신경을 써야 하는 등 이런 식의 새로운 프로세스를 기존의 식당 주인들이 과연 기꺼이 받아들일까?

게다가 이 플랫폼 사업자는 돈을 어떻게 벌어야 할까? 돈을 누구에게 받아야 할까? 식당 주인에게 받아야 할까? 일반 소비자에게 받아야 할까? 돈을 받는다면 얼마가 적당할까? 그래서 과연 그만한 돈을 낼 의향은 있을까? 기존에 금전적 부담 없이 전화 한 통이면 배달이 되는 세상이었는데 이 앱이 조금 더 편리하다 한들 여기에 과연 돈을 내고 쓰게 될까?

또, 이 앱이 운영되려면 배달 인프라가 탄탄해야 하는데, 라이더들을 충분히 모집하고 그들에게 충분히 돈벌이가 될 만한 사업일까? 라이더들을 운영하는 데 있어 현실적 장벽은 무엇일까? 규제는 없을까? 오토바이 라이더들의 안전 문제는 어떻게 책임져야 할까? 또 배달 사고가 일어났을 때 책임은 누구에게 있는 것일까? 이런 부분에 있어서 문제가 됐을 때 회사는 과연 이런 것들을 감당할 수 있는 준비가 되어 있을까?

이렇게 정말 많은 질문이 꼬리에 꼬리를 물고 나올 수밖에 없을 것입니다. 그 이유는 단 하나입니다. 이 서비스가 세상에 없었던 새로운 것이기 때문입니다. 누군가 이미 이 사업을 하고 있었다면 이런 질문의 대부분은 이미 답을 갖고 있었을 것입니다. 새로운 것에는 벤치마크 포인트도 레퍼런스도 없으니 당연히 모든 질문에 열려 있는 채로 사업이 시작될 수밖에 없는 것입니다. 물론, 사업을 계획한 창업자는 저 질문들에 대해 확신을 갖고 답을 준비했겠지만, 사업을 시작하는 시점에서는 세상에 그 누구도 저 모든 질문에 대한 정답을 알고 있다고 확신할 수 없을 것입니다. 새로울수록 챌린지가 많다는 것이 바로 이런 부분입니다.

그런데 만일 '배달의민족'이 업계 1위로 이미 사업을 영위하고 있는 상황에서 후발 사업자로 나섰던 '요기요'를 창업한다면 투자자들은 어떻게 받아들일까요? 투자자 입장에서 요기요의 사업 모델은 어쩌면 설명할 필요도 없을 것입니다. 배달의민족을 기본으로 카피한 모델이니 여기에 어떻게 차별화 포인트를 가져갈 것인지만 확인하면 되는 것이죠. 즉 배달의민족을 이미 이용하고 있는 사람들을 어떻게 뺏어올 것인지, 혹은 시장의 풀을 어떻게 더 키워서 전체 시장을 키우는 전략으로 갈 것인지 등 이런 것들에 대한 큰 방향성만 확인된다면 의외로 투자자들은 쉽게 지갑을 열 수도 있을 것입니다(물론 이건 투자자의 성향에 따라 크게 달라집니다. 모든 투자자가 후발 사업자를 좋아한다는 뜻으로 오해하면 안 됨니다. 제가 전달하려는 요점은 새로운 사업일수록 챌린지가 많다는 것이지, 카피 사업을 하면 투자받기 쉽다는 얘기가 아닙니다).

후발 사업에 지갑을 여는 투자자는 수많은 막연한 질문에 대한 답이 이미 있고, 업계에 이미 이 사업을 경험한 경험자도 여럿 있고, 규제 등 사회적 이슈도 선발 사업자가 길을 닦아 놓았으니 차별화 요소를 갖고 빠르게 시장에 진입하면 된다는 생각을 하게 될 것입니다. 따라서 뭔가 새로운 것을 해야 한다는 생각은 스타트업 창업자들에게는 조금 강박관념처럼 되어 있지만, 사실 사업적 관점에서는 새롭다고 해서 반드시 좋은 것은 아니라는 것입니다.

그렇다고 새로운 아이템에 도전하는 것이 나쁘다고 말씀드리는 것 또한 아닙니다. 다만, 새로운 아이템만이 길이라고 믿는 강박을 가질 필요가 없다는 점, 그리고 새로운 길을 가면 예상치 못한 챌린지에 많이 부딪히게 될 테니 그 또한 각오해야 한다는 점을 말씀드리는 것입니다. 새로움에만 몰입된 기술자들은 투자자들의 챌린지를 만나게 되면 제대로 답을 하지 못한 채 계속해서 "그래도 우리 기술은 뛰어난데요. 우리 팀의 역량이 정말 뛰어난데요. 이 기술은 어디에도 없는 독창적인 기술인데요"라는 얘기만 반복하는 경우를 많이 보게 됩니다.

투자유치 과정뿐만이 아닙니다. 스타트업을 경영하는 과정 중에서도 이런 분들은 끊임없이 연구성과를 높이는 데만 몰입하게 되고, 사업이 영속적으로 진행되기 위해 필요한 영업, 마케팅, 재무, 인사, 법무 등 이런 부분에 대한 관심은 거의 갖지 않는 모습을 보이게 됩니다. 기술의 독창성이 모든 문제를 해결할 것이고, 회사의 영속성과 회사의 성장성을 모든 면에서 담보해줄 수 있다고 믿기 때문에 이런 행동들이 나오는 것입니다.

다시 한번 말씀드리지만, 창업을 했다면 사업으로서의 성공 가능성이 있느냐 없느냐가 가장 중요한 첫 번째 질문이 되어야 합니다. 그러한 질문에 대한 답이 스스로 충분히 준비된 이후에 기술적으로 어떻게 차별화를 만들 수 있을지, 경쟁사 대비 어떤 면에서 우리가 차별성이 있다고 어필할 수 있을지 등 기술적 부분들을 생각해도 전혀 늦지 않습니다. 경영하는 과정에서도 돈을 버는 일, 돈을 관리하는 일, 사업을 둘러싼 리스크를 관리하는 일, 사람을 채용하고 유지하는 일 등 이런 부분에 대한 것들이 등한시된다면 그 회사는 결국 영속되기 힘들 것입니다.

새로운 아이템을 찾는 방법을 묻는 질문에 대해 제가 창업자의 잘못된 관점과 잘못된 경영 방식에 대한 이야기로까지 확대했는데요. 한마디로 우리는 연구자가 아니라 사업가라는 것을 잊지 않았으면 합니다. 스스로를 예비 창업자라고 부르듯, 이제는 질문의 순서를 바꿔보길 바랍니다. 내가 생각하는 아이디어가 사업이 되는 아이템인가가 첫 번째 질문이 되어야 합니다. 반드시 세상에 없는 기술이 아니더라도 오히려 사업성이 충분히 나올 수 있겠다는 생각이 든다면 그때 기술 스타트업을 출발해보는 것도 충분히 의미가 있을 것입니다.

세상에 없는 무언가를, 무지개 너머에 있는 무언가를 찾는 심정으로 창업을 계속해서 미루는 것보다는 오히려 사업성이 나올 수 있는 기술이 어느 정도 보인다면 그때 창업에 도전해보시는 것도 충분히 좋다고 생각합니다. 창업은 한 번만에 성공할 확률이 낮기 때문에, 오히려 기회가 될 때 창업에 도전하고 빠른 속도로 시행착오도 겪어보는 것이 더 낫다고 생각합니다. 그러한 경험을 통해 더 좋은 사업 모델을 찾아가는 노하우를 익혀가는 게 저는 더욱 현명하다고 생각합니다. 기억하세요, 우리는 연구자가 아니라 사업가입니다!

05

창업자에겐 자승자박의
자세가 필요해요

저의 사업 아이템에 대해 주변에서는 대체로 좋다고 반응하는데, 이걸 그
대로 믿고 창업해도 될까요? 그냥 지인들이라 좋게 말해주는 것 같아요.

"

이런 경우에 당연하게도 시장조사를 해보면 좋습니다. IDI, FGI, 정량
조사, MVP 등 다양한 기법 중에서 나에게 필요한 방식을 선택하면 되
겠죠. 그런데요, 그보다 더 중요한 건 '자승자박'하는 습관을 갖는 것입
니다. 사실 사업을 시작하면 마치 사랑에 빠진 사람처럼 단점이란 게 안
보이기 마련이거든요. 그럴수록 스스로 내 사업에 대해 비판적으로 바
라보는 시각을 가져보는 것이 중요합니다. 이런 부분은 지인들에게 간
이로 시장조사를 해볼 때도 도움이 됩니다. 그냥 어떠냐고 물어보면 대
체로 영혼 없이 좋은 답을 주지만, 나 스스로가 부정적인 질문을 먼저
던지면 그제야 사람들은 속내를 드러내기 시작하거든요.

Q

대기업에서 임원 생활을 하고 있는 50대 예비 창업자입니다. 저 자신을 예비 창업자라고 소개할 만큼 저는 조만간 창업할 생각입니다. 어차피 임원으로서의 수명은 얼마 안 남은 듯합니다. 그래서 현재 하는 일과는 좀 무관하지만, 틈틈이 부모님을 도와서 해왔던 포도 과수원 일을 스마트팜 형태로 기술과 접목해볼까 하는데요. 관련해서 몇 가지 아이템을 고민 중인데, 주변 지인들에게 의견을 물어보니 다들 괜찮다고 하더라고요. 저 나름대로는 아이템에 대해 신중을 기하고 싶어서 주변 사람들에게 의견을 물어보는 중인데, 다들 좋은 것 같다면서 파이팅하라고 하는데 왠지 영혼 없이 그냥 하는 말 같기도 해서 찜찜합니다. 주변 사람들의 이런 반응을 믿고 창업해도 될까요? 사업 아이디어를 검증할 수 있는 좋은 방법이 없을까요?

A

질문자께서 그동안 인간관계를 잘하신 것 같습니다. 모두 좋은 말을 해주고 응원을 해준다니 말입니다. 나와 친한 사람들일수록 대체로 좋게 얘기해주고 웬만하면 용기를 북돋워주려고 하므로 이렇게 한결같이 좋은 피드백들을 받게 되는 것 같습니다. 사실 아무리 완벽해 보이고 좋아 보이는 사업도 약점이 있기 마련입니다. 때문에 좋은 반응만 나왔다면 오히려 의심해보는 것이 좋습니다.

예전에 제가 대기업에서 신사업을 개발할 때, 가장 경계했던 것이 시장조사에서 나온 '긍정 응답률'입니다. 대기업의 특성상 신사업을 제안하려면 여러 이해관계자에게 보고 및 승인을 받아야 하고, 그러려면 이 사업이 객관적으로 소비자들이 보기에도 좋은 사업이라는 것을 증명하고 어필해야 합니다. 그러다 보니 자연스럽게 FGI도 하고 설문조사도 해서 "보십시오. 긍정 응답률이 무려 75%에 달합니다!"라는 식으로 어필하곤 했습니다.

그런데 여러분, 재미있지 않나요? 소비자 조사를 통해 그렇게 높은 수준의 긍정 응답률을 받은 대기업의 신사업들이 왜 하나같이 흐지부지되거나 실패로 끝났을까요? 그건 바로 영혼 없이 대답한 긍정 응답률을 두고 의사결정을 했기 때문입니다. 아이디어 콘셉트만 보고 '네~ 재밌네요!' 하는 아주 부담 없고 책임감 없는 대답을 두고 사업의 의사결정을 내렸기 때문입니다.

시장조사 혹은 설문조사의 한계에 대해서는 역사적으로 여러 차례 언급되고 증명되었기 때문에 자세히 다루지는 않겠습니다. 간단히만 생각해도 소비자들의 응답이라는 건 한계가 있죠. 누가 와서 커피 쿠폰을 주면서 "이번에 저희 회사에서 새로 개발 중인 건데, 이 제품 어떤 거 같아요?"라고 물어보면, 솔직히 대다수의 사람은 별 뜻 없이 "좋은데요"라고 답해 버립니다. 그래야 설문이 빨리 끝나거든요. 싫다고 하면 왜 싫은지, 구체적으로 무엇이 싫은지, 어떻게 보완하면 될지 등 추가로 질문이 이어지게 되므로 상당히 귀찮아집니다. 게다가 내가 실제로 내 지갑을 열어서 돈을 내고 이 제품을 사야 하는 것도 아니고, 그냥 대답만 해주면 되니 책임감이나 무게감은 제로에 가깝습니다.

이렇게 대기업에서 신사업 개발을 할 때 사용하는 시장조사, 심지어 상당한 금액의 돈을 지불하면서 진행하는 조사도 이렇게 신뢰하기 어려운데, 창업자가 지인 몇몇에게 물어보는 것은 당연히 신뢰도가 낮을 수밖에 없겠죠. 그럼에도 불구하고 아이디어를 객관적으로 검증하는 것은 분명히 필요한데, 창업자는 돈이 많지 않은 상태이니 결국 돈 안 드는 지인들에게 물어보는 것 외에는 방도가 없습니다. 객관적 검증은 해야겠고, 돈은 없고, 지인들 외에는 딱히 물어볼 곳도 없고….

이런 경우에 우리는 어떻게 해야 할까요? 결론부터 말하자면, 첫째로 지인들로부터 최대한 솔직한 의견을 끌어낼 수 있는 '다양한 기법'을 시도해보는 것이 필요합니다. 둘째로 그러한 기법을 사용할 때 창업자 스스로가 '어떤 태도'를 갖고 임하느냐가 매우 중요합니다.

우선, 아이디어 검증의 기법에 대해 얘기해보겠습니다. "우리가 돈이 없지, 가오가 없냐"라는 영화 속 대사처럼, 창업자가 돈이 없어 지인들을 찾아다니며 물어볼지언정, 헐렁헐렁 대강대강 하지는 않았으면 좋겠습니다. 커피챗Coffee chat을 요청해서 살아가는 얘기, 날씨 얘기, 건강 얘기를 실컷 하다가, 일어날 때 즈음 휙 지나가는 말처럼 "내가 이런저런 사업을 준비 중인데 어떤 거 같아?"라고 물어보면 그 질문을 받는 상대방은 어떻게 느낄까요? 질문 자체가 그다지 진지하지 않게 느껴질 것이고, 또 이제 곧 일어나야 할 시간이니 '뭐 대략 좋게 얘기해주면서 파이팅 한 번 날려주면 되겠구나'라고 생각할 것입니다.

그래서 저는 종종 창업자들에게 현장에서 많이 사용하는 시장 조사 기법을 소개하고, 비록 어색하게 느껴질지라도 지인들에게 이런 기법을 시도해보라고 합니다. 그렇게 권유하게 된 것은 제게 있었던 하나의 경험 때문입니다.

예전에 친하게 지내던 후배가 사업을 준비한다며 제 의견을 듣고 싶다고 해서 만났습니다. 당연히 커피 한잔 시켜놓고 이런저런 얘기를 나누면 되려니 생각했는데, 이 친구는 대뜸 종이를 꺼내더니 본인이 준비한 질문들을 하나씩 묻기 시작했습니다. 그리고 나오는 답들을 열심히 적기 시작했고, 중간중간 이해가 안 되는 부분들은 집요하게 묻기 시작했습니다. 그 순간 저는 여러 가지 생각이 들었습니다. 가장 첫 번째로 든 생각은 '얘가 어색하게 왜 이래'였습니다. 그러나 이내 이어졌던 생각들은 '이 친구가 이 사업을 정말 진지하게 생각하는구나. 내가 이 질문들에 대강 대답해주면 안 되겠다. 그리고 애매한 부분은 나도 같이 아이디어를 고민해봐야겠다'라는 아주 강한 신뢰감과 무게감, 그리고 심지어 높은 관여도까지도 생기는 경험을 했습니다. 그래서 똑같은 질문을 하더라도 얼마나 진지하고 프로페셔널하게 던지느냐가 중요하다는 생각을 갖게 되었습니다.

시장에서 잠재적인 소비자를 대상으로 아이디어를 검증하는 방법은 사실 너무 다양하기 때문에 일일이 열거하기 어려울 정도입니다. 그런 여러 가지 방법 중에 저는 현장에서 가장 흔하게 사용하는 네 가지 기법을 얘기해보려 합니다. IDIIn-Depth Interview, 인뎁스 인터뷰, FGIFocus Group Interview, 포커스그룹 인터뷰, QRQuantitative Research, 정량조사, 그리고 MVPMinimum Viable Product, 최소 기능 제품 테스트입니다. 각각에 대해서는 워낙 널리 알려져 있기 때문에 저는 여기서 간략한 콘셉트와 언제 활용하면 좋을지에 대해 정리해보겠습니다.

지인들을 만나면 일단 인터뷰 형식으로 의견을 주고받을 확률이 매우 높기 때문에 가장 추천하는 방식은 정성조사 기법, 즉 IDI와 FGI입니다. IDI는 주로 1:1로 심층 면담을 하는 방식입니다. 질문은 보통 5~6개 정도가 적절하고, 많더라도 10개는 넘기지 않는 것이 좋습니다. 질문 하나 하나를 두고 응답자의 대답을 그냥 받아 적고 끝내는 것이 아니라 왜 그런지, 언제 그랬는지, 어떻게 행동하는지 등을 꼬리에 꼬리를 물듯 추가 질문을 던지며 응답자의 의견과 반응을 세밀하게 관찰하는 방식입니다. 이 방식은 한 사람의 생각과 행동을 깊이 이해할 수 있기 때문에 창업 아이템에 대한 호불호뿐만 아니라, 추가적인 개선 아이디어나 피보팅 아이디어를 얻을 수 있는 좋은 기법입니다. 앞서 말씀드린 제 후배가 택했던 방식이 바로 이 IDI였습니다.

FGI는 2~5명 정도의 사람들을 모아놓고 그룹 인터뷰를 진행하는 방식입니다. 질문을 하고 그에 대한 반응을 관찰하는 것은 IDI와 유사하나, FGI는 몇 명의 사람이 집단으로 모여 있다는 특성 때문에 아이디에이션ideation, 아이디어 도출이 필요한 상황에서 응답자 간에 상승 무드를 타면 매우 활발하고 재미있는 다양한 아이디어들이 쏟아져 나오는 장점이 있습니다. 그래서 창업 아이디어가 초기의 미완 상태일 때, 실제 사용자의 관점에서 추가적인 아이디어를 얻을 수 있는 좋은 기법입니다.

IDI는 상대적으로 1:1로 얘기를 나누기 때문에 아이디어의 양보다는 질에 초점이 있는 반면, FGI는 여럿이서 떠드는 방식에 가깝기 때문에 대체로 양적으로 풍부하고 다양한 아이디어들을 얻을 수 있는 장점이 있습니다. 다만, FGI의 단점이라면 그룹 내에 오피니언 리더가 한 명이라도 존재하면 다른 사람들은 대체로 자신의 의견을 가린 채 오피니언 리더의 의견에 쉽게 휩쓸려 가는 현상이 나올 수 있습니다. 그래서 예비 창업자가 지인들을 데리고 FGI를 시도해보고 싶다면, 지인들 중에 자신의 의견이 너무 강하고 목소리가 큰 사람은 배제하는 것이 좋습니다. 그런 분들은 따로 만나서 IDI를 하면 좋습니다.

IDI나 FGI보다 대규모를 상대로 하는 조사 기법이 바로 QR Quantitative Research, 정량조사입니다. 우리가 흔히 알고 있는 '설문조사'인데, 보통 수십 명 이상에서 수천 명에 이르는 사람들을 상대로 설문 항목을 제시하고 답변을 얻어내는 방식입니다. 요즘에는 구글 설문 양식 등을 활용해서 스타트업들도 자주 사용합니다. 정치 여론조사나 대기업의 이용의향 조사 등을 떠올리면 거창한 작업이라 생각될 수도 있으나, 실은 예비 창업자에게도 유용한 기법입니다. 구글 등을 활용해서 설문지를 작성하고 이를 인터넷

링크로 주변 지인들에게 퍼뜨리면 생각보다 쉽게 수십 명 정도의 의견을 받아볼 수 있습니다.

이 기법의 가장 큰 강점은 통계적으로 유의미한 '수치'를 얻어낼 수 있다는 것입니다. 이용의향이나 선호도와 같은 비율(%)로 표현되는 숫자들을 얻게 되면 사업의 예상 매출 및 직접비 등을 산정할 때 매우 유용하게 활용할 수 있습니다.

물론 앞서 설명한 IDI나 FGI와 달리, 질문자와 응답자 간 상호작용 없이 설문문항만 전달하고 결과만 집계하는 방식이므로 깊이 있는 인사이트를 얻어내는 데에는 한계가 있습니다. 그래서 조사 설계자는 설문조사를 돌리기 전에 반드시 IDI나 FGI를 먼저 해야 합니다. 이를 통해 설문조사 문항의 적정성에 대해 미리 검증해보는 것입니다. 예비 창업자들도 내가 궁금한 사항을 곧바로 설문문항으로 만들기보다는 일단 가설적으로 준비된 문항들을 토대로 IDI나 FGI를 반드시 수행해보는 것이 좋습니다.

마지막으로 소개할 기법은 MVP 테스트인데요. 사실 이 기법은 스타트업이라면 누구나 반드시 해야만 할 것 같은 느낌이 들 정도로 유명해졌죠. MVP는 Minimum Viable Product의 약자인데 직역하면 '최소 기능 제품'입니다. 즉 제품의 핵심적인 기능 혹은 소비자에게 어필할 수 있는 핵심적인 기능만을 간략하게 구현하여 실제 기능이 작동되는 제품이나 서비스를 제작한 후 소비자들에게 직접 사용하게 함으로써 현실성과 정확도가 매우 높은 피드백을 얻는다는 데 가장 큰 강점이 있습니다.

보통 IDI, FGI, QR(정량조사)를 수행할 때에는 제품이나 서비스에 대해 말, 글, 그림, 예시 디자인 등으로 설명한 후 소비자들의 반응을 청취하는데요. MVP 테스트는 완벽하지는 않더라도 실제 동작이 되는 제품이나 서비스를 보여주기 때문에 소비자들의 피드백을 더 정확하고 구체적으로 들어볼 수 있습니다. 예비 창업자의 경우는 당장에 시제품을 만들기에는 어려운 상황도 있기 때문에 MVP 테스트를 수행하는 것은 쉽지 않을 수 있습니다. 그렇기 때문에 창업 전에 당장 제품을 제시하기 어렵다면 MVP 테스트가 갖고 있는 의미와 특징을 감안하여 그림이나 영상을 활용하되 최대한 소비자가 체감할 수 있는 수준의 디자인과 동작 원리를 보여줄 수 있다면, 앞서 소개한 조사들에 비해서는 훨씬 더 실감나는 피드백을 얻을 수 있을 것입니다.

결국 MVP 테스트는 최소 기능 요소를 넣은 동작 가능한 제품을 빠르게 제작하여 소비자에게 제시하고, 이를 통해 빠른 속도로 소비자의 피드백을 제품에 반영한다는 린스타트업Lean Startup의 사상을 지니고 있는 기법입니다. 때문에 예비 창업자 역시 이러한 사상을 받아들이면 될 뿐, 반드시 남들이 규정한 수준의 MVP를 만들어야만 한다는 강박은 가질 필요가 없습니다(MVP에 대한 자세한 내용은 질문 24를 참고해주세요).

간략하게 현장에서 많이 활용되는 조사 기법을 소개해드렸는데요. 이런 기법들이 대기업에서나 할 만한 거창한 것이라는 편견에서 벗어나 과감하게 활용하면서 지인들을 통해 최대한 구체적인 피드백을 얻어보길 바랍니다.

두 번째로 제가 강조하고 싶은 것은 이런 조사를 수행할 때 창업자가 어떤 태도로 임할 것인지입니다. 생각보다 많은 창업자가 지인들에게 의견을 묻는 자리에 나오면서 이미 방어적인 태도를 갖고 만나는 경우가 많습니다. 그래서 지인들이 이런 저런 피드백을 주는 순간, 창업자는 슬슬 얼굴이 붉으락푸르락해지며 급기야는 "네가 몰라서 그런 얘기를 하는 거야!"라고 화를 내는 경우도 많습니다. 솔직하게 말해달라면서, 진짜 솔직하게 말해주면 화내는 창업자가 많습니다. 그런 경험들이 반복되면 지인들은 더 이상 피드백해줄 것을 포기하고, 의견을 묻는 순간 즉각적으로 "어, 좋다. 될 것 같아. 힘내!"라고 답해버릴 것입니다. 의견을 물어온 창업자와 싸우기 싫기 때문이죠.

창업자들은 막상 사업에 대한 피드백을 받으면 왜 불같이 화를 내는 걸까요? 왜 그렇게 좋은 의견을 들을 기회를 스스로 차단하는 것일까요? 제가 이런 질문을 던지고 있지만, 사실 저도 이런 저런 아이템으로 창업했을 때, 같은 증상(?)을 겪었습니다. 그것은 바로 내가 생각한 사업 아이템이 세상 어디에도 없는 기발한 것 같고, 너무나 완벽한 아이디어인 것 같고, 세상에 나보다 이걸 더 고민한 사람은 없는 것 같다는 착각 때문입니다. 마치 '고슴도치도 제 새끼는 예쁘다'라고 하는 것처럼 창업자에게 자신의 사업 아이템은 자식처럼 귀하게 여겨집니다. 그러니 누가 감히 내

새끼에게 이래라 저래라 하느냐 하는 심정인 거죠.

저 역시 한때 그렇게 스스로 눈이 멀었던 경험을 해보았기에 어떤 심리인지 잘 이해하고 있습니다. 제가 자주 강조하는 말이지만, 사업을 하는 순간 우리는 연구자도 아니요, 발명가도 아니요, 자원봉사자도 아닙니다. 아이디어가 좋든, 사업이 어떤 숭고한 의미가 있든, 일단 사업은 사업으로서 잘되어야 하는 것입니다. 소비자가 좋아해야 하고, 그들이 그 가치에 선뜻 돈을 낼 수 있어야 하죠. 그래서 내 아이디어가 귀하다는 생각을 조금은 내려놓을 필요가 있습니다.

완전히 냉정한 관점으로 내 사업에 대한 애정조차 모두 버리라는 뜻은 결코 아닙니다. 그런 애정이 없다면 창업가가 아니죠. 그러나 어느 정도는 내려놓고, 스스로가 이 사업 아이템에도 약점이 있고 계속해서 개선할 점이 있다고 생각해야 합니다. '자승자박'하는 자세를 가져야 한다는 뜻입니다. 평소에는 이 아이디어의 주인이자 부모와 같은 마음이더라도, 사업 아이템을 검증하겠다고 마음을 먹을 때에는 스스로를 소비자의 위치에 놓고 냉정하게 사업 아이템을 바라봐야 합니다.

앞서 소개해드린 실전에서 많이 사용되는 네 가지 기법도 사실 창업자에게 자승자박하는 자세가 없다면, 결국은 영혼 없는 좋은 반응만 얻고 허망하게 끝날 수 있는 기법들입니다. 질문은 얼마든지 내게 유리하게 바꿀 수 있고, 조사를 진행하는 동안 얼마든지 방어적인 모습을 보여주면서 응답자로 하여금 좋은 답만 빨리 내놓게 만들 수도 있습니다. 이런 부분이 모든 종류의 조사 기법이 지닌 한계입니다. 그래서 이런 기법들을 활용할 때에는 반드시 자승자박의 자세로 임해야 합니다. 지인에게 사업에 대한 반응을 들어보면서 "이 아이템 어때?"라고 묻기보다는 "이 아이템이 아무리 생각해봐도 이런 저런 약점들이 있는 거 같은데, 네 생각은 어때?"라고 물으며 스스로가 먼저 약점을 드러내고 그와 관련된 상대방의 생각을 끌어내는 것입니다. 그냥 어떻냐라는 질문에는 무심코 "좋아"라고 답하던 사람도, 문제점들이 언급된 질문에 대해서는 부담 없이 그 문제점에 동조하거나 추가적인 의견들을 제시하게 될 것입니다. 또 심지어는 그러한 약점을 극복하기 위한 아이디어를 내주겠다며 함께 머리를 맞대는 사람도 종종 만나게 될 것입니다.

사실 자승자박의 자세는 지인들에게 의견을 듣기조차 불가능한 상황에서 더욱 빛이 납니다. 즉 남들의 의견을 듣지 못한 채 스스로 결정해야 하는 상황에 처했을 때, 스스로가 자승자박하는 태도는 균형감 있는 의사결정을 내리는 데 도움을 줍니다.

사업의 모든 과정에 매번 지인들에게 의견을 묻거나 소비자 조사를 수행할 수 없기 때문에, 자승자박하는 습관을 기를수록 창업자가 사업을 수행하는 모든 상황에서 매우 유익할 것입니다. 스스로의 주장에 대해 스스로 반박해보고, 약점을 들추어낼 수 있는 자승자박의 습관을 지금부터 연습해보길 권합니다.

06

공동창업할 때
지분율은 균등하게?

세 명이 창업하면서 33%씩 나누려고 하는데요. 설립 시 지분율 구성을
어떻게 해야 할까요?

"

그렇게 해도 안 될 건 없지만, 결코 추천하고 싶지 않은 구조입니다. 추
후에 기관투자를 받게 되면 이것 때문에 꽤 골치 아플 수 있습니다. 주
인이 없는 회사나 마찬가지이니 돈을 넣는 사람은 웬만하면 피하고 싶
은 구조입니다. 관계나 의리는 잠시 접어두시고, 누가 회사의 가치를 키
우는 구심점이 되는지 판단해보신 후 그 사람에게 70~80% 이상의 지
분을 몰아주세요. 대표의 지분율을 높여야 하는 데는 이유가 있습니다.

Q

자동차 회사 연구소에서 일하고 있는 예비 창업자입니다. 늦어도 1년 안에 창업한다는 목표를 세우고, 현재 직장 동료 2명과 함께 3인 공동창업 형태로 스타트업 설립을 꿈꾸고 있습니다. 한 명은 전기 분야, 한 명은 기계 분야, 한 명은 소프트웨어 분야를 맡아서 프로덕트를 만들 예정입니다. 나름대로 이 정도 조합이면 제품 출시를 위해 완벽한 조합이 아닐까 합니다. 저희가 기획하고 있는 제품의 특성상 전기, 기계, 소프트웨어가 조화를 이루어야만 동작하는 제품이어서 세 명의 기여도가 고르게 분포될 것으로 예상되는데요. 그래서 저희는 각 사람이 균등하게 33.3%의 지분을 갖고 출발하는 것으로 생각 중입니다.

그런데 우연히 보게 된 '스타트업'이라는 제목의 드라마에서 극 중 벤처캐피탈 심사역이 4명의 창업자가 25%씩 균등하게 지분을 나눈 주주명부를 보며 "이 세상에 어떤 멍청이도 이 회사에 투자하고 싶어 하지 않을 거다"라고 말하더라고요. 이 말이 그냥 드라마에서 자극적으로 쓰인 대사인지, 아니면 실제로 균등하게 지분을 나누는 것은 지양해야 하는 것인지 궁금합니다. 이미 사이좋게 나누자고 해놓은 상태여서 이걸 바꾸자니 벌써부터 머리가 좀 아프네요. 어떻게 하면 좋을까요?

A

일단은 우연이라도 그런 드라마를 보셔서 정말 다행이라고 생각합니다. 훗날 겪게 될 큰 갈등을 피해갈 수 있는 기회를 잡으셨어요! 창업자가 3명이면 33%씩, 4명이면 25%씩 지분을 나누려는 건 인정 많고 의리 있는 보통의 대한민국 사람이라면 누구나 생각하는 지분 구조입니다. 이렇게 해야만 공동창업자 간에 갈등도 없을 것 같고, 창업 이전에 쌓았던 인간관계도 원만하게 잘 지키면서 창업할 수 있다고 생각하는 것이죠. 그런 인간적 마음은 충분히 이해합니다. 그러나 창업을 하면서 지분을 결정할 때에는 굉장히 중요한 포인트를 고려해봐야 합니다.

여러분의 회사가 나중에 한 번이라도 외부 투자기관을 통해 투자를 받아야 한다고 생각한다면 이렇게 균등하게 지분을 나눈 것은 결코 권하고 싶지 않습니다. 질문자께서 본 드라마의 대사처럼 "여기에 투자하고 싶은 멍청이는 없을 거다"라는 표현 자체는 자극적이지만, 그만큼 결코 권장하고 싶지 않다는 의미에서는 매우 맞는 말이라고 생각합니다. 그렇지 않고 만일 우리 회사가 향후에 투자사의 투자를 받을 일이 전혀 없이 자생적으로 창출해내는 현금을 통해서 충분히 사업을 영위할 수 있다면, 지분율을 어떻게 나누든 그것은 창업자들의 자유라고 생각합니다(물론, 이 경우에도 회사의 주인이 여럿이어서 발생할 수 있는 본질적 갈등은 동일하므로, 저는 여전히 균등한 지분율을 권해드리고 싶진 않습니다).

그러나 자생적으로 독립할 수 있는 회사가 아닌 대부분의 스타트업, 특히 지금 질문하신 예비 창업자가 꿈꾸는 기술 중심의 테크 스타트업의 경우는 언젠가 반드시 투자를 받아야 하기 때문에 지분 구조를 창업자 간의 합의로만 결정할 것이 아니라, 미래에 만나게 될 투자자의 관점도 고려하는 것이 좋습니다.

자, 그렇다면 일반적으로 투자자들은 왜 균등한 지분구조를 싫어하는 것일까요? 그것은 시작할 때만 아름답지, 결국은 불행한 과정과 결과를 낳을 것이 뻔하기 때문입니다. 경험이 많은 투자자일수록 특히 이런 부분에 대해 우려를 많이 하는데요. 시작할 때는 지분율이 균등하기 때문에 공동창업자 간에 서로 기분도 좋고, 모두가 공평하게 대접을 받는 느낌일 것입니다. 하지만 바로 이 균등한 지분 구조가 의사결정 속도의 저하와 회사 내 정치의 원인이 될 수 있습니다.

지금 이 글을 읽는 누군가는 '아닌데, 우리 공동창업자들은 마음이 정말 잘 맞아서 이럴 리가 없는데'라고 생각하실지 모릅니다. 그러나 사람의 마음은 누구나 다 같습니다. 처음에는 사이좋게 회사를 공동으로 이끌어 갈 수 있을 거라고 생각합니다. 우리는 다를 거라고 생각합니다. 그러나 현실에서는 공동창업을 한 경우 갈등을 겪게 되고, 결국 핵심이 되는 한 사람을 제외한 나머지는 회사를 떠나거나 사실상 공동창업자의 지위에서 물러나게 되는 경우가 많습니다.

창업의 결정은 지극히 상식적이야 합니다. 내 제품이 특별해서 사람들이 알아서 사줄 거라는 착각을 하면 안 되는 것처럼, 수많은 사람이 동서고금을 막론하고 공동창업(동업)을 통해 고통을 겪어왔다면 내가 만들 이 회사에서도 그런 일은 발생할 것이라고 가정하는 것이 좋습니다. 회사의 주인이 3~4명이 된다고 하면 과연 그 회사가 원활하게 의사결정을 진행할 수 있을까요?

3~4명의 창업자 간에 매번 모든 의사결정에 의견들이 일치할 수 있을까요? 〈타인은 지옥〉이라는 웹툰의 제목처럼 내 마음과 같은 사람은 이 세상에 아무도 없습니다. 심지어 가족이라 할지라도 말이죠.

굴지의 대기업에서 피를 나눈 부모형제 간에 소송전을 벌이는 일이 나와는 전혀 무관하다고 생각한다면 큰 오산입니다. 때문에 투자자들은 가장 중요한 이해관계자인 창업자들 간에 갈등이 벌어질 것으로 예상되는 회사에는 투자를 꺼리는 것입니다. 또한 투자자들은 투자 이후 주주 간담회나 이사회 등을 통해 꾸준히 공식적/비공식적 커뮤니케이션을 이어가는데, 이때에도 균등한 지분을 가진 창업자가 여럿이면 커뮤니케이션 자체의 비효율성이 엄청나게 커집니다. 창업자 간의 갈등이 투자의 결과, 즉 투자 수익성을 제한하고 피투자사 관리 과정에서도 불편함을 야기한다면 굳이 그런 회사에 투자할 필요가 없어지는 것입니다. 이런 의미에서 "이런 회사에 투자하고 싶은 멍청이는 없을 겁니다"라는 멘트가 드라마에 등장했던 것입니다.

자, 그럼 어떻게 해야 할까요? 답은 간단합니다. 회사의 가치를 키우는 데 있어서 가장 큰 영향을 미치는 사람에게, 즉 상대적으로 큰 몰입과 헌신을 하게 될 사람에게 많은 지분을 몰아주는 것이 맞습니다. 반드시 그런 것은 아니지만, 일반적으로는 대표이사를 맡아서 실제 회사의 성공과 실패에 공식적으로 책임을 질 사람에게 과반 이상의 지분을, 좀 더 이상적으로 말하자면 최소

70~80% 정도의 지분을 몰아주는 것이 맞다고 생각합니다.

이 경우 두 가지 반발이 있을 수 있습니다. 첫째는 다른 창업자들이 '우리도 같은 창업자이고 헌신을 하는데 왜 한 사람에게 그렇게까지 몰아주어야 하느냐'이고, 둘째는 '적절히 나누고 주주 간 합의서를 써서 사실상 하나의 지분처럼 묶으면 되지 않느냐'입니다.

첫째 반론의 경우, '대표이사의 지분이 왜 높아야 하느냐'라는 질문으로 해석해도 무방한데요. 그 이유는 간단합니다. 회사가 만일 투자를 받을 때마다, 즉 투자라운드를 열 때마다 신주를 발행하여 10~20% 수준으로 투자자에게 지분을 내줄 경우, 대표이사의 지분은 투자라운드 2~3회 만에 바로 50% 미만으로 떨어지게 됩니다. 그 말은 2~3회만 투자를 받아도 지분희석dilution이 일어나서 창업자가 경영권을 빼앗길 수도 있다는 의미입니다.

초기 투자는 아이템도 보지만 창업자의 성장 가능성을 보는 것이 일반적인데, 믿고 투자했던 창업자의 경영권이 크게 약화되는 상황, 즉 창업자 외에 경영에 간섭할 수 있는 이해관계자들이 많아지는 상황을 투자자가 반길 리 없습니다. 이런 이유로 70~80% 수준의 지분율을 대표이사에게 몰아주자고 권해드리는 것입니다.

둘째, '공동창업자 간에 주주 간 합의서를 써서 하나의 지분처럼 묶으면 되지 않느냐'는 반론에 대해 살펴보겠습니다. 물론 그 말도 일리가 있습니다. 실제로 그렇게 합의서를 통해 여러 명의 공동창업자가 어느 정도 균등한 지분율을 보유하면서 지속하고 있는 회사도 있습니다. 그러나 제가 말씀드리는 것은 기왕이면 깔끔하고 갈등의 소지가 없는 구조를 지향하라는 것입니다.

이미 균등하게 출발해서 돌이킬 수 없는 상황이 된 회사라면 주주 간 합의서를 써서 어떤 식으로든 공동창업의 문제를 없게 하겠다고 투자자에게 어필할 필요가 있습니다. 하지만 아직 시작하지 않은 상황이라면 가급적 좋은 구조에서 출발하라는 뜻에서 말씀드리는 것입니다. 주주 간 합의서라는 것도 돌판에 새겨진 영원한 계명 같은 것이 아니기 때문에 언젠가는 합의가 깨질 수도 있고, 분쟁이 생길 수도 있습니다. 리스크를 회피하는 경향의 투자자라면 이런 합의서조차도 인정하지 않으려고 할 것입니다. 그러니 아직 시작하지 않은 상황이라면 기왕이면 투자유치에 이슈가 없는 깔끔한 구조를 선택하라는 의미입니다.

질문자께서 지금까지의 말씀을 이해하셨다면 실행에 들어가야 하는데, 말씀을 들어보니 실행을 하려 해도 난이도가 좀 있어 보입니다. 왜냐하면 이미 구두로 합의된 상태이기 때문입니다. 구두 합의가 이루어진 상황이면 다시 합의를 보는 것은 쉽지 않습니다. 게다가 3명 중에 2명이 지분율을 낮춰야 하는 상황이므로 난이도가 더욱 높은 상황입니다.

실제로 서로 구체적인 숫자는 언급하지 않은 채 '우리는 모두 공동창업자'라는 마인드로 창업을 준비하는 경우가 많습니다. 그러면 각자의 마음속에는 '당연히 지분은 균등하겠지'라고 생각합니다. 그러니 이것을 창업 직전에 뒤집는 것은 결코 쉬운 일이 아니겠죠. 그러나 저는 이 논의야말로 공동창업자들이 통과해야 하는 첫 번째 관문이라고 생각합니다. 이 관문을 원활하게 통과하지 못하고 갈등이 커진다면 그 창업은 지금 단계에서 접는 게 나을 것입니다. 왜냐하면 결국 이 문제로 다툼이 일어날 것이기 때문입니다.

지분율을 논의할 때 한 가지 팁을 드리면, 지분을 많이 가져갈 대표이사 역할을 맡을 분이 향후에 성공해서 엄청난 부를 가질 거라는 생각을 버리는 것입니다. 그보다는 지분을 많이 가져갈 사람이 결국 실패에 대한 책임도 가져가게 될 것이라는 점에 더 무게를 두는 게 좋습니다. 계속해서 드리는 말씀이지만 스타트업의 99%는 망합니다. 망할 확률이 높은 게임을 시작하면서 누군가 어깨에 더 큰 짐을 지고 간다면, 확률적으로 그에게는 성공의 화려함보다 실패의 책임감이 더 크게 주어질 가능성이 큽니다. 그러니 '누가 더 많은 지분을 갖고 갈래?'라는 질문은 '누가 마지막까지 회사에 대해 책임지고 갈래?'라는 질문으로 바꾸면 좋습니다. 그런 질문으로 논의를 시작하면서 각자의 솔직한 마음들을 나눠보는 것이 필요합니다. 다시 한번 말씀드리지만, 이런 대화가 공동창업의 가장 중요한 첫 관문입니다.

많은 말씀을 드렸는데요. 다른 것은 모두 잊더라도 하나만 기억해주세요. 아직 시작하기 전이라면 균등한 지분율은 피하기 바

1부 창업을 꿈꾸고 준비할 때

랍니다. 이것은 의기투합했던 공동창업자 간에 불행과 갈등의 씨앗이 될 것입니다. 종종 컨설팅이나 강연의 현장에서 제가 하는 말이 있습니다. "여러분, 만일 우아한 이유로 절교하고 싶은 친구가 있거든 당장 그 친구와 동업하세요!" 그만큼 어려운 게 동업입니다. 친한 관계일수록 회사가 성공적으로 운영되기 위한 방향으로 의사결정 하는 데 힘을 모으시기 바랍니다!

07

사업가와 기술자 중에
누가 더 많은 지분을 가져야 하는가?

아이디어를 낸 사람과 기술을 가진 사람 중 누가 더 많은 지분을 가져야 하나요?

"

제가 컨설팅과 강의를 하면서 가장 많이 받는 질문 중에 꼭 이 질문이 있습니다. 이 질문에 답을 하려면 아이디어의 가치와 기술의 가치 중 어떤 것이 더 큰지 판단해봐야 합니다. 결론적으로는 아이디어와 기술의 독보성에 대한 판단과 사업가와 기술자 중에 누가 더 헌신할 것인가를 두고 고민해봐야 합니다. 정답은 없는 질문이기 때문에 대화와 합의가 필수적입니다.

Q

저는 창업을 준비 중인 프리랜서 마케터입니다. 얼마 전 커머스 분야에서 아주 재미있는 아이디어가 생각나서 이 아이디어로 창업해보려고 준비 중입니다. 온라인 비즈니스를 생각하다 보니 온라인 페이지를 개발할 수 있는 역량이 필요한데, 저는 경영 전공에 마케터라서 개발을 못 합니다. 그래서 대학 동창인 개발자 친구에게 공동창업을 제안했습니다. 친구는 재미있는 아이디어라며 함께하고 싶다고 했습니다. 그렇게 1개월 정도 틈나는 대로 사업을 정리하고 서비스를 기획하고 있던 중에 이제는 법인을 만들어야겠다는 생각이 들어서 친구에게 지분율에 대해 제안해보았습니다.

제가 사업 아이디어를 낸 사람이기 때문에 최소한 60~70%는 가져야 한다고 생각했는데, 개발자 친구와 이야기를 나눠보니 이 친구는 정반대로 본인이 없으면 아이디어가 실현될 수 없다는 것을 강조하며 최소 50%, 심지어 본인이 60% 정도를 가지는 게 맞지 않냐고 말하더군요. 제 아이디어가 없었다면 창업 자체가 시도될 수 없는 것이니 저는 여전히 제가 더 높은 지분을 가져야 한다고 보는데요. 이런 경우에는 지분율을 어떻게 결정해야 할까요?

A

고민이 많으시겠네요! 공동창업자 간에 지분에 대한 신경전은 창업을 준비할 때 일어나는 아주 흔한 갈등 중 하나입니다. 이 책에서 다루는 많은 고민이 그러하듯, 이 또한 정답은 없습니다. 그렇기 때문에 한 교통사고 전문 변호사가 말한 것처럼 "몇 대 몇!" 이렇게 명확하게 답을 드리는 건 불가능합니다.

다만 저는 원칙을 말씀드리고, 이러한 원칙을 기반으로 해서 두 분이 솔직하게 논의하고 합의하는 과정을 가졌으면 합니다. 한 가지 분명한 건, 아이디어를 가진 사람은 '내가 없었으면 이모든 게 아예 일어나지도 않을 일이잖아!'라고 생각하는 한편, 기술을 가진 사람은 '아이디어가 아무리 좋으면 뭘 해. 내가 없으면 아무것도 실현되지 않을 텐데!'라고 생각하는 한 두 사람은 영원히 평행선을 달리게 될 것입니다. 실제로 이 문제는 사회 경험이 많은 다 큰 어른들조차도 큰소리 내며 싸우게 만드는 주제입니다. 그만큼 어려운 문제죠. 그렇기 때문에 지금부터 말씀드리는 원칙을 잘 이해하고 이 원칙하에서 다시 한번 의견을 나눠보는 게 좋을 거라고 생각합니다(지금부터 말씀드릴 원칙에는 가장 큰 전제조건이 있습니다. 아이디어를 가진 사람이나 기술을 가진 사람 모두 열심히 해서 이 사업에 '올인'한다는 전제입니다. 아무리 아이디어를 냈다 해도, 아무리 기술적 역량이 좋다 해도 올인할 사람이 아니라면 큰 지분을 가져가는 것은 금물입니다).

지분을 얼마나 나눠 가질 것이냐의 문제는 결국 공동창업자 각각의 '가치'가 어느 정도인지의 문제입니다. 개념적인 차원에서 '아이디어'와 '기술' 중에 무엇이 더 가치 있는가라는 생각으로 접근하면 답이 없습니다. 그렇게 접근하면 거의 뭐 사상과 철학의 문제로 넘어가지 않을까 싶네요. 그래서 지금부터는 '그 아이디어'와 '그 기술'의 가치로 좁혀서 얘기해보겠습니다.

문제를 풀 핵심적인 단초는 그 아이디어와 그 기술이 얼마나 독창적이고 독보적인지입니다. 이것이 지분율에 대한 논의에 앞서 공동창업자 간에 아주 솔직하고 담백하게 논의되고 인정되어야 하는 부분입니다. 아이디어가 창업의 출발점이 된 건 맞지만, '그 아이디어'가 누구도 생각하지 못할 만큼 아주 참신한 것인지가 중요합니다. 국내외에 유사한 서비스나 제품이 있는지 검색해 보았을 때 쉽게 유사한 경쟁재들을 발견할 수 있다면 그 아이디어 자체에 큰 가치를 두긴 어려울 것입니다.

또, 기술도 마찬가지입니다. 프로덕트를 구현하는 '그 기술'이 그 개발자 친구가 아니면 쉽게 구현하기 어려운 것이지, 아니면 웬만큼 개발을 하는 사람이면 구현할 수 있는 수준인지에 대한 판단이 중요합니다. 아이디어를 가진 창업자가 마음만 먹으면 다른 친구들을 통해 해당 기술을 구현할 수 있거나, 혹은 약간의 투자금만 확보되면 외주업체를 통해서 쉽게 구현할 수 있다면 기술자가 가져갈 수 있는 지분에는 한계가 있을 것입니다.

실제 창업의 현장에서 만나게 되는 많은 케이스를 보면 이상적으로 아이디어와 기술이 모두 너무나 독보적이고 독창적인 경우는 흔치 않습니다. 즉 50:50으로 팽팽하게 맞서야 하는 경우는 사실 거의 없다고 봐도 무방합니다. 그러므로 이 경우에도 두 분의 공동창업자가 솔직하게 각자가 가진 아이디어와 기술의 가치를 객관적으로 평가할 수 있는 시간을 갖는다면 지분에 대한 고민은 쉽게 풀릴 수 있을 것입니다.

많은 경우 아이디어와 기술에 대한 객관적이고 솔직한 평가보다는 스스로 '과대평가'를 하는 것이 문제입니다. 가치 평가를 외부에 맡기자는 것이 아니라(사실 그럴만한 돈도 없으니까요), 공동창업이라는 큰 항해를 앞둔 두 선장이 머리를 맞대고 함께 풀어가야 할 '첫 번째 문제'라는 인식으로 솔직한 의견을 나누어야 한다는 의미입니다.

물론, 말처럼 쉬운 일은 아닙니다. 그러나 제가 결코 쉽지 않은 자기평가의 시간을 권하는 이유는 이것이 앞으로 있을 많은 갈등 상황을 헤쳐갈 수 있는지를 가늠할 수 있는 중요한 관문이 될 것이기 때문입니다. 만일 상대방 공동창업자가 솔직한 자기평가보다는 끝까지 과대평가의 자세를 유지한다면 저는 그쯤에서 공동창업의 과정을 중단하는 것이 맞다고 생각합니다. 평소에는 좋은 관계를 유지하다가도 돈 문제, 지분 문제가 얽히면 얼굴 붉히는 게 공동창업에서 흔히 볼 수 있는 모습입니다. 이 때문에 결국 회사가 무너지기도 하죠.

그런 고통의 순간을 맛보기 전에 처음 지분율을 결정하는 과정에서 각자 어떤 태도와 관점으로 임하는지 경험해보는 것은 매우 중요한 일입니다. 원론적으로 아이디어가 중요하냐, 기술이 중요하냐는 말로 끝없는 평행선을 달리지 말고 구체적인 '그 아이디어'가 가진 독보성과 '그 기술'이 가진 독보성에 대해 스스로 평가하고 의견을 나누어 보시기 바랍니다.

08

실패가 두려워
시작을 주저하는 당신에게

창업자들의 경험담을 듣다 보면, 오히려 창업하면 안 되겠다는 생각이
듭니다. 솔직히 실패가 두렵거든요. 이런 마음이라면 창업해서는 안 되
겠죠?

"

직장을 그만두고 막상 창업을 하려니, 한 번에 꼭 성공해야 한다는 강박
과 실패를 견딜 수 있을지에 대한 두려움이 엄습할 것입니다. 첫술에 배
부르겠다는 마음보다는 실패를 필수 조건으로 여기는 관점의 변화가 필
요해요. 실패를 통해 많은 것을 얻을 수 있음을 깨닫는다면 한결 마음이
편안해지실 거예요. 다만, 나의 기반이 모두 무너지지 않도록 실패의 선
을 잘 지키는 것도 중요합니다!

Q

조만간 직장생활을 접고 창업을 할까 고민 중입니다. 그래서 기회가 될 때마다 창업자들이 쓴 책도 읽어 보고, 특강 자리에 가서 경험담도 들어 보곤 하는데요. 창업 과정에서 겪은 창업자들의 우여곡절을 듣다 보면, 내가 과연 창업을 할 수 있을까 겁이 나기도 합니다. 저는 40대 후반으로 적은 나이가 아니기 때문에, 퇴사 후에 창업하게 되면 한 번에 꼭 성공해야 한다는 압박감이 있거든요. 대부분의 서적이나 강의에서 만나는 창업자들은 저보다 어린 나이에 시작해서 몇 번의 시행착오를 겪은 후 그 자리에 오른 것 같은데, 제 경우는 한 번에 성공하지 않으면 타격이 너무 클 것 같습니다. 만일 실패하게 된다면 제가 그것을 감당할 수 있을지도 의문이고요. 처음 창업을 생각했을 땐 장밋빛 미래만 보였는데, 조사하고 고민할수록 두려움이 커져서 주저하게 됩니다. 어떻게 생각하고 결론을 내려야 할지, 조언을 부탁드립니다.

A

저는 대학에서 창업 관련 수업을 하고 있는데, 이 수업을 듣는 분들 중 몇몇 분은 한 학기 수업을 마친 후 질문자와 비슷한 반응을 보입니다. 창업 과정이 궁금해서 수업을 들었는데, 막상 창업에 대한 실전 경험과 생생한 고민들을 들어보니 '아, 나는 창업하면 안 되겠다'라는 생각이 든다고 합니다. 좀 더 구체적으로는 실패가 너무 두렵고 데스밸리Death Valley가 왔을 때 과연 버틸수 있을까 하는 생각을 하게 된다고 합니다. 스타트업 창업 노하우를 알려드리는 수업인데, 정작 그걸 듣고 나니 두려움이 더 커졌다니 참 아이러니하죠?

하지만 저의 창업 수업이나 지금 쓰고 있는 이 책이 여러분에게 제공하는 중요한 가치는 창업에 대한 노하우뿐만 아니라 창업의 실체를 미리 경험하고 '현명한 판단'을 내릴 수 있도록 돕는 것에 있다고 생각합니다. 즉 창업에 대한 과도한 환상을 깨는 것, 함부로 창업하지 않게 하는 것, 그리고 지금의 삶을 정말 감사하게 느껴지게 하는 것 또한 아이러니하지만 제 강의와 이 책의 중요한 목표 중 하나라고 생각합니다. 물론 비율로 따지자면 10~20% 정도의 작은 비중입니다. 더 큰 비중은 여러분이 창업에 도전하고, 어디서도 느낄 수 없고 얻을 수 없었던 많은 것을 얻는 데 도움이 되는 것에 있습니다.

많은 분이 창업에 대해 고민할 때, 특히 다니던 직장을 그만두고 첫 걸음을 떼려는 진실의 순간Moment of truth에, 크게 보면 두 가지 생각이 들어 주저하는 것 같습니다. 첫째는 안정적인 직장생활을 모두 버리고 도전하는 것이니 무조건 한 번에 성공을 해야 한다는 압박감, 그리고 또 하나는 내가 만일 실패한다면 과연 그걸 견딜 수 있을까라는 두려움입니다. 질문자가 고백하신 그 고민들이 아주 많은 사람에게 진실의 순간에 닥쳐오는 자연스러운 고민이자 걱정이라는 뜻입니다.

우선, 원 샷 원 킬One shot one kill, 한 번에 꼭 성공해야 한다는 강박감에 대해 얘기해보죠. 많은 사람이 직장을 다니다가 퇴사하고 창업에 도전하려고 할 때 원 샷 원 킬이라는 생각을 하는 것 같습니다. 직장도 때려치우고 나왔는데…. 게다가 나이도 이제 어느새 40~50대가 되어가는데…. 이번에 반드시 성공해야 하는데…. 이런 생각이 앞서는 것 같아요.

그러다 보니 직장에 다니는 동안 창업을 고민하더라도 한 걸음도 나아가지 못한 채 막연한 상상만 하는 상태로 시간을 보내는 것 같습니다. 한방에 성공해야 하니 생각도 많아지고 마음에 걸리는 것도 많아지죠. 그렇게 한참 시간이 흐르고 나면 '아, 내가 창업을 준비한다고는 했으나 정작 아무것도 준비된 것이 없구나'라고 깨닫게 됩니다. 창업을 준비한 게 아니라 걱정만 한 것이죠. 이 모든 것이 한 번에 성공해야 한다는 강박 때문입니다.

7전8기, 8전9기 여러 가지 말이 있고 실제로 많은 창업자가 수차례 도전 끝에 성공하는 모습들을 보여주는데요. 창업은 여러분이 지금까지 경험했던 직장생활과는 너무나 다른 얘기이기 때문에 한 번에 도전해서 큰 성과를 얻겠다는 것 자체가 잘못되었다고 생각합니다. 조금 강하게 표현하면, 한방에 무조건 성공하겠다는 마음으로 직장을 나와서 창업할 거라면 저는 창업을 하지 않는 게 맞다고 생각합니다.

창업자에게 실패는 반드시 겪어야 하고 극복해야만 하는 필수 요소라고 생각해야 합니다. 그렇기 때문에 실패를 두려워하면 안 됩니다. 특히 순탄하게 직장생활을 하고, 맡았던 업무에서 좋은 인정과 평가를 받았던 분일수록 창업이라는 판에 들어올 때

1부 창업을 꿈꾸고 준비할 때

는 한 번은 크게 실패를 맛보게 될 거라는 생각을 하는 것이 좋습니다.

비관적으로 보일 만큼 강하게 말씀을 드리는 이유는 실패를 필수 조건으로 여겼을 때 여러분이 섣부르게 창업을 결정하는 것을 막을 수 있기 때문입니다. 또 실패를 각오하고 창업을 하게 되면 '까짓 거, 한 번에 잘되겠어? 안 되면 한 번 실패를 경험하는 거지 뭐'라는 마음으로 성공에 대한 강박을 떨칠 수 있기 때문입니다. 그때야 비로소 창업에 대해 거창하게 느껴지던 '거품'과 높게만 느껴지던 '벽'이 동시에 사라지게 될 것입니다. 그런 거품과 벽이 여러분의 마음속에서 사라져야만 창업에 대한 구체적이고 현실적인 플랜이 머릿속에 세워지기 시작할 것입니다.

질문자께서 지금 느끼는 실패에 대한 두려움, 그것은 매우 당연하고 자연스러운 감정입니다. 그것을 없애려 하기보다는 창업의 본질에 실패라는 녀석이 한가운데에 자리 잡고 있다는 것을 담담히 받아들이시길 바랍니다. 만일 실패를 전제조건으로 여기는 것이 아무래도 불편하고 불안하다면, 질문자는 아직 창업할 때가 아니라고 판단해도 됩니다. 창업은 누가 시켜서 하는 것도 아니고, 반드시 해야 하는 시기가 정해진 것도 아닙니다. 그러니 마음에 평안이 없다면 저는 아직은 창업할 때가 아니라고 말씀드리고 싶습니다.

직장생활이야 마음에 평안이 없더라도 월급이라는 금전적 가치를 위해 감내하고 지속할 수 있지만, 창업은 창업자의 마음에 평안이 없으면 오래 지속하기 정말 힘들어집니다. '실패를 당연한 것으로 여길 수 있나요?'라는 질문에 대한 솔직한 마음의 소리를 들어보시길 바랍니다.

둘째, '실패라는 거대한 상황을 내가 정말 감당할 수 있을까'라는 두려움에 대해 얘기해보겠습니다. 실패란 사실 참 싫죠. 피하고 싶은 게 당연한 심리입니다. 제가 앞서서 창업을 결심할 거라면 실패를 필수 조건으로 여기라고 말씀드렸지만, 아무리 각오하고 다짐해도 막상 실패를 겪으면 무너지고 쓰러지는 게 인간의 당연한 반응입니다. 저는 이 주제를 다루면서, 실패는 성공의 어머니라는 진부한 명언보다는 실패가 만들어내는 실질적인 현상들을 얘기해보려고 합니다.

사실 저도 첫 번째 창업에서 처절한 실패를 겪었고, 꽤 큰돈을 날리면서 통장 잔고가 거의 0에 가까운 빈털터리 수준까지 무너졌던 경험이 있습니다. 타고 다니던 차도 팔아야 했고 카쉐어링으로 차를 빌려 타고 다니며, 지인들에게 밥을 얻어먹으며 버틴 적도 있었죠(물론 자존심까지 무너지기는 싫어서 어떻게든 자연스럽게 밥을 얻어먹는 상황과 아이디어들을 만들어내곤 했습니다). 제 얘기뿐만 아니라 제가 만났던 수많은 창업자의 실패담을 들으면서, 실패가 만들어내는 현상들이 참으로 비슷하다는 것과 그것을 통해 얻는 것들도 비슷하다는 것을 발견했습니다. '인생은 상황이 아니라 해석'이라는 말이 있듯이, 똑같은 상황을 겪더라도 누군가는 쓰러지는 반면, 누군가는 얻어갑니다. 그래서 저는 실패를 통해 '얻을 수 있는' 것들이 무엇인지 말씀드리고 싶습니다.

실패에는 효용이 있습니다. 성공에만 좋은 면이 있는 게 아니라 실패 역시 달콤한 과실이 있습니다. 성공과 실패가 모두 최종 결과물이 아니기 때문에, 우리가 해야 할 일은 무엇을 만나든 그것을 통해 배우고 얻어가는 것입니다. 저를 포함한 많은 창업자가 실패를 통해 몇 가지 귀한 것을 얻었다고 말하는데요. 크게 세 가지만 뽑아 보면 '사람, 겸손, 맷집'입니다.

실패했을 때 세상은 냉정하게 반응합니다. 영원히 내 편일 것 같았고, 내가 좋을 때 나와 늘 함께했던 사람들도 실패한 창업자에게는 점점 손을 떼고 한 걸음씩 발을 빼게 됩니다. 이런 경험을 통해 많은 창업자가 주위의 사람들이 자연스럽게 '구별'되었다고 말합니다. 실패 앞에서 내 손을 놓는 사람과 돌연 나타나 내 손을 잡아주는 사람으로 구분되는 것입니다. 내 손을 놓은 사람들에 대한 원망보다는 내 손을 잡아준 뜻밖의 인연에 감사를 느끼게 됩니다.

그리고 내가 앞으로 어떤 일을 하든 함께 가야 할 사람들이 누구인지가 눈에 보이게 됩니다. 만일 창업자가 성공에 성공만을 거듭한다면 그 사람의 주변에는 가짜 지지자들로 가득 차게 될 것입니다. 그들이 만들어낸 우정이란 좋은 시절에 좋은 노래를 부르며 함께 웃고 떠드는 것에 지나지 않습니다. 어려움이 닥쳤을 때 누가 나의 편이 되어줄 것인가, 아무런 대가도 바라지 않고 수렁에 빠진 나를 건져내려 손을 뻗는 사람이 누구인가, 창업이라는 외로운 길에 진정으로 함께할 동료는 누구인가. 이렇게 '사람'을 알게 되는 가장 좋은 계기가 바로 실패입니다.

실패의 두 번째 효용은 겸손입니다. 사람은 별수 없습니다. 성공하고 잘나가면 으스대고 안하무인이 되는 것이죠. 좋은 매너로 그런 오만을 잘 포장해서 겉으로는 겸손한 척할 수는 있겠지만, 누구나 잘나갈 때 목에 힘이 들어가기 마련입니다. 실패는 바로 이 뻣뻣한 목을 부드럽게 해주는 특효약입니다. 이 약은 실패가 아니고서는 절대 복용할 수 없습니다.

창업 직후 여기저기에서 주목도 받고 상도 받고 투자도 곧잘 받았던 어떤 창업자는 창업이 너무 쉽게 느껴졌다고 합니다. 본인의 생각대로만 하면 성공한다는 방정식이 그의 마음속에 굳어지기 시작했습니다. 그는 점점 다른 사람의 말을 듣지 않게 되었고, 쓴소리하는 직원은 결국 쫓아내 버리는 지경까지 이르렀습니다. 그러던 그가 실패를 겪으면서 그동안 자신이 얼마나 교만했는지 깨닫게 되었다고 말했습니다. 알고 보면 그가 지금껏 이뤘던 성공은 타이밍이 잘 맞았던 덕분이고, 보이지 않는 곳에서 그를 도와준 손길이 있었던 덕분입니다. 그런데 그런 것들이 성공에 도취했던 때는 보이지 않았다고 합니다. 실패를 겪고 나서야 비로소 보이더라는 것입니다. 언제든 내 생각이 틀릴 수도 있다는 것, 나와 함께하는 사람들이 실은 가장 중요하다는 것, 모든 것이 이루어질 때에는 내 힘만으로는 안 된다는 것을 깨달았다고 고백했습니다.

제가 잘 아는 어떤 창업자의 이야기이지만, 실패를 겪은 창업자들의 고백은 거의 비슷합니다. 겸손한 태도를 갖게 된 것이 실패가 자신들의 인생에 준 가장 큰 선물이라고 말합니다. '실패'가 나를 망치고 무너뜨릴 것 같지만, 오히려 나는 망친 건 '성공'이었다고 많은 사람이 고백합니다.

실패의 세 번째 효용은 맷집입니다. 국어사전을 보니 맷집이란 매를 견디어내는 힘이나 정도라고 하네요. 실패를 겪으면 확실히 실패에 대한 두려움이 많이 사라집니다. 실제 '실패를 겪어 보니 죽을 정도는 아니구나'라는 경험에서 나온 것입니다. 많이 맞아본다고 해서 맞으면 안 아플까요? 그렇진 않겠죠. 그건 맷집이 아니라 통감각에 문제가 생긴 것입니다. 실패가 창업자에게 주는 맷집이란, 실패해도 전혀 힘들지 않게 된다는 뜻이 아니라 실패에 대한 막연하고 거대한 공포가 점점 사라진다는 뜻입니다.

바닥까지 내려가 봤다는 어떤 창업자는 실패하기 전에는 실패하면 무조건 인생이 나락으로 간다고 생각했답니다. 그래서 실패라는 게 너무 두려웠다고 해요. 그러나 막상 이 창업자가 밑바닥까지 내려가 보니 막상 실패해도 어떻게든 먹고살고, 어떻게든 재기할 수 있는 발판이 마련되는 경험을 하면서 '아, 실패한다고 하늘이 무너지는 건 아니구나'라는 깨달음을 얻었다고 합니다.

그는 실패에 대한 막연한 두려움이 사라지니 그때야 비로소 또 일어나고, 또 도전할 수 있는 용기와 힘이 생겼다고 합니다.

마치 거센 파도만이 훌륭한 뱃사람을 만들듯, 실패는 창업자에게 맷집을 만들어주는 좋은 기회가 될 것입니다. 저 역시 비슷한 경험을 했습니다. 비록 '내가 처지는 남루해도 사람이 죽으라는 법은 없구나'라는 것을 깨닫게 되었죠. 물론, 제가 겪었던 실패의 경험이 전부는 아니기에, 누군가는 훨씬 더 큰 어려움을 겪고 끝내 창업을 포기하거나 한참을 어려운 상황 속에서 헤어나지 못할 수도 있습니다. 그렇게 모든 것이 무너지지는 않도록, 다시 딛고 일어설 수 있는 최소한의 기반만큼은 지킬 줄 아는 지혜도 필요합니다. 실패에도 선이 있는데, 자신의 모든 기반이 무너지지는 않도록 적절한 선에서 실패를 택하는 지혜도 필요합니다.

저는 창업자들의 조력자로 일하고 있습니다. 하지만 창업만이 멋진 길이요, 우월한 길이요, 특별한 길이요, 성공의 지름길이라 생각하지 않습니다. 창업을 권장할 마음도, 그렇다고 창업을 막을 마음도 없습니다. 창업은 그저 사람이 살아가는 여러 가지 삶의 모습 중 하나입니다. 그 이상도, 그 이하도 아니라고 생각합니다. 다만, 창업을 하게 된다면 주어진 삶에 최선을 다하며 살아가는 것이 우리가 할 수 있는 유일한 일이라고 생각합니다. 어차피 결과는 예측하거나 통제할 수 없잖아요. 주어진 길을 걸어가는 그 과정을 즐기며 사는 것이 최고로 멋진 삶이라 생각합니다.

마찬가지로 실패를 두려워하는 마음으로 창업을 피하거나, 또 성공을 사모하는 마음으로 창업에 집착하는 것도 옳지 않다고 생각합니다. 확률적으로 창업은 99%의 실패를 낳는 녀석이지만, 실패가 반드시 나쁜 것만은 아니기 때문입니다. 사실 우리가 두려워하는 건 실패라는 그 사실보다는 남들의 시선과 판단으로부터 오는 고통일 것입니다. 나의 길을 개척할 때 나를 힘들게 하는 건 절대적 고통이 아니라 상대적 고통이니까요.

　실패를 두려워하지 마세요. 성공에 집착하지도 마시고요. 대부분의 창업자가 말하듯, 자연스럽게 창업으로 발길이 닿게 된다면 그 운명을 즐기면서 최선을 다하시길 바랍니다!

1부에서 꼭 기억해야 할 핵심 포인트

01 창업을 꿈꾸는 당신에게 던지는 3가지 질문

창업의 동기가 정말 '순수'한지, 내가 창업에 맞는 '기질'을 갖고 있는지, '가난'하게 살 각오가 되어 있는지 스스로에게 반드시 물어보세요.

02 창업에 준비된 사람은 없지만, 창업에 맞는 사람은 있습니다

얼마나 준비되었느냐 보다, 내가 창업에 '맞는' 사람인지가 더 중요해요. 결정적 판단 기준은 '주도적인 사람인가'입니다.

03 핵심역량이 없는 제너럴리스트 창업자에게

핵심역량이 없다고 남에게 의지해서 창업하면 안 됩니다. 무엇이든 내게 있는 전문성을 발견해보세요. 아무리 봐도 전문성을 가진 게 없다면, 어떻게든 배워야 합니다. 그것도 어렵다면, 전문성의 기준이 모호한 새로운 시장에 진출해서 전문성을 새롭게 정의하세요.

04 New가 꼭 Best는 아니에요

새로울수록 시장을 발굴하고 스스로 증명하기 위해 엄청난 벽들을 넘어야 해요. 중요한 건 새롭냐가 아니라, '사업성이 있으냐'예요. 우리는 연구자가 아니라 사업가니까요.

05 창업자에겐 자승자박의 자세가 필요해요

내 아이템이 진짜 좋은 것인지 판단하기 위해서는 객관적인 의견을 들어보는 게 좋은데요. 그 의견들을 잘 판단하려면 스스로 내 아이템을 비판적으로 바라보는 '자승자박'의 자세가 꼭 필요해요.

06 공동창업할 때 지분율은 균등하게?

안 될 건 없지만 결코 추천하진 않아요. 주인 없는 회사나 마찬가지거든요. 누가 구심점이 되어 헌신할지를 판단해보세요. 그 사람에게 지분을 몰아줘야 합니다.

07 사업가와 기술자 중에 누가 더 많은 지분을 가져야 하는가?

결국은 사업 아이디어의 가치와 기술역량의 가치 중 어떤 것이 큰지를 따져봐야 해요. 쉽지 않은 일이지만, 아이디어와 기술에 대한 아주 냉정한 자기 판단이 필요합니다.

08 실패가 두려워 시작을 주저하는 당신에게

실패를 두려워하는 대신, 실패를 반드시 한 번은 겪게 될 거라고 생각해보세요. 실패를 각오하고 대비하면 마음이 한결 편해질 거예요.

투자유치를
고려할 때

09

다들 무슨 돈으로 창업을 할까?
(feat. 돈 없이 창업하기)

보통 창업자들은 무슨 돈으로 창업을 하나요? 다들 여윳돈이 있어서 자기 돈으로 창업을 하는 걸까요? 아니면 처음부터 누군가에게 투자를 받으며 창업하는 걸까요? 보통 누구의 돈으로 어떻게 창업하는 게 일반적인 건가요?

내가 구상하는 사업이 무엇이냐에 따라 다릅니다. 한동안 적자 구조를 감내해야 하는 사업이라면 투자유치가 필수이지만, 창업 초기부터 곧바로 현금이 회전될 수 있는 사업이라면 반드시 투자를 받을 필요는 없습니다. 다시 말해 초기에는 무조건 투자를 받아야 한다는 생각을 강박적으로 가질 필요가 없습니다. 그래도 투자를 받아야 한다면 기관투자나 개인투자를 받는 것도 방법이고, 그조차 어렵다면 정부나 대기업의 지원 프로그램을 알아보는 것도 방법입니다.

Q

자본금 1,000만 원으로 이제 막 회사 설립을 마친 창업자입니다. 사업 아이템 선정부터 멤버 모집까지 창업을 준비하는 단계는 정말 정신없는 과정의 연속이었습니다. 그중에 큰 고민은 당연하게도 '돈'인데요. 제가 시작한 모델은 B2B 분야 사업인데, 업의 특성상 초기부터 곧바로 투자를 받아야 하지 않을까 생각 중입니다. 그런데 문득 그런 궁금증이 생겼는데요. 다른 분들은 보통 창업할 때 무슨 돈으로 시작하시나요? 다들 여유가 있어서 모든 걸 자기 돈으로 해결하는지, 창업 준비 단계부터 투자를 받는지, 아니면 저처럼 일단 자기 돈으로 회사는 설립하고 나서 곧바로 투자를 받기 위해 돌아다니는지…. 어떻게 하는 게 일반적인 방식인지 모르겠습니다.

A

회사 설립을 축하드립니다! 사실 사업이란 게 아이템, 사람, 돈이 전부라고 해도 과언이 아니니 말씀하신 것처럼 돈에 대한 고민은 시작 시점, 아니 준비 시점부터 꾸준히 이어지는 고민거리 중 하나입니다. 특히 거의 모든 창업자가 가장 처음으로 고민하는 건 과연 내 사업이 투자를 받아야 하는지, 받는다면 언제 얼마나 받아야 하는지, 아니면 그냥 내 돈을 한동안 투입하면서 진행해야 하는지입니다. 이 고민에 대한 답부터 말씀드리면 사업의 특성, 사업 전략, 시장 환경 등에 따라 다르다는 것입니다.

투자를 받아야 하는가, 말아야 하는가? 우선은 사업의 특성부터 살펴봐야 합니다. 내 사업이 커머스나 중개 모델처럼 창업 초기부터 현금흐름을 창출해내는 사업이라면 투자유치는 선택의 문제가 될 것입니다. 반면, 한동안 현금이 창출되지 않고(즉 매출이 발생하지 않고), 몇 년간 제품 개발에 투자해야 하는 R&D형 사업이거나, 혹은 한동안 사용자 기반을 확보하기 위해 매출보다는 비용이 클 수밖에 없는 구조의 플랫폼형 사업이라면 창업 초기에 곧바로 투자를 받아야 할 것입니다.

사업의 특성이 투자를 받을지 말지에 대한 기본적인 방향을 결정하지만, 사업 전략이라는 것 또한 중요한 변수입니다. 비록 초기부터 현금이 창출되는 커머스 사업이라 하더라도 단기에 시장을 석권하고 싶어서 거래액을 빠르게 올려놓아야 한다면 당연히 투자유치가 필요할 것이고요. 또 반대로 R&D나 플랫폼 사업이라 하더라도 부가적인 사업을 통해 어떻게든 자생하는 구조를 만들면서 천천히 가겠다고 전략 방향을 잡는다면 투자유치가 필요 없겠죠. 가령 SNS 플랫폼을 만드는 데 들어가는 비용을 회사가 외주 개발 등을 통해 부가적인 수익으로 만들어내고, 그 수익이 허락하는 선에서 낮은 속도를 유지해가며 성장하겠다는 전략을 가져간다면 아무리 플랫폼 사업이라도 투자유치가 필요 없는 상황이 될 것입니다.

그런가 하면 시장의 상황도 무시할 수 없습니다. 누가 봐도 투자가 필요한 사업의 특성을 지니고 있고, 회사의 전략 또한 빠른 성장을 위해 투자유치를 필수로 생각한다 하더라도 시장의 상황이 좋지 않다면 투자를 받을 수 없게 됩니다. 특히 IT업계의 경우

1990년대 인터넷의 등장 이후, 대략 10~15년 주기로 버블이 커졌다가 터지는 일이 반복되는데, 버블이 터지고 다운턴downturn, 침체기이 급격히 오게 되면 아무리 좋은 모델을 지녔다고 해도 투자 유치 자체가 불가능해지는 상황이 오곤 합니다. 시장이 과열된 상황에서 여유롭게 자금조달 계획을 세웠는데, 갑자기 몇 달 만에 상황이 반전되어 금융시장이 악화되고 스타트업 투자도 모두 얼어 버리는 상황이 오게 되면 자금조달 계획은 원점에서 다시 검토되어야 합니다. 그리고 회사는 투자를 못 받는 최악의 상황을 고려한 새로운 사업 계획을 수립해야 합니다.

이렇듯 '내 사업이 투자를 반드시 받아야 하는가'라는 질문에는 정답이 없습니다. 만일 이런 검토를 스스로 거친 끝에 "일단은 내 돈을 투입해 가며 꾸려 나가야겠다"고 결심했다면, 최대한 내가 가용할 수 있는 자금 범위 안에서 사업 계획을 정교하게 손보아야 합니다.

물론 여기에서도 질문은 이어질 수 있습니다. '과연 가용한 자금의 범위를 어떻게 결정해야 하는가'입니다. 이 또한 정답은 없지만, 저는 창업자가 회사에 투입할 수 있는 자금의 '상한선'을 규정하고 싶습니다. 아무리 열정이 넘친다 하더라도 만일 이 사업이 완전히 망했을 때 내가 다시 재기할 수 있는 최소한의 발판은 확보해야 한다는 것입니다. 쉽게 말해, 내가 그동안의 직장 생활을 통해 3억 원의 현금을 보유하고 있다고 가정할 때, 사업에 이 3억 원을 모두 투입하는 것은 그다지 추천하고 싶지 않습니다. 만일 이 사업이 완전히 무너졌을 때 다시 재기하기 위한 활동, 즉 다른 사업을 도모하거나 취업을 알아보는 동안 생계를 유지하기 위해 필요한 최소한의 자금은 따로 빼두어야 한다는 것입니다. 예를 들어, 지금의 사업이 망했을 때 다시 재기하기 위해서는 약 2년 정도의 시간이 걸릴 것이고, 그 2년간의 생계유지 비용이 1억 원이라고 가정한다면 지금 내 사업에 투입할 수 있는 돈의 상한선은 2억 원인 것입니다. 일단 내 돈으로 사업을 이끌겠다고 결심했다면 반드시 이 상한선을 정하고 사업 계획을 다시 정교화하기 바랍니다.

의외로 많은 창업자가 회사가 설립되고 나면 정신없이 돌아가는 컨베이어 벨트 위의 작업물을 처리하듯 하루하루를 보내기 때문에, 재정에 대한 계획 없이 앞으로만 전진하는 경우가 많습니다. 평소에는 그렇게 현명하고 스마트한 사람도 종종 이 사업의 회오리 속에 빠지고 나면 '에이, 뭐 어떻게 되겠지' 하며 재정에 대한 플랜을 소홀히 하는 경우가 많습니다. 특히 내 돈으로 사업을 꾸려가야 하는 상황이라면, 재정 플랜을 최대한 정교하게 짜보시기 바랍니다.

내 돈의 상한선을 정해두고 자금 계획을 세웠을 때 내 돈으로 꾸려가는 것은 아무래도 한계가 있다는 결론이 났다면, 창업자는 재빠르게 외부 자금조달을 모색해야 합니다. 이런 경우 상황은 좀 복잡해집니다. 어떤 형태로든 '남의 돈'을 끌어와야 하기 때문입니다.

남의 돈에는 크게 두 가지가 있습니다. 기관의 돈, 그리고 개인의 돈입니다. 개인 엔젤투자자 속성에 대해서는 다른 질문에서도 다루겠지만, 개인 엔젤투자자의 돈은 상당히 조심스럽게 받아야 합니다. 개인의 돈은 기관의 돈보다 훨씬 관여도가 높고, 사업이 잘되지 않았을 때에는 사람 간의 관계가 함께 무너지며 창업자에 대한 신뢰도에도 악영향이 갈 수 있기 때문입니다(자세한 내용은 질문 10 '남의 돈에는 대가가 따릅니다'를 참고하세요). 그래서 처음으로 남의 돈을 받을 때에는 기왕이면 기관투자 유치를 시도해보라고 권유하는데요. 특히 초기 기업은 액셀러레이터를 통해 투자를 받는 것이 좋을 것입니다. 물론, 회사에 이미 상당 수준의 자산이나 지적재산이 존재하고, 이로 인해 설립 초기부터 높은 기업가치를 주장할 수 있으며, 필요한 투자금의 규모도 처음부터 꽤 큰 규모라면 설립 직후라 하더라도 벤처캐피탈을 통해 투자를 받는 것이 가능합니다.

그러나 이런 특수한 경우를 제외한 대부분의 경우에는 액셀러레이터를 통해 소액 투자(일반적으로 수천만 원에서 1억~2억 원 수준)를 먼저 받고 난 후, 제품이나 서비스 측면에서 어느 정도 진도가 나갔을 때 벤처캐피탈을 접촉하는 것이 일반적인 수순입니다. 투자자를 어떻게 컨택하고, 어떻게 선별하고, 어떻게 네고하는지 등에 대한 전반적인 내용은 이 책에서 충분히 다루고 있으니 해당되는 질문들을 참고하세요.

자, 만일 여기까지 읽으면서 내 돈을 넣든 투자를 받든 둘 중

하나의 방법으로 설립 초기의 자금조달 플랜이 해결되는 상황이라면 여러분은 그나마도 행복한 분들입니다. 대부분의 현실은 어떨까요? 설립 초기 창업자들이 자금 계획과 관련해서 겪는 고통은 무엇일까요? 그것은 바로, 내 돈을 넣을 만한 여유도 없는데 투자유치마저 어려운 상황에 처했을 때입니다. 특히 평생 직장생활 외에는 해보지 않은 분들은 '돈 없는 창업자'도 창업할 수 있는지를 궁금해하는 경우가 많습니다. 이때는 크게 두 가지 방법이 있습니다. 정부, 지자체, 대기업이 제공하는 '지원금'을 받는 방법과 정부의 보증을 통해 저금리로 '대출'을 받는 방법입니다.

첫째로 정부나 기업의 지원금을 받기 위해서는 일단 정보력이 관건입니다. 정부나 지자체 지원금의 경우 'K-Startup 창업지원포털(www.k-startup.go.kr)'에서 검색해볼 수 있습니다. 일반적으로 정부부처와 지자체의 창업지원 프로그램은 연초(1~3월 사이)에 발표되는데, 프로그램마다 예산이 책정되는 시기에 차이가 있어 연초에 늘 레이더를 켜놓고 정보를 습득하는 것이 좋습니다. TIPS, 예비창업패키지, 초기창업패키지, 창업도약패키지 등과 같은 크고 지속적인 프로그램들의 경우 메이저 언론사를 통해 공고가 나기도 하지만, 특화형 프로그램들의 경우는 직접 찾아봐야 합니다. 그러니 이 사이트를 자주 방문해서 여러 가지 조건으로 검색해보는 것을 추천합니다.

대기업의 지원 프로그램의 경우 각 회사가 사정에 따라 운영하기 때문에 종합적인 채널은 없습니다. 따라서 스타트업과 관련된 뉴스를 꾸준히 검색해보거나, 정기적인 뉴스레터를 구독하면서 대기업의 프로그램에 대한 정보를 얻어야 합니다.

일반적으로 이런 지원금의 경우 수천만 원에서 수억 원에 이르는 규모인데, 특히 정부가 제공하는 지원금은 투자 성격이 없는 순수 지원금이므로 지분율 희석 없이 돈을 받을 수 있다는 아주 큰 강점이 있습니다. 물론, 이 돈도 공짜는 아닙니다. 지원금의 규모가 클수록 중간중간 제출해야 하는 각종 서류와 연구노트 등의 증빙들도 많고, 회계 처리도 꽤 복잡합니다. 그래서 많은 스타트업이 웬만한 규모의 정부 지원금을 받으면 서류들과 경비 처리를 담당할 전담 직원을 뽑기도 합니다. 그러니 혹시 누군가가 무심결에 "정부의 눈먼 돈 빨리 받아야지 뭐하고 있어"라고 말한다면, 쉽사리 현혹되지 마시기 바랍니다.

세상에 공짜는 없습니다. 내게 적합해 보이는 프로그램이 있다면, 주변을 수소문해서 실제 해당 정부 지원금을 받아본 회사들의 경험담을 들어보는 것이 큰 도움이 됩니다. 주관기관에 따라 지원금 규모에 비해 요구하는 증빙과 작업들이 많아서 막상 돈을 받고 난 후에 후회하는 창업자들도 종종 보게 됩니다. '와, 내가 이 돈 받으려고 이 고생을 하나' 싶은 마음이 들게 될 수도 있으니, 막연히 눈먼 돈이라 생각하지 말고 많은 정보를 알아본 후 본업에 지장이 없는 프로그램들을 선별해서 받는 것이 좋습니다.

대기업 지원금의 경우 프로그램의 내용이 천차만별이긴 하지만, 정부지원금과는 달리 순수 지원금인 프로그램과 투자가 연계

되는 프로그램이 혼재되어 있는 경우가 많습니다. 또 어떤 경우는 회사의 홍보를 위해 스타트업들이 반드시 해당 대기업과 협력해야 한다거나, 스타트업의 제품이나 서비스를 활용함에 있어서 해당 대기업이 우선적으로 판매 혹은 유통권을 갖는 등의 조건이 붙기도 합니다. 이 또한 창업자 입장에서는 면밀히 검토해 봐야 하는 내용입니다.

실제로 어떤 스타트업은 대기업의 지원 프로그램에 당당히 1위로 선정되어 상당한 지원금을 받았는데, 이것이 나중에 독이 된 경우가 있었습니다. 돈도 풍성하게 제공되었고 제품을 개발하는 과정에서 해당 대기업 현업 부서의 도움도 꽤 받았습니다. 그런데 나중에 알고 보니 해당 프로그램의 조건이 대기업이 스타트업의 지분을 일부 살 수 있는 권리와 3년간 스타트업의 제품을 해당 대기업의 채널을 통해서만 유통하도록 묶어두는 내용이었습니다.

이런 사례를 말씀드리는 것은 이런 조항들이 반드시 독소 조항이라거나 대기업이 스타트업을 대상으로 나쁜 짓을 한 것이라고 주장하고 싶어서가 아닙니다. 그들 입장에서는 돈도 제공하고, 제품 개발의 노하우도 제공하고, 현업 직원들의 역량까지 제공했으니 응당 대가를 받았다고 생각할 수 있습니다. 그런 논란을 다루려는 것이 아니라, 정부 지원금 부분에서 언급했던 것처럼 대기업의 지원금 역시 공짜가 아니라는 걸 강조하는 것입니다. 돈을 받는 것도, 돈을 받은 후의 대가도 무조건 정보력입니다. 최대한 많은 것을 알아보고 면밀히 검토해야 합니다.

'지원금을 받는 것' 외에 또 생각해볼 수 있는 것이 '저금리로 돈을 빌리는 것'입니다. 기술보증과 신용보증이 바로 그 방법인데요. 기술성과 사업성을 갖춘 스타트업과 벤처를 대상으로 저금리로 정부가 보증을 서고, 은행이 이 보증을 근거로 스타트업과 벤처에 자금을 대여해주는 프로그램입니다. 이 또한 정부가 보증하는 프로그램이기 때문에 예산 규모와 금리 수준이 변경될 수 있습니다. 따라서 이런 프로그램에 관심이 있다면 기술보증기금의 사이트(www.kibo.or.kr) 혹은 신용보증기금의 사이트(www.kodit.co.kr)나 가까운 지점의 담당자를 컨택해서 정보를 얻는 것이 좋습니다.

프로그램의 심사 기준 등은 회사의 업종, 업태, 업력, 유망성 등에 따라 달라질 수 있기 때문에 여기에서 상세하게 다루기는 어렵습니다. 하지만 개략적으로 볼 때 기술보증은 주로 '사업적 가치가 있는 기술력'을 보유한 기업에게 유리한 프로그램이고, 신용보증은 '사업성과 신용도가 높은' 기업에게 유리한 프로그램입니다. 따라서 내 회사의 특성과 향후 성장 전략에 맞게 프로그램들을 골라 지원을 받는 것이 좋습니다.

그리고 그다지 추천하고 싶지는 않지만, 마지막으로 생각해볼 수 있는 방법이 있습니다. 바로 '3F 펀드'를 이용하는 것입니다. 돈 없는 창업자가 이용할 수 있는 마지막 카드라고 해도 과언이 아닙니다. 3F란 'Family, Friends, Fools'의 약자입니다. 가족, 친구,

그리고 멍청이(스타트업에 투자한 개인을 판단력이 흐린 멍청이로 희화화한 말)들에게 돈을 받는다는 것인데, 정확한 유례는 알 수 없으나 아마도 해외 스타트업 신에서 누군가 만들어낸 말이 아닌가 싶습니다. 돈 없는 창업자가 사용할 수 있는 마지막 카드이지만 가족이나 친구들이 자발적으로 투자하지 않는 한 그다지 추천하고 싶지는 않습니다.

3F 펀드를 이용하는 것도 결국은 '개인투자'를 받는 것이기 때문에 돈이 얽히면 그 좋던 가족관계, 친구관계도 깨지고 서로 상처받게 될 수 있습니다. 회사가 성장 가도에 올라섰다는 확신이 섰다면, 그때는 그동안 나를 응원해준 사람들에게 신주를 발행하여 금전적 이득을 선물처럼 줄 수도 있습니다. 하지만 그렇지 않은 초기 상황에서 이 돈이 결국 평생을 함께 갈 수 있었던 소중한 '관계'를 담보로 하여 받는 돈이라고 생각해야 합니다(개인에게 투자를 받는 것과 관련해서는 질문 20 '개인투자는 그냥 빌린 돈이라고 생각하세요'를 참고하세요).

'도대체 사람들은 무슨 돈으로 창업을 하는가'라는 주제로 말씀드렸는데요. 이런 저런 다양한 자금 조달의 방법을 설명했습니다만, 저는 사실 이 중에서 '내 돈 내 업'이 가장 좋다고 생각합니다. 초기에 돈을 막대하게 쏟아부어야 하는 머니게임Money game이 아닌 한, 기본적으로 사업은 내 돈으로 할 수 있는 선에서 해보고, 그 가능성을 내 돈으로 검증한 상태에서 남의 돈을 받는 것이 올바른 순서라고 생각합니다. 사실 투자자 입장에서도 본인의 돈을 쏟아부을 수 있는 창업자에게 더 높은 신뢰감을 가지게 될 것입니다. 또한, 언제 닥쳐올지 모를 다운턴을 대비해서라도 가용한 자금의 범위 안에서 한걸음씩 사업을 키워가는 것이 근본적으로 기업의 체력을 강하게 만드는 원천이 될 것이라고 생각합니다. 빠르지만 금세 쓰러지는 기업이 아닌, 느려 보여도 탄탄하게 성장하는 기업을 만들어가시길 바랍니다!

10

남의 돈에는
대가가 따릅니다

돈 많은 선배로부터 시드머니를 투자받아 창업한 친구가 부럽습니다. 남의 돈으로 사업을 한다는 게 왠지 위너처럼 보여서 부럽기도 하고 배알이 꼬이기도 합니다.

"

남의 돈 너무 좋아하지 마세요. 남의 돈에는 반드시 대가가 따릅니다. 흔히 "누가 사업을 내 돈으로 하니? 남의 돈으로 해야지"라고 자랑하듯 말하는 분들이 있는데, 이것은 아주 위험한 생각입니다. 오히려 남의 돈은 절대 받지 않겠다고 다짐해보세요. 사업이 달라 보일 겁니다. 그리고 그렇게 계획하는 것이 훨씬 건전한 사업 계획입니다.

Q

창업에 관심이 많은 경력 3년 차 직장인입니다. 얼마 전에 대학 동기가 회사 앞에 놀러왔는데, 창업할 거라는 소식을 전했습니다. 그 친구는 지인의 소개로 성공한 사업가를 만났는데 그분이 초기 자본 일체를 투자해주기로 했다며 자랑하더라고요. 그러면서 그 친구가 하는 말이 "누가 자기 돈으로 사업하니? 사업은 원래 남의 돈으로 하는 거야!"라고 하더군요. 이 말에 내심 부럽기도 하고 배알이 꼬이기도 했습니다. 저에게는 그런 부유한 지인도 없고 당장에 투자를 받을 만한 방법도 잘 떠오르지 않기 때문입니다. 그래서 열심히 직장생활을 해서 시드머니가 생기면 그때나 창업을 해볼까 하는데, 이렇게 쉽게 엔젤투자자에게 투자를 받은 친구를 보니 그 친구는 위너 같고 저는 왠지 초라해 보입니다. 정말 모두 자기 돈 안 내고 남의 돈 끌어다가 사업하나요? 남의 돈으로 사업을 하는 게 아무런 문제가 없는 걸까요?

A

이런 걸 두고 은근히 염장 지른다고 하죠. 질문자께서 그 친구를 만나고 나서 많이 심란하셨을 것 같네요. 남의 돈으로 사업한다? 좋죠. 멋있어 보이죠. 그리고 실제로 "사업을 왜 내 돈으로 해? 남의 돈으로 해야지!"라는 말은 스타트업 신에서도 공공연히 도는 말 중 하나입니다. 투자유치를 대단한 관문 하나를 통과한 냥, 그 자체로 떠들썩하게 자랑하고 다니는 창업자가 많습니다. 물론 투자유치란 게 창업자에게 상당히 큰 자부심과 성취감을 안겨주는 것도 사실입니다. 그 자체를 부정할 필요도 없고

116   **2부 투자유치를 고려할 때**

너무 배 아파할 필요도 없습니다. 질문에 대한 결론부터 말씀드리면 남의 돈으로 사업하는 거, 반드시 좋아할 만한 일은 아니라는 것입니다. 모든 것에는 대가가 있고, 특히 돈이라는 것은 아무 대가 없이 주어지지 않는다는 것을 창업자들은 반드시 알아야 합니다.

남의 돈이 달콤해 보이는 데에는 몇 가지 이유가 있는데요. 일단 첫째로 꼽을 수 있는 건, 창업자 입장에서 리스크를 덜어낼 수 있다는 점입니다. 즉 내 돈이 덜 들어가기 때문에 그만큼 위험을 덜 감수한다고 생각할 수 있습니다. 그런데 내 돈이 덜 들어갔다고 해서 정말 위험을 덜 감수하는 걸까요? 다시 말해서 남의 돈을 끌어다가 사업한다는 것이 내 입장에서는 그만큼의 위험을 회피하는 게 맞는 걸까요?

사실 사업에 내 돈이 많이 들어가면 들어갈수록 훨씬 더 신중해질 수밖에 없는 게 인지상정입니다. 그러나 남의 돈을 끌어다가 쉽게 사업을 시작하게 되면 'Easy Come, Easy Go'라는 말처럼 됩니다. 쉽게 들어온 돈은 쉽게 나가기 마련이라는 의미입니다. 제가 뭐 공자 왈 맹자 왈, 라떼는 말이야라는 식의 꼰대 스타일로 얘기하는 것이 아니고요. 내 돈보다 남의 돈을 상대적으로 더 쉽게 쓰게 되는 경향은 동서고금을 막론하고 인간의 아주 근본적인 본능이라는 것입니다.

1990년대와 2000년대만 해도 초반부터 투자금을 쉽게 확보한 창업자들 중 꽤 많은 사람이 투자를 받자마자 좋은 집으로 이사를 가거나, 좋은 차를 사는 경우가 많았습니다. 최근에는 이런 현상들이 많이 없어지긴 했지만, 그런 행동을 보이는 창업자들이 지금도 여전히 생태계에 존재하는 것이 사실이죠. 이런 부분 때문에 최근 투자자들은 예전만큼 그렇게 후하거나 헐렁하게 자신의 투자금을 관리하지 않습니다. 그렇다고 해서 매일매일, 1원 단위까지 회사의 비용 집행 내역을 들춰 보지는 않지만, 최소한 월 혹은 분기 단위의 주기를 정해서 회사의 재무 상태가 어떤지, 어떤 부분에 돈을 많이 쓰고 있는지, 논란이 될 만한 비용 집행은 없는지, 또 대표이사가 사적인 용도로 사용하고 있는 부분은 없는지, 투자계약서에 기입되어 있는 투자금 집행 계획에 맞게 집행되고 있는지 등을 면밀하게 검토합니다.

그리고 보통 1년 단위로 간략한 회계 감사를 실시하기도 합니다. 대부분의 기관투자자는 이런 식으로 사후 관리를 시행하고 있습니다. 누군가 내 회사의 비용 집행 내역을 들여다본다는 것은 아무리 건전하게 사업을 운영한다 해도 여간 신경 쓰이는 게 아닙니다. 자칫하면 오해로 인해 문제가 발생할 수도 있기 때문입니다. 기관투자자를 통해 투자를 받는 것은 이런 면에서만 보더라도 호락호락한 일이 아닙니다.

물론, 질문자의 친구 케이스처럼 기관투자자가 아닌 특정 개인이 초기 자본을 넣는 경우도 많고, 이런 경우 개인이라는 한계로 기관투자자처럼 체계적으로 관리하지 못할 수도 있습니다. 그렇기 때문에 상대적으로 투자금에 대한 자유도가 높은 것처럼 여겨질 수도 있는데요. 사실 그건 착각입니다. 제가 자주 하는 표현인데요, 창업자가 개인투자자에게 받은 돈은 투자금이 아니라 빌린 돈이라고 생각해야 합니다. 그만큼 개인투자자들은 중간중간 체계적으로 관리할 수 없기 때문에, 사업의 진행이 성공적이지 않다고 생각되면 갑자기 투자자에서 빚쟁이처럼 태도가 돌변할 수 있습니다. 중간중간 관리하지 않았으니 온전히 창업자를 믿고 여기까지 왔는데 기대보다 낮은 성과를 보인다면 그 순간 모든 책망은 창업자에게 향하게 되는 것이죠. 이 순간 개인 대 개인의 금전대차와 같은 상황으로 바뀌게 된다는 말입니다(자세한 내용은 질문 20 '개인투자는 그냥 빌린 돈이라고 생각하세요'를 참고하세요).

사실 이것 또한 인지상정입니다. 만일 여러분이 개인 자격으로 몇천만 원 혹은 억대에 달하는 돈을 투자했다고 하면, 여러분은 그 돈을 원금이 보장되지 않는 100% 투자금이라고 생각할까요? 특히 그 회사가 잘되지 않아 '이러다가는 곧 내 돈을 다 날리게 생겼다'라는 생각이 드는 순간, 여러분은 당연하게도 원금 회수에 대한 강한 욕구를 느끼게 될 것입니다. 그때부터는 투자 계약의 내용이 어찌 되었든 간에, 창업자가 자신이 투입했던 원금이라도 돌려주기를 바라게 됩니다.

원금을 돌려줄 수 없다면 어떻게 될까요? 이 또한 인지상정입니다. 어떤 분은 추심하듯 계속해서 창업자를 푸시하는 경우도 있고, 그나마 양반인 분들은 추심을 하진 않으나 '다시는 그 창업자에게 투자하지 않겠다'라고 결심하면서 창업자를 마음속에서 지우게 됩니다. 그런 경험을 가진 개인투자자는 의도하든 의도하지 않든 주변에 창업자에 대해 좋지 않은 애기를 하게 될 것이고, 이런 것들이 쌓이면 창업자에 대한 이미지는 상당히 안 좋아지게 됩니다. 이런 소문이 퍼지게 되면 사실상 기관투자를 유치할 때에도 영향을 받게 됩니다.

그러니 아무리 쉽게 초기에 투자를 받았다고 한들, 이것이 창업자 입장에서는 무조건 리스크를 덜어냈다고 보기는 어렵습니다. 말 그대로 내 돈이 덜 들어가는 정도의 리스크는 덜어냈겠지만, 그에 상응하는 수고와 고통, 갈등과 긴장감이 수반된다는 것을 창업자들은 반드시 알아야 합니다. 즉 내가 리스크를 덜어낸다는 의미에서 남의 돈으로 사업하는 게 좋다고 판단하는 것은 어폐가 있다는 것입니다. 하나의 리스크는 덜어내게 될지 모르겠지만 또 다른 리스크를 떠안게 되는 결과를 맛보게 될 것입니다.

남의 돈이 달콤한 두 번째 이유는 투자를 받았다는 것 자체가 투자자에게 내 사업과 나 자신에 대한 인정을 받았다는 성취감을 주기 때문입니다. 기본적으로 투자를 받았다는 것은 상당히 의미 있는 일이고 자부심을 가져도 될 만합니다. 그러나 그것 자체가 이 사업의 성공을 담보해주거나, 성공한 창업자로서의 확실한 '인증'을 받은 것은 결코 아닙니다. 투자를 받는 것은 사업을 진행함에 있어 하나의 과정일 뿐이지, 이것이 어떤 결과이거나 종착지로 해석될 수는 없습니다. 오히려 투자를 받는다는 것은 '이제부터가 본격적인 시작'이라는 의미입니다.

2부 투자유치를 고려할 때

그런데도 많은 창업자가 투자유치를 마치 사업에 대한 성적표라도 받은 것처럼 여깁니다. 그러다 보니 많은 창업자가 언론에 PR 기사를 내거나 혹은 자신의 SNS에 투자유치 소식을 과시하는 경우가 있습니다. 물론 회사의 이미지를 위해서 이런 PR 기사를 내는 것 자체를 비난하고 싶지는 않습니다. 그러나 대외적으로 우리 회사가 상당히 많은 것을 이룬 것 같은 뉘앙스를 풍기고, 또 내부적으로도 그렇게 생각한다면 그것은 절대로 피해야 할 마인드입니다. 투자유치는 절대로 결과물이 아닙니다. 사업의 수많은 과정 중 일부이기 때문에 투자를 받았다는 사실에 도취되어서 벌써부터 샴페인을 터뜨리는 누를 범해서는 안 됩니다.

남의 돈으로 사업한다는 것을 리스크 회피나 마일스톤 성취로 생각해서는 안 됩니다. 투자금을 받았다는 것은 피니시 라인을 통과한 것이 아니라, 이제 겨우 스타트 라인에 설 준비가 되었다는 의미입니다. 그런 면에서 질문자의 친구는 조금 겸손했다면 좋았을 텐데 아쉽네요. 남의 돈으로 사업한다고 위너도 아니요, 내 돈으로 사업한다고 루저도 아닙니다. 창업자에게 있어 투자유치란 돈이 필요한 시점에 적절한 규모의 돈을 확보하게 되어 다행이라는 의미, 그 이상 그 이하도 아니어야 합니다. 질문자에게도 선한 의도를 가진 좋은 엔젤투자자가 나타난다면 좋겠지만, 그렇지 않다면 지금처럼 직장생활 열심히 하면서 착실하게 시드머니를 모으고 자신이 모은 자금을 투입해서 진정성 있게 사업을 시작하는 것도 매우 좋은 방법이라고 생각합니다. 행여 어떤 사람들이 눈먼 돈이 널려 있는데 왜 그러고 있냐며 바보처럼 여긴다 하더라도, 신경 쓰지 마세요. 그런 분들도 언젠가는 남의 돈이 주는 대가를 경험하게 될 것입니다.

11

설득력 있는 IR 문서를 만드는
5가지 비결

IR 자료를 금방 만들 줄 알았는데 막상 쓰려고 하니 참 어렵네요. 내용들은 어떻게든 채우겠는데 그냥 이렇게 채우기만 하면 되는 건지 모르겠습니다. 어떻게 하면 좋은 IR 자료를 만들 수 있을까요?

--- ---

사람마다 인생사가 다르듯, 회사의 IR 자료는 우리 회사만의 스토리로 구성되어야 합니다. 좋은 IR 자료를 만드는 5계명이 있습니다. 우리 회사만의 '스토리'가 있어야 하고, 투자자의 관점으로 내 IR 문서를 바라봐야 하고, 정답을 쓰겠다는 강박을 버려야 하고, 숫자는 늘 정확해야 하며, 투자자가 이 문서를 읽었을 때 '이제 돈만 넣으면 되겠다'는 확신을 가질 수 있어야 합니다.

Q

창업을 준비 중인 액셀러레이터 심사역입니다. 나이는 30대이고 대리급이다 보니 아직은 경험이 많지 않습니다. 퇴사는 아직 안 했지만, 사업 아이템을 거의 완성해놓은 상황입니다. 창업을 하면 당장 투자를 받아보려고 하는데요. 제가 그동안 스타트업 심사를 했다 보니 기업에서 제출하는 IR 문서를 많이 검토했거든요. 그래서 IR 문서를 쓰는 것에 자신이 있다고 생각했는데 막상 쓰려고 하니 좀 막막하더라고요.

유튜브와 서적들을 찾아보니 문제 제기, 시장 분석, 경쟁 현황, 제품 정의, 개발 계획, 보유 역량, 기술 독보성, 마케팅 플랜, 글로벌 진출 등 다양한 요소들에 대해 어떻게 쓰라는 말들은 나오는데, 그냥 이런 것들을 나열하듯이 하나씩 채워 나가면 되는지 고민이 됩니다. 이런 항목들을 채워 놓으면 IR 문서 자체는 완성되겠지만, 뭔가 어필이 되는 문서가 나올까 싶은 생각입니다. 실제로 제가 스타트업들을 심사할 때 분명히 같은 IR 문서지만 어떤 회사의 문서는 이해가 쉽고 매력이 느껴지는 반면, 어떤 문서는 도무지 무엇을 어필하고 있는지 알 수 없는 경우가 있었거든요. IR 문서를 '채우는' 방법 말고, 설득력이 높은 IR 문서를 작성하는 방법을 알고 싶습니다.

A

스타트업 컨설턴트로서, 그리고 대학의 창업 수업을 진행하는 겸임교수로서 다양한 창업자들을 만나면서 가장 흔하게 받는 질문 중 하나가 "어떻게 하면 좋은 IR 문서를 만들 수 있을까요?"입니다. 예비 창업자든, 초기 창업자든, 업력이 꽤 되는 창업

2부 투자유치를 고려할 때

자든 가리지 않고, 모든 창업자에게 가장 고민이 되는 부분이 바로 이 IR 문서 작성일 것입니다. IR 문서도 문서이긴 하니 디자인이나 시각적 배치에 대한 팁을 드리기도 하는데요. 사실 이런 부분들은 어찌 보면 두 번째 고민거리이고, 진짜 중요한 것은 '내용'에 대한 고민일 것입니다.

그런데 제가 말씀드리는 '내용'이라는 것은 IR 자료의 목차에 해당되는 각각의 요소를 단순히 채우는 것을 말하는 것이 아닙니다. 다시 말해 시장 분석, 고객 분석, 경쟁 분석, 문제 정의, 솔루션 제시, 가격 체계 및 사업 모델 제시, 기술역량(특허 등) 제시, 성장 로드맵 제시(제품 진화, 해외 진출 등), 마케팅 전략(STP, 4P, 고투마켓 전략 등), 팀 소개, 투자유치 계획 등 이런 부분을 각각 설명하려고 하는 것이 아닙니다. 이런 부분은 이미 인터넷이나 유튜브, 각종 창업 교육 사이트를 통해 충분한 정보가 공개되어 있습니다. 따라서 지금 이 글을 읽으시면서 앞에서 언급한 각각의 요소가 어떤 의미이고, 어떤 내용을 채워야 하는지 궁금하시다면 일단 검색을 통해 다양한 정보를 습득한 후에 이 글을 다시 읽어주시기 바랍니다. 저는 이 요소들이 모두 채워진 후, 과연 어떤 점들에 주목하고 주안점을 두어야 우리의 IR 자료가 평범함을 넘어 '설득력 있는' IR 자료가 될 수 있을지를 다루고자 합니다.

다음은 설득력 있는 IR 자료를 만드는 5가지 비결입니다.

1. 내 사업에 맞는 '스토리라인'을 구성하세요.

2. 내 관점이 아닌 투자자의 관점으로 바라보세요.

3. 정답을 보여줄 필요는 없어요. 고민의 방향성을 보여주는 게 중요합니다.

4. 숫자를 가볍게 여겨서는 안 됩니다.

5. 투자자가 보기에 '이제 돈만 넣으면 되겠구나'라고 느끼게 해주세요.

첫째, 이 세상에 똑같은 IR 자료는 없습니다. 내 사업에 맞는 '스토리라인'을 구성하세요.

사람마다 생김새도 다르고 인생의 길도 다르듯, 스타트업도 각각 자신만의 색깔과 사연이 있습니다. 그런데 많은 창업자가 자신만의 색깔을 IR 자료에 전혀 드러내지 못하는 것을 종종 보게 되는데요. 이것은 그분들이 쓴 IR 자료에 필요한 내용이 없어서라기보다는 기승전결을 이루는 스토리가 없어서 읽는 사람이 핵심 메시지를 발견하기 어렵기 때문입니다. 그러다 보니 창업자들은 "IR 자료에 내용이 다 있는데 왜 투자자들은 이해하지 못하는지 모르겠어"라고 불평하고, 투자자들은 "IR 자료를 봐도 도무지 뭘 말하고 싶은 건지 모르겠어"라고 불평합니다. 이런 현상은 목차에 있는 항목을 열심히 채웠을 뿐 '스토리라인'이 없기 때문입니다.

그렇다면 IR 자료에 필요한 스토리라인은 어떻게 구성할 수 있을까요? 여기에 몇 가지 질문을 해보겠습니다. 이런 질문들에 대한 답을 종합해보면 어떤 흐름으로 각 페이지에 메시지들을 배치할 것인지, 어떤 내용을 강조하고 어떤 내용을 톤다운tone down 할 것이지, 각 페이지에 어떤 그래픽과 워딩을 써야 하는지 등이 모두 결정됩니다.

IR 자료의 스토리라인 구성을 위한 세부 질문들

1. 금번 IR 자료를 통해 전달하려는 '키 메시지'는 무엇인가?
→ 즉 돈을 갖고 있는 사람에게 무엇으로 어필할 것인가? 사업성? 팀의 전문성? 보유하고 있는 기술적/사업적 자산? 아니면, 세상을 변화시키는 데 동참하자는 당위성 등

2. 이러한 키 메시지를 뒷받침하기 위한 '근거'에는 어떤 것들이 있는가?
→ 우리가 가진 것들 중에 객관적으로 보여줄 수 있는 것들이 무엇이 있는가? 특허, 논문, 언론기사, 통계자료 등 우리의 '키 메시지'를 뒷받침해줄 수 있는 검증된 자료들에는 무엇이 있는가?

3. 이러한 근거들 중에 어떤 부분을 '강조'하고, 어떤 부분은 '톤다운'할 것인가?
→ 특히 경쟁사 대비 우리만의 두드러진 장점은 무엇인가? 경쟁사 대비 우리의 약점은 무엇인가?

4. 이야기의 '흐름'은 어떻게 가져갈 것인가?
→ 이야기의 시작을 무엇으로 할 것인가? 어떤 얘기부터 꺼내야 투자자가 관심을 갖고 IR 문서를 한 장 한 장 넘겨가면서 보게 될 것인가? 문제제기부터? 결론에 해당되는 솔루션부터? 시장의 트렌드부터? 팀 멤버부터? 등

이런 질문들에 대해 답을 해보면서, 기존에 기계적으로 채워놓은 문서들을 새롭게 배치하고 수정 보완하는 것이 첫 번째 단계입니다. 놀랍게도 키 메시지를 정하고 근거를 찾다 보면 새롭게 발견된 근거들에 의해 거꾸로 키 메시지가 바뀌거나 강화되는 경우가 많습니다. 이러한 순환 과정을 겪으면서 스토리라인은 점점 더 탄탄해질 것입니다.

둘째, 내 관점이 아닌, 투자자의 관점으로 바라보세요.

그들에게 내 사업은 사업이 아닌 '투자 상품'입니다. 상대방을 설득해야만 하는 사람에게 가장 기본이 되는 것은 상대방을 이해하는 것입니다. 즉 상대방의 관점을 내게 이입해서 그의 눈으로 나의 주장을 바라보는 것입니다.

투자자의 관점으로 내 IR 문서를 바라보려면, 우선 창업자와 투자자의 차이부터 이해해야 합니다. 창업자와 투자자의 차이는 무엇일까요? 그것은 바로 사업을 바라보는 관점입니다. 즉 창업자에게 사업이란 자식만큼 귀하고, 인생을 바칠 만큼 소중하며, 심지어 사업과 내가 하나가 되는 의미를 지니죠. 그러나 투자자에게는 돈을 넣고, 언젠가 돈을 빼야 하는 '투자 상품'입니다.

누군가는 이 말에 이렇게 반응할 겁니다. "아니, 투자자들이 스타트업의 조력자인 줄 알았는데 아니었네? 돈만 밝히는 사람들인가?" 투자자에게 사업이란 '투자 상품'이라고 말한 것은 투자자가 단순히 돈만 밝히는 사람이라는 뜻이 아닙니다. '궁극적 목적'이 다르기 때문에 똑같은 사업을 바라보는 관점과 입장이 달라진다는 의미입니다. 창업자가 사업을 통해 자신의 목적(부의 축적이든, 자아실현이든, 사회적 임팩트 창출이든)을 이루어가는 사람이라면, 투자자는 이 사업이라는 매개체를 통해 '투자 수익'을 극대화하기 위해 노력하는 사람입니다. 투자자들이 창업자를 돕든 방해하든, 결국 이들의 관점은 자신이 투자한 돈에 대한 수익률을 극대화하는 것에 있음을 담담하게 인정하고 이해해야 합니다. 이러한 명확한 이해 없이 투자자와 견해 차이가 생길 때마다 '투자자는 늘 나의 경영 활동에 방해가 되는 존재'라며 투덜거린다면 이는 창업자가 투자자의 속성을 제대로 파악하지 못했다는 반증입니다. 투자자의 관점이 창업자와는 다르다는 것을 분명히 알고 투자유치에 나서야 합니다.

그래도 투자자의 관점이 잘 이해가 안 된다면, 주식투자에 임하는 자신의 모습을 생각해보기 바랍니다. 내 돈으로 주식투자할 때 사람들의 행동은 거의 비슷합니다. 아무리 그 회사가 멋진 청사진을 제시한들 주가가 떨어질 것 같으면 비판하고 불안해하죠. 스타트업에 투자하는 투자자들 역시 본질적으로는 이런 모습과 크게 다르지 않습니다. 아무리 멋진 성장 계획이 있더라도 내가 투자한 돈이 내가 회수해야 하는 시점에 그 가치가 충분히 오르지 않을 거라고 생각되면, 그런 멋진 계획도 반대하게 되는 것입니다.

자, 그럼 사업을 '투자 상품'으로, IR 자료를 '투자 상품 설명서'

로 보는 투자자의 관점에서 나의 IR 자료를 보면 어떤 것들이 보일까요? 창업자로서 문서를 만들 때 보이지 않던 것들이 보이게 됩니다.

'여기 쓰여 있는 건 다 진짜겠지? 진짜 기술은 있는 건가? 창업자가 핵심기술을 갖고 있는 거 맞나? 누구한테 의존하거나 그런 건 아니겠지? 기술은 좋은 거 같긴 한데, 이게 돈이 되긴 하는 건가? 창업자는 이상한 사람은 아닌가? 내 돈 갖고 튀는 건 아니겠지? 회사가 내 돈을 허투루 쓰면 어떡하지? 지금까지 회계부정이나 부실은 없었을까? 주주명부에 이상한 개인이나 기관이 있진 않나? 혹시 거래처와의 계약이 앞으로 문제가 되진 않을까? 회사의 기업가치를 어느 정도로 매겨야 할까? 지금 투자하면 과연 언제 돈을 뺄 수 있을까? 그때 내 돈이 얼마로 불어나 있을까? 회사가 돈을 벌수는 있는 건가? 이거 혹시 실패하면 피보팅할 만한 아이템은 있나? 핵심 멤버들은 창업자를 잘 따르고 있나? 핵심 멤버들이 갑자기 나가진 않겠지? 지금 우리 말고 또 어떤 투자사하고 얘기하고 있을까? 좋은 아이템이면 나만 투자해야 하는데 그게 가능하려나?'

내 IR 자료를 이런 질문에 하나씩 대입해보세요. 물론 이런 수많은 질문에 대한 모든 답을 문서에 담을 수는 없을 것입니다. 그러나 이런 질문들을 상대방의 관점에서 생각하다 보면, 우리가 더 보완해서 문서에 담아야 할 부분과 문서에는 담지 않더라도 우리가 미리 준비해야 하는 것들이 깔끔히 정리될 것입니다. IR

2부 투자유치를 고려할 때

자료를 한차례 완성했다면 반드시 투자자의 관점으로 처음부터 끝까지 읽어보길 바랍니다!

셋째, 정답은 필요 없어요. 고민의 깊이와 해결의 방향성이 명확하면 됩니다.

종종 IR 자료를 투자자의 모든 질문에 대한 '정답'을 제공하는 문서로 오해하는 경우가 있습니다. 그래서 IR 피칭을 하다가 투자자의 질문에 정답을 얘기하지 못한 경우 IR 피칭을 망쳤다고 생각하는 경우가 있습니다. 걱정하지 마십시오. 단언컨대 이 세상에 자신의 사업에 대한 모든 질문에 정답을 얘기할 수 있는 창업자는 단 한 명도 없을 것입니다. 사업은 그 자체로 불확실성의 연속이고, 그 불확실성을 하나씩 확실한 모습으로 만들어가는 것이 사업가의 역할입니다. 때문에 사업가는 정답을 말하는 사람이 아니라, 정답을 찾아가는 사람입니다.

IR 자료에 완벽한 정답을 쓰기 위한 부담을 버리세요. 다만, 창업자가 IR 자료에서 보여주어야 할 것은 투자자들이 제기하는 문제에 대해 공감하고 있다는 점, 이에 대해 충분히 고민하고 있다는 점, 그리고 그 고민의 방향은 이러저러하다는 점입니다. 한 마디로 IR 문서를 작성하는 과정은 곧 창업자의 가치관을 담는 과정이어야 하며, 이러한 가치관이 투자자에게 충분히 어필되어야 결국 나와 가치관이 맞는 투자자를 만날 수 있게 됩니다. 내 가치관이 아닌 정답만 잔뜩 담아 놓으면 투자자도 속게 되는 것이고, 나 스스로도 속게 됩니다. 정답이 아닌, 당신의 가치관과 색깔을 분명하게 담아내길 바랍니다.

넷째, 숫자를 가볍게 여겨서는 안 됩니다. 숫자는 곧 창업자와 회사 전체에 대한 신뢰도입니다.

제가 말씀드렸죠? 투자자는 사업을 '투자 상품'으로, IR 자료는 '투자 상품 설명서'로 본다고요. 여러분이 만일 증권사에서 투자 상품을 추천받고 그 설명서를 읽는데, 수익률이 앞 페이지에는 5.5%인데, 뒷장을 보니 5.8%라고 쓰여 있다면 그 투자 상품을 신뢰할 수 있을까요? 아니, 그 증권사 자체를 신뢰할 수 없을 것입니다.

스타트업의 IR 자료도 마찬가지입니다. 투자 상품을 설명하는 자료인데, 앞부분과 뒷부분의 매출, 각종 지표, 인력 규모, 설비투자 계획 등의 숫자가 미세하게 다르다면, 투자자들은 어떻게 생각할까요? 아무리 관대한 투자자라고 해도 '이 창업자는 숫자에 대한 감각이 영 떨어지나 보네. 내 투자금을 잘 관리할 수 있을까?'라고 생각할 것입니다. 냉정한 투자자라면 아마 그 즉시 IR 자료 검토를 중단할지도 모릅니다. 그만큼 숫자는 중요합니다. 아주 작고 하찮아 보이는 숫자라도 정확하고 일관되게 쓰는 습관을 가져야 합니다.

제가 이런 얘기를 하면 많은 분이 "아니, 그런 기본적인 걸 굳이 왜 강조하세요? 당연한 건데"라고 반응합니다. 네, 맞습니다.

정말 당연한 얘기죠. 그런데 이런 당연한 얘기를 챙기지 못하는 분들이 너무 많기 때문에 제가 굳이 이런 내용을 언급하는 것입니다. 저는 한 달 평균 수십 건의 IR 자료를 검토하는데, 문서 내에서 숫자가 맞지 않는 경우를 생각보다 많이 접하게 됩니다. 문제가 있는 창업자들만의 현상이 아니라, 이 글을 읽는 바로 당신에게도 일어날 수 있는 일입니다. IR 자료를 만들 때에는 반드시 숫자를 신중하게 쓰고, 작성 후에는 반드시 앞뒤를 오가며 동일한 숫자가 다르게 기입된 곳이 없는지 꼼꼼하게 체크해보길 바랍니다!

다섯째, 투자자로 하여금 '아, 여기는 이제 돈만 넣으면 되는 곳이구나'라는 확신을 주어야 합니다.

어찌 보면 IR 문서 작성의 결론에 해당되는 내용입니다. 앞의 4개 내용을 다 포괄하는 내용이라고 볼 수도 있습니다. IR 자료의 궁극적인 목적은 투자를 유치하기 위함이고, 투자유치를 위해 투자자를 설득해야 하는 것입니다. 이때 투자자를 설득할 수 있는 가장 강력한 메시지는 바로 '다른 건 다 준비됐습니다. 이제 돈만 부어주시면 J커브로 성장합니다'라는 확신과 자신감입니다. 아무리 좋은 미사여구로 미래에 대한 그림을 제시한다 한들, 투자자가 보기에 돈 말고도 뭔가 갖추어야 할 것들이 여전히 많아 보인다면 투자자들은 돈을 넣는 데 망설이게 될 겁니다. 즉 이런 마음인 거죠. '어, 뭐야. 지금 돈을 넣어도 그다음에 넘어야 할 산

이 한두 개가 아니네. 이 회사가 과연 그 산들을 넘을 수 있을까? 내가 그 과정을 기다릴 수 있을까?'

물론, 모든 회사가 완벽하게 준비된 상태에서 IR을 할 수 있는 것은 아닙니다. 때문에 현실적으로는 대부분의 투자자가 이런 의구심을 가지면서도 투자를 집행하게 될 것입니다. 그래서 아주 깔끔하고 완벽하게 '돈만 넣으면 끝!'이라는 메시지를 던져야 한다기보다는 나의 IR 자료가 과연 그런 메시지를 던지고 있는지 마지막으로 점검해보라는 의미입니다.

그런 관점에서 검토해본 후 부족한 부분이 보인다면, 구체적이고 현실적인 솔루션을 담아 IR 문서가 보완되어야 합니다. 이런 보완을 거친 IR 자료와 그렇지 않은 경우에는 아주 큰 차이가 있습니다. 이 부분이 어쩌면 작은 차이가 명품을 만든다는 표현이 적용되는 영역이라고 생각합니다. "이제 이륙할 준비가 모두 끝났습니다. 승객 여러분은 안전벨트만 매면 됩니다"라는 느낌으로 이제 돈만 넣으면 우리는 'fly high(하늘 높이 난다)'한다는 메시지를 주고 있는지, 반드시 체크해보기 바랍니다!

설득력 있는 IR 문서를 작성하기 위한 5가지 팁을 말씀드렸습니다. 뭔가 테크니컬한 문서 작성의 팁을 기대했다면 실망하셨을지 모릅니다. 그러나 IR 문서를 직접 작성해보고, 다른 회사들의 IR 문서들을 검토하다 보면, 이런 문서 작성의 팁 정도는 아무것도 아니라는 것을 금세 느끼게 됩니다. 내가 하고 싶은 얘기를 잘 전달해서 '남의 돈'을 받아내기 위해서는 화려한 문서를 만드는 데 노력하기보다 투자자에게 확신을 심어줄 수 있는 그 '한 가지'가 무엇인지를 끊임없이 고민하고 규정해야 합니다.

성공적인 IR 작업이 되길 기원합니다!

12

스타트업에게
적정 기업가치란?

저희 회사의 적정가치를 어떻게 매겨야 하는지 모르겠습니다. 그런데 스타트업처럼 작은 회사에게 적정가치라는 것이 있긴 한가요?

"

초기 기업에게 라운드별 적정 기업가치란 사실상 없습니다. 횟집에 써 있는 '시가'의 개념과 같아요. 근본적으로 이 회사를 탐낼 사람이 많으면 비싸지고, 그렇지 않으면 싸지는 것이죠. 업계의 유사 사례들을 조사하면서 힌트를 얻어보세요. 스타트업의 기업가치는 '계산'된다기보다는 '설득'되는 것입니다.

Q

저는 컨설팅사를 다니다가 퇴사한 후 창업을 한 30대 초기 창업자입니다. 의사인 선배의 도움을 받아 만성질환 관련 디지털헬스케어 스타트업을 설립했고, 작년에 시드투자를 잘 받아서 운영하고 있습니다. 올해는 서비스 오픈을 목표로 하고 있고, 오픈하면 마케팅도 공격적으로 해볼 생각입니다. 그러다 보니 투자 라운드를 열어서 시리즈A 투자를 받아보려고 하는데요. 시드투자 때에는 솔직히 첫 투자였던 터라, 투자사에서 제시하는 기업가치를 그대로 수용했는데요. 이제 서비스도 오픈되는 상황이니 이번에는 투자사가 제시하는 기업가치를 그대로 따르기보다 적정한 수준의 가치를 두고 협상해봤으면 합니다. 스타트업의 적정 기업가치는 어떻게 매겨야 하는지, 스타트업처럼 작은 회사에게 적정한 가치란 게 있는지 궁금합니다.

A

스타트업 컨설팅을 하다 보면 투자유치의 과정을 도와드릴 일이 많습니다. 그만큼 스타트업에게 돈 문제가 가장 절박한 문제이기 때문이겠죠. 이때 매번 듣게 되는 질문이 '투자 라운드별로 적정한 기업가치는 얼마인가'입니다. 본격적으로 적정한 가치가 얼마인지를 얘기하기 전에 우선 라운드라는 개념에 대해서 먼저 알아보겠습니다.

라운드는 '투자유치의 단계'를 말합니다. 보통 '시리즈'라는 말과 '라운드'라는 말을 혼용해서 사용하는데요. 일반적으로 '시리즈A' 혹은 'A라운드' 같은 방식으로 사용합니다. 어떤 사람들은 한국에서는 주로 시리즈A라고 하고, 미국에서는 주로 A라운드라고 한다는데 반드시 그런 것 같지는 않고 전반적으로 큰 차이 없이 혼용하는 분위기입니다. 시리즈A-B-C… 이런 식으로 알파벳 순서에 따라 진행될수록 점점 더 기업가치가 커지는 후기 단계로 넘어가는 것을 의미하는데요. 요즘에는 투자유치의 규모나 간격들이 굉장히 다양해지면서 단순히 A-B-C…가 아니라 [시드Seed-프리A-A-프리B-B-프리C-C] 등과 같이 정규 단계 사이사이에도 투자유치를 진행하는 경우가 많습니다.

이 얘기를 하다 보니 재미있는 일화가 생각나는데요. 예전에 어떤 창업자께서 제게 전화를 걸어서 이런 질문을 하셨습니다. "대표님, 투자사를 만났는데 3GA라는 말을 계속 쓰더라고요. 도대체 무슨 말인지 모르겠습니다. 3G통신과 관련된 기술 용어인가 알아봤는데 그것도 아니더라고요." 네, 그분은 기술자였고 투자와 관련된 경험이 전무했기 때문에 '시리즈A'라는 용어를 '3GA'라고 잘못 들으셨던 겁니다. 투자유치 과정에서 투자사와 대화하다 보면 가장 기본적으로 사용되는 말이니 잘 기억해두면 좋겠습니다.

각 단계를 어떻게 규정하는지에 대한 질문도 많이 하시는데요. 사실 정해진 룰은 없습니다. 다만, 일반적으로만 말씀드리면 보통 창업 직후이고 사업계획서나 기초적인 기술 연구 정도만 있는 상태라면 일반적으로 '시드Seed 단계'라고 부릅니다. 그 후에 동작 가능한 시제품, 초기 버전의 완성품, 사업화 가능성이 큰 수준의 기술, 혹은 시범 사업을 전개할 수 있는 수준의 사업 모델 등이 준비되면 '시리즈A 단계'라고 부릅니다. 이후에 해당 제품이나 사업으로 실제 돈을 어느 정도 벌 수 있거나 돈을 벌 수 있는 가능성이 상당히 커진 상황에 이르면, '시리즈B 단계'라고 부릅니다. 즉 계획과 팀만 있으면 시드, 어느 정도 제품을 볼 수 있으면 A, 돈을 벌거나 벌 수 있는 수준이면 B라고 생각하면 됩니다. 시리즈C 이후부터는 회사마다 천차만별이기 때문에 일반적인 정의 자체가 의미 없을 정도이므로, 그 이후 단계는 각자의 상황에 맞게 규정하면 됩니다.

앞서 말씀드린 대로 투자 단계는 회사마다 규정하기 나름이기 때문에 불변의 법칙은 절대 아닙니다. 어떤 회사는 기술 특허도 이미 확보하고 있지만 시드 투자를 뒤늦게 받기도 하고요. 어떤 회사는 매출 가능성은 여전히 낮은 상황에서 기술 가치에 대한 기대감만으로 시리즈C까지 진행하기도 합니다. 따라서 제가 여기서 말씀드린 단계에 대한 정의는 실전에서 이 정도 기준으로 본다는 의미입니다.

자, 그럼 스타트업의 성장 단계에 따라, 또 투자유치 단계에 따라 적정한 기업가치는 얼마일까요? 투자 단계별로 스타트업에게 적정한 기업가치란 과연 있을까요? 정답은 '없다'입니다. 그냥 '시가'에 따라 결정됩니다. 마치 우리가 횟집에 가면 가장 좋은 생선은 '시가'라고 써 있는 것과 같습니다. 또 다르게 설명해보자면, 여러분이 흔히 하는 주식투자를 떠올려보시면 좋습니다. 주식투자를 예로 들어보면, 주식가격은 어떻게 결정되나요? 어떤 공식에 의해 그날그날의 주가가 결정되나요? 그렇지 않죠. 주식을 사고 싶은 수요와 주식을 팔고 싶은 공급이 균형을 이루는 지점에서 가격이 결정됩니다. 이것이 바로 시장에서의 가격 형성, 즉 시가인 것입니다. 스타트업의 기업가치 산정도 다르지 않습니다. 스타트업의 주식도, 뭔가 특별해 보이지만 알고 보면 주식시장에서 유통되는 주식과 본질적으로 다를 바가 없습니다. 사고 싶은 사람이 많으면 비싸지는 것이고, 팔고 싶은 사람이 많으면 싸지는 것이죠. 스타트업의 주식은 상장되어 있지 않아 쉽게 사고팔 수 없고, 그날그날의 시세를 눈으로 확인하기 어렵다는 차이가 있을 뿐, 매수세와 매도세에 따라 가치가 변동한다는 근본 속성은 같습니다.

어떤 스타트업의 주식을 사고 싶은 사람이 많다면 당연히 그 스타트업의 기업가치는 올라갈 것이고, 사고 싶은 사람이 많지 않다면 기업가치는 내려갈 것입니다. 실제로 투자유치를 진행하면서 초반에 4~5개의 VC(벤처캐피탈)를 만나 보면 바로 느낌이 옵니다. 우리 회사에 투자하고 싶은 사람들이 많은지 적은지를 바로 느끼게 되는데요. 대체로 VC들의 반응이 긍정적이고, 심지어 그 즉시 투자하겠다는 의사를 밝히는 VC까지 있다면 창업자 입장에서는 충분히 높은 기업가치를 요구할 수 있습니다. 그와는 반대로, 4~5개의 VC들을 만났는데 반응이 그다지 좋지 않거나, 질문만 잔뜩 받았을 뿐 이후 검토 과정이 전혀 진행되지 않는다거나, 심지어 "내부적으로 검토해보고 연락드리겠습니다"라는 말만 남긴 채 더이상 진행되지 않는다면, 우리 회사에 투자하고 싶은 사람이 별로 없다고 생각하면 됩니다. 이런 경우에는 아무래도 원하는 만큼의 기업가치를 인정받기 어려울 것입니다.

관련해서 또 흔하게 받는 질문은 이것입니다. "VC들의 반응이 좋습니다. 기업가치를 얼마나 높게 불러야 할까요?" 이 또한 정답이 없는 질문이지만, 분명한 건 한없이 가치를 올린다고 해서 결코 좋은 게 아니라는 것입니다. 만일 가치를 한없이 올리게 되면 투자자들은 쉽게 투자하지 못할 것입니다. 왜냐하면 같은 돈을 투자하더라도 기업가치가 높아지면 높아질수록 투자사가 취득하게 되는 주식의 수가 상대적으로 적어지기 때문에 투자사 입장에서도 망설이게 될 것입니다. 우리가 주식투자를 할 때 아무리 좋아 보이는 기업이라도 주가가 너무 비싸면 선뜻 매수하지 못하는 것과 같은 심리입니다. 그러므로 투자자들의 반응이 긍정적이라고 하더라도, 기업가치는 투자자들이 감내할 수 있는 상한선과 창업자가 만족할 수 있는 하한선 사이에서 결정될 것입니다.

또 하나, 기업가치와 관련해서 창업자들이 생각해야 하는 것은 '왕관의 무게'입니다. 창업자 입장에서는 초반부터 높은 가치를 인정받으면 주변에 자랑하기도 좋고, 이미 성공한 것 같은 느낌도 들겠지만, 처음부터 높은 기업가치를 인정받는다고 해서 꼭 좋은 것만은 아닙니다. 기업가치라는 것은 창업자에게는 '왕관'과 같이 휘황찬란한 명예를 주기도 하지만, 그만큼의 '무게'가 나의 머리와 어깨를 누르다는 것을 기억해야 합니다. 실제로 초반부터 높은 기업가치를 인정받은 기업이 다음 라운드에 추가 투자를 유치하면서 고생하는 경우를 많이 보게 됩니다. 다음 라운드를 오픈한다는 것은 이전 라운드에서 회사가 보여줬던 기술, 제품, 사업화 대비 명확한 성과가 있을 때만 가능합니다.

그런데 그 성과가 생각만큼 높지 않을 때에는 이전 단계에서 높게 인정받았던 기업가치가 큰 부담으로 다가옵니다. 이전 라운드에서 투자했던 기존 투자자는 '왜 이만큼밖에 성장을 못 했지?'라며 챌린지하게 될 것이고, 새롭게 투자를 검토하는 신규 투자자는 이번 라운드에서는 높은 가치를 인정해줄 수 없다고 주장할 것입니다. 특히 모든 투자사는 펀드 운용 조건 등을 고려한 내부수익률IRR, Internal Rate of Return이 있는데, 이전 라운드 대비 이번 라운드에 IRR보다도 낮은 수준의 기업가치 상승을 보일 경우 이전 라운드에 투자한 기존 투자사 입장에서는 해당 투자 건에 대해 '비상 상황'으로 여길 수밖에 없게 됩니다. 따라서 기업가치를 결정할 때에는 최소한 다음 라운드에 우리 회사가 투자자들에게 보여줄 수 있는 성과(목표 수준이 아닌 객관적이고 냉정한 판단에 따른 예상 성과)를 예측하고 이에 따른 '다음 라운드 기업가치'까지를 함께 고려하여 결정하는 것이 좋습니다.

지금까지의 내용을 통해 스타트업의 기업가치는 공식이 아닌 '시가'에 의해 결정된다는 점, 그리고 이 가치를 결정할 때에는 '왕관의 무게'를 고려해야 한다는 점까지 이해하셨을 것입니다.

자, 과연 그러면 주식시장에 올라와 있는 주식도 아닌데 시가를 어떻게 판단해야 할까요? 또한 왕관의 무게가 과한지 아닌지를 어떻게 판단해야 할까요? 그 답은 바로 우리 회사가 활동하고 있는 시장 안에 있습니다.

우리 회사가 활동하는 시장 내에는 반드시 우리와 직접 경쟁하는 회사, 혹은 유사한 업을 영위하고 있는 회사가 분명히 존재합니다. 종종 아이템이 너무나 새로워서 경쟁사를 찾기 어려운 경우도 있는데, 그런 경우에라도 타 업종에 최대한 비슷한 사업구조를 갖고 있는 회사나 혹은 해외 시장에서 활동하고 있는 업체 중에서 최대한 비슷한 회사를 찾을 수 있을 것입니다. 그런 회사들의 기업가치를 기준으로 우리 회사의 수준을 감안하여 가치를 산정하는 방식이 일반적입니다.

예를 들어, 100억 원의 가치를 인정받아 투자유치에 성공한 경쟁회사가 투자를 유치할 당시 회원 수가 100만 명이었다고 가정해봅시다. 그런데 현시점에서 우리 회사는 70만 명의 회원을 지닌 서비스를 운영하고 있다고 하면, 대략적으로 70억 원 정도를 기준점으로 생각해볼 수 있습니다. 즉 100만 명의 서비스를 운영하는 회사가 100억 원을 인정받았으니, 70만 명의 서비스를 운영하는 우리는 70억 원은 인정받겠다는 논리입니다.

물론 이것 또한 정답은 아니며, 때에 따라서는 투자자 입장에서 받아들이기 어려운 주장일 수 있습니다. 왜냐하면 벤치마크 대상으로 삼은 100만 명을 보유한 경쟁사와 70만 명을 가진 우리 회사가 회원 수 외에 다른 조건을 동일하게 갖추고 있다면 이 논리와 주장이 맞겠지만, 현실적으로 두 회사가 동일한 역량과 여건을 갖추기는 불가능하기 때문입니다. 벤치마크 대상 회사 대비 우리 회사의 보유 역량이 약하거나, 우리가 가지고 있는 자산이 부족하거나, 우리가 처한 사업의 여건이 더 불리하다면 70억 원의 가치를 인정받는 것도 쉽지 않을 것입니다. 그러므로 이 예시는 기업가치를 산정하기 위한 일종의 가이드라인 정도로 삼고, 이를 투자사와의 협상을 시작하는 '출발점'으로 여기는 것입니다. 아무런 기준점 없이 막연하게 백지상태에서 투자사들과 협상을 진행할 수는 없기 때문에, 최소한의 논리와 주장으로 이 정도의 계산을 해보라는 것입니다.

투자유치 과정에서 가장 고민되는 것 중 하나가 기업가치에 대한 고민입니다. 정답은 없는 데 반해 변수는 너무 많기 때문이죠. 그만큼 불확실한 논의와 협상을 해야 하는 것이니, 본질적으로 수학공식처럼 딱 떨어지는 것이 아니라는 것을 빨리 이해하시는 게 좋습니다. 특히 이공계 출신의 창업가일수록 '무슨 이런 식으로 기업가치가 결정돼?'라며 당황하는 경우가 많습니다.

그래서 저는 창업자들에게 이런 말씀을 자주 드리는데요. 기업가치를 결정하는 것이야말로 '기술자'였던 창업자가 '사업가'의 관점을 탑재하는 중요한 과정인 것입니다. 관점을 시장에 두어야만 이해될 수 있는 과정이며, 또 '계산'되는 것이 아니라 '설득'되는 것이 바로 스타트업의 기업가치이기 때문입니다.

13

투자유치는 생각보다 오래 걸려요
(feat. 투자유치 절차와 기간)

투자유치를 하는 데 기간이 얼마나 걸릴까요? 현재 런웨이는 3개월 정도 남아 있는데요, 지금부터 투자유치에 들어가면 될까요?

"

첫 기관투자를 받으신다면 시간과 호흡을 길게 가져가세요. 런웨이가 3개월 정도라면 안타깝지만 이미 늦으신 것 같네요. 특히 기관으로부터의 첫 투자를 유치하는 거라면 최소 6개월, 길게는 1년 정도 여유를 두고 IR에 들어가야 합니다. 투자사의 심사 과정만 따져봐도 보통 2~3개월은 쉽게 지나가거든요. 시간이 촉박해지면 결국 협상에서 불리해진다는 것도 잊지 마세요.

Q

6개월 전에 직장을 그만두고 창업을 한 초기 창업자입니다. 초기 자본금으로 1년 치 운영할 수 있는 돈을 들고 시작했는데, 막상 시작해보니 예상치 못한 비용들이 발생해서 현재는 약 3개월분의 운영비가 남아 있는 상황입니다. 당장 매출이 들어올 곳이 없어서 액셀러레이터나 VC(벤처캐피탈)로부터 투자를 받아보려고 하는데요. 보통 투자유치를 하는 데 시간이 얼마나 걸릴까요? 3개월 정도면 충분한지 궁금해서 여쭤봅니다.

A

정황상 설립 후 처음으로 기관투자를 받으려고 하시는 것 같네요. 개인투자가 아닌 기관투자는 생각보다 시간이 많이 걸립니다. 이것을 경험해보지 못한 창업자들은 보통 두어 달 정도 현금이 남아 있는 상태에서 투자유치를 시작하게 되는데요. 기관으로부터의 투자유치는 개인이 은행에서 대출받는 것과는 완전히 다르기 때문에 한두 달 만에 투자유치가 완료될 것이라고 생각하면 큰 오산입니다. 실제로 운영자금을 3개월 치 정도 남겨놓은 상황에서 라운드를 열었다가 운영 자금이 부족해서 난감해하는 창업자들을 종종 보게 됩니다.

그렇다면 처음으로 기관투자를 유치하는 경우에는 보통 시간이 얼마나 걸릴까요? 아주 짧아야 3개월, 평균적으로는 6개월, 조금 여유 있게 보면 1년까지도 걸린다고 봐야 합니다. 이것은 그냥 감이 아니라 저의 실제 경험과 제가 자문하고 있는 스타트업들의 케이스들을 바탕으로 말씀드리는 것입니다.

IR 피칭부터 투자심의, 그리고 최종 주금납입(투자사가 피투자사인 스타트업의 계좌에 투자금을 입금하는 것)까지를 이상적으로, 아무런 변수 없이, 지체 없이 진행한다면 정말 한두 달 만에 투자유치를 완료할 수 있습니다. 그러나 현실에서 실제 소요되는 타임라인은 이렇게 이상적으로 흘러가지 않습니다.

한번 상상해볼까요? 일단 우리 회사가 IR 자료를 만드는 것만 해도 최소 1~2개월의 시간이 걸립니다. 자, 이제 완성된 IR 문서를 투자자들에게 모두 전달했다고 해보죠. 그러면 그 모든 투자자가 마치 기다렸다는 듯이 우리의 IR 문서를 동시에 검토에 착수하고, 비슷한 시기에 피드백을 주고, 비슷한 시기에 투자심의를 진행하고, 또 비슷한 시기에 텀시트Term sheet, 투자계약의 주요 합의 사항만 담아놓은 문서와 계약서를 검토하게 될까요? 만일 이렇게만 진행된다면 정말 1~2개월 만에 모든 과정이 끝날 수도 있을 겁니다.

그러나 IR 피칭을 시작하는 단계를 포함해서 모든 투자자가 우리가 원하는 타임라인에 일제히 검토해주지 않습니다. 어떤 투자사는 하루 이틀 만에 답을 주기도 하지만, 어떤 투자사는 1~2주가 지난 뒤에야 비로소 "미팅 한번 하시죠" 하면서 답을 줍니다. 심사역과의 이니셜 미팅을 갖고 나면 '예비 투심(투자심의)'이라는 것을 거치게 됩니다. 그러면 이 예비 투심의 일정을 잡기 위한 일정 조율에 또 1~2주의 시간이 소요됩니다. 예비 투심을 하고 나면 그에 대한 피드백을 반영해서 IR 문서 보완이나 추가 제출 서류 등을 작성하는 데 또 1~2주가 소요됩니다. 이렇게 이니셜 미팅과 예비 투심만 진행해도 최소 한 달 이상이 지나갑니다. 그 뒤에 '본투심'을 진행하게 되면 예비 투심과 유사한 정도의 시간이 흘러갑니다. 이렇게만 따져 봐도 'IR 문서 작성에 1~2개월 + 이니셜 미팅/예비 투심에 1~2개월 + 본투심에 1~2개월 = 3~6개월'의 시간이 소요됩니다.

그뿐만이 아닙니다. 투심을 진행하는 과정에서 투자사가 선결 조건을 요구하는 경우도 있습니다. 예를 들어, 기존 주주에 대한 정리(예: 특정 주주를 지명하면서 이 주주를 주주명부에서 제외시켜 달라), 인허가 취득, 특허 등록 등의 선결조건을 요구할 수 있는데 이런 요구사항을 처리하기 위해서는 생각보다 많은 시간이 소요될 수 있습니다. 특히 주주명부를 정리해야 하는 경우는 기존 주주를 설득해서 자발적으로 주식을 팔게 해야 하고, 주식 매각에 대한 조건을 합의해야 하며, 구주 거래에 대한 계약 체결과 매매금액 납입 등 난이도가 높은 절차를 거쳐야 합니다. 때문에 시간이 얼마나 걸릴지는 정말 미지수입니다.

따라서 처음으로 기관투자를 유치하려고 한다면 최소 6개월 혹은 1년 정도 충분한 시간을 확보하여 최대한 많은 투자자를 만나면서 여유롭게 진행하는 것이 좋습니다. 모든 딜deal이 그렇듯이 시간에 쫓기는 사람이 결국은 지게 됩니다. 투자계약 협상이라는 게 기본적으로 창업 기업이 아쉬운 입장이기 마련인데, 여기에 더해서 시간까지 촉박하고 부족하다면 협상의 여지없이 시간에 쫓겨 불리한 조건도 수용할 수밖에 없는 상황에 처할 것입니다. 첫 투자유치, 무조건 미리미리 준비하시기 바랍니다!

지금까지 투자유치의 과정을 설명하면서 소요시간을 중심으로 말씀해드렸는데요. 그러다 보니 중간중간 언급되었던 예비 투심과 본투심이 어떤 것인지에 대해 궁금하실 것 같습니다. 이 부분을 좀 더 설명해드리겠습니다. 사실 투자심의의 과정과 단계는 투자사마다 상이합니다. 그래서 여기에서 설명하는 내용은 일반적으로 이렇다 정도로 이해해주시면 됩니다.

투자유치의 단계는 [예비 투심-텀시트 논의-본투심-캐피탈 콜]의 순서로 진행됩니다.

예비 투심은 심사역이 투자 검토를 본격적으로 시작해야겠다고 결정한 후에 진행되는 첫 번째 공식적인 절차입니다. 예비 투심은 투심위원들을 모아놓고 창업자를 초청해서 창업자가 직접 피칭하는 자리입니다(참고로, 어떤 투자사는 예비 투심 이전에 사전 미팅을 갖고 이 자리에 창업자를 초청하여 피칭을 진행한 후, 예비 투심과 본투심은 내부 투심위원들끼리만 진행하는 경우도 있습니다).

예비 투심 자리에서는 창업자의 피칭을 들으며 투심위원들이 자유롭게 Q&A를 주고받고, 창업자가 퇴장한 후에는 이어서 투심위원들끼리 다양한 논의를 하는 형태로 진행합니다. 창업자가 직접 참여하는 예비 투심을 끝내고 나면, 그 이후의 모든 단계는 창업자 참여 없이 심사역이 주도해서 투자사 내부에서만 진행하게 됩니다. 즉 예비 투심이 끝나고 나면 창업자가 개입하거나 피칭할 수 있는 기회는 사실상 없습니다. 때문에 예비 투심에서 IR 피칭을 할 기회가 생긴다면 그 자리가 처음이자 마지막 기회라고 생각해야 합니다. 그래서 예비 투심을 통해 투자자들을 만났을 때 승부를 본다는 생각으로 최선을 다해 피칭해야 합니다.

자, 그럼 예비 투심 이후에는 보통 어떻게 진행될까요? 예비투심의 결과 본투심으로 올려보자는 결론이 나면, 투심위원들은 본투심을 개최하기 이전까지 보완 사항과 선결조건들을 요구합니다. 앞서도 잠깐 설명했듯이 예비 투심 IR 피칭 때 제대로 답변을 얻지 못한 부분에 대한 추가 질문들, 주주 구성에 대한 변경 요구, 창업자 그룹 간의 주주 간 합의서 작성, 법적인 리스크 사항에 대한 해소, 사업 전개를 위해 필요한 인허가 획득, 특허의 출원이나 등록 등 다양한 요구 사항을 본투심 개최의 전제조건으로 달게 됩니다. 이런 요구 사항들은 하나하나가 가벼운 것들이 아니기 때문에 때로는 이런 요구사항들을 충족시키지 못해 투자심의 진행 중에 투자 검토가 중단되는 경우도 발생합니다.

이러한 수정 보완 요청 외에 또 중요한 절차가 진행되는데요. 그것은 바로 텀시트Term Sheet를 논의하고 합의하는 과정입니다. 이 텀시트에 들어가게 되는 주요 내용은 기업가치를 얼마로 할 것인지, 이번 투자에 몇 주의 신주를 발행할 것인지, 신주의 한 주당 가치는 얼마로 할 것인지, 투자금액은 총 얼마인지, 주식의 종류(보통주 혹은 우선주)는 무엇인지, 창업자 및 이해관계자들에게 주어지는 책임은 무엇인지, 양도 및 거래 제한 조건은 어떠한지 등입니다. 즉 텀시트는 정식으로 투자 계약서를 작성하기에 앞서 계약서에 들어갈 내용 중 반드시 사전에 논의와 합의가 필요한 핵심 내용들을 담아놓은 1~2페이지 정도의 문서입니다.

텀시트가 심사역과 창업자 사이에 어느 정도 합의가 되면 이 내용을 포함하여 본투심을 진행하게 됩니다(물론 투자사에 따라서는 예비 투심 이전 단계에 텀시트를 논의하기도 합니다. 말씀드렸듯이 이 내용은 일반적인 절차라고 이해하시면 됩니다).

본투심에 들어갔을 때에는 창업자 배석 없이 담당 심사역이 직접 투심위원들에게 발표하게 됩니다. 이때 피투자사의 전반적인 현황뿐만 아니라, 예비 투심 이후에 투심위원들이 요구했던 추가 질문에 대한 답, 선결조건에 대한 이행 결과, 그리고 합의된 텀시트의 내용 등을 종합적으로 다루게 됩니다. 이러한 내용들을 보면서 최종적으로 투심위원들은 '고/노고Go/No-Go'를 결정하는 것입니다.

본투심까지 무사히 통과를 하게 되면 투자사는 LPLimited Partner, 일반적으로 '엘피'라고 부르며 투자사에 돈을 맡기는 펀드 출자자를 일컬음들에게 캐피탈 콜 Capital Call을 하게 됩니다. 캐피탈 콜이란, 투자사가 LP들에게 "이런 회사에 이만큼의 돈을 투자하겠습니다"라고 보고하면 이에 따라 LP들은 특별한 이슈가 없는 한 당초 약정된 출자 비율에 맞게 출자금을 투자사에게 납입하는 것을 말합니다.

여기서 잠깐! 눈치가 빠른 분들은 이런 질문을 할 수 있을 것입니다. "투자 건이 진행될 때마다 매번 LP들에게 돈을 달라고 요구한다고요? 투자사가 돈을 다 들고 그때그때 알아서 투자하는 게 아니고요?" 네, 맞습니다. 이 부분은 벤처캐피탈에서 펀드가 결성되는 방식을 이해하면 좋은데요. 예를 들어, 어떤 벤처캐피탈이 이번에 5개의 LP들로부터 총 1,000억 원의 펀드를 결성했다고 합시다. 그리고 5개 LP들의 출자 비율은 동등하게 20%씩이라고 가정하면, 대개의 경우 이 5개의 LP들은 펀드 결성 즉시 200억 원(1,000억 원에 대한 각자의 출자비율인 20%에 해당하는 금액)씩을 투자사에게 즉시 납입하지 않습니다. 처음에는 일부 금액만 납입하고, 이 금액이 투자금으로 다 소진되고 나면 몇 차례에 걸쳐 나머지 출자금을 추가 납입하는 형태로 진행합니다.

이런 부분도 참고로 알아두면 투자유치 과정에 참고가 될 것입니다. 왜냐하면 본투심까지 순탄하게 통과되었는데, 어떤 이유에서든 캐피탈 콜에서 난항을 겪는 경우도 존재하기 때문입니다. 이렇듯 투자 과정은 생각보다 복잡하고 험난하므로, 미리미리 준비하시길 바랍니다.

투자를 준비하는 창업자들에게 저는 늘 이렇게 얘기합니다. 끝날 때까지 끝난 게 아니다! 팝송 중에 이런 제목의 노래가 있죠. 'It ain't over till it's over.' 말 그대로 회사 통장에 투자금이 꽂히기 전까지는 투자유치 과정은 끝난 게 아닙니다. 심지어 계약서에 도장을 찍었다 하더라도 어떤 일이 벌어질지 모르는 것이 바로 투자유치 과정입니다. 때문에 투심 과정을 모두 통과했다고 해서 너무 성급하게 흥분한다거나 비용을 지출하는 등의 행위는 절대로 해서는 안 됩니다. 무조건 내가 예상했던 것보다 더 많은 시간이 걸리고, 더 많은 이슈와 변수가 발생할 거라고 생각하길 바랍니다. 투자유치 과정 중에 현금이 그만 똑 떨어져 버려서 여기저기 대출을 알아보거나 급전을 구하러 다니는 난감한 상황을 겪으면 안 되니까요!

14

투자사와의 컨택부터가
협상의 시작입니다

투자사에게 연락을 어떻게 해야 하나요? 일단 IR 문서를 첨부해서 콜드 메일을 여기저기 보내볼까 합니다.

"

투자자와의 첫 컨택부터가 협상의 시작이라고 생각하세요. 콜드메일은 그다지 추천하고 싶지 않습니다. 협상의 출발점에서부터 불리하게 시작하는 셈이니까요. 다양한 컴퍼티션이나 IR 피칭데이 등을 적극 활용하시고, PR 활동을 통해 '남의 입으로' 내 회사를 알리는 방법을 추천합니다. 또한 사돈의 팔촌까지라도 동원해서 어떻게든 투자사를 소개받으세요. 두드려 보면 의외로 길이 열리는 경우가 많습니다.

Q

저는 3개월 전에 창업한 초기 창업자입니다. 그동안 멤버 모집하고 사무실 알아보고 IR 문서를 정리하느라 정신없이 보냈습니다. 이제 본격적으로 투자사와 미팅을 하면서 IR에 들어가 보려고 하는데요. 투자사와 어떻게 접촉하면 좋을지 모르겠습니다. 제가 이 분야에 인맥이 넓지 않다 보니, 일단은 언론기사를 살펴보며 후보 투자사들을 나열했습니다. 그러고 나서 각 투자사 홈페이지에 들어가서 대표이메일로 IR 문서를 보내고 있는데요. 일주일이 지났지만 연락이 오는 투자사가 전혀 없었습니다. 저희 회사 아이템이 안 좋아서인지는 모르겠지만, 대표이메일로 보내다 보니 이메일이 제대로 도착한 건지, 도착했다면 메일을 제대로 열어보기는 하는 건지 좀 막막합니다. 투자사와의 컨택에 좋은 방법이 있을까요?

A

IR 문서를 완성하고 투자유치 활동을 위한 준비가 완료되었다면, 이제 본격적으로 투자자를 만나봐야 할 텐데요. 투자유치를 한 번도 해보지 못한 사람에게는 투자자를 만나는 것조차 큰 벽처럼 느껴지는 일입니다. 흔히 영화나 드라마를 보면 열정적인 창업자가 투자자들에게 콜드콜이나 콜드메일Cold call, Cold mail, 관계가 전혀 없는 상대에게 무작정 전화를 걸거나 이메일을 보내는 것을 날리거나 혹은 우연히 만난 자리에서 무릎을 꿇고 "꼭 투자해주십시오"라고 어필한 끝에 결국 투자를 유치하는 멋진 장면들을 보곤 하는데요. 현실에서는 단언컨대 그런 일은 없다고 생각하시면 됩니다.

저는 콜드콜이나 콜드메일로 접근하는 것을 그다지 추천하지 않습니다. 콜드콜과 콜드메일은 어떤 면에서는 창업자의 대담함과 열정을 강렬하게 보여줄 수 있는 수단이 될 수 있습니다. 그러나 사람이든 회사든 아쉬운 쪽이 먼저 문을 두드리게 되어 있으니, 콜드콜이나 콜드메일을 보내는 것은 "나 지금 아쉬워요"라며 불리한 입장에 있음을 마구 드러내는 것과 같습니다.

물론 그럼에도 불구하고, 투자자 네트워크가 전혀 없는 창업자의 경우에는 영화나 드라마의 한 장면처럼, 어느 날 투자사의 문 앞에 찾아가 하루 종일 그 앞을 서성이면서 투자사 대표라도 우연히 마주치는 행운이 찾아오길 기대할지 모릅니다. 사실 이 얘기는 제가 아는 어느 창업자의 실화입니다. 그 창업자는 실제로 국내에서 꽤 유명한 투자사를 다짜고짜 찾아갔다고 합니다. 비서가 누구를 만나러 왔냐길래 무작정 "대표님 뵈러 왔습니다"라고 대답했다고 합니다. 물론 약속이 전혀 되어 있지 않은 상태였죠. 약속이 되지 않으면 만날 수 없다는 비서의 말에, 그 창업자는 "아닙니다. 저는 오늘 투자사 대표님께서 투자를 허락하겠다는 말을 들을 때까지 하루 종일 이 문 앞에서 기다리겠습니다"라고 답했다고 하네요. 그리고 정말로 투자사의 문 앞에서 하루 종일 투자사 대표를 기다렸다고 합니다.

결과는 어땠을까요? 그 창업자는 정말 극적으로 투자사의 대표를 만나게 되었고, 그 열정에 감동한 투자사 대표는 IR을 경청한 뒤 곧바로 회사에 투자를 결정했다고 합니다…. 얘기의 결말이 이랬다면 얼마나 좋았을까요? 현실은 전혀 반대였습니다. 그 창업자는 하루 종일 기다리고 기다렸지만 투자사 대표는 보지도 못한 채 집으로 발길을 돌렸다고 합니다. 이처럼 예고 없는 전화, 예고 없는 이메일, 예고 없는 방문은 우리가 기대하는 것만큼 효과적이지 않습니다.

　제가 늘 강조하는 말이 있는데요. 투자사와의 첫 컨택부터가 바로 협상의 시작입니다. 보통의 창업자들은 투자계약서를 쓰는 단계가 되어야 중요한 순간에 처해 있다고 느낍니다. 그러나 진짜 노련한 창업자라면 투자유치의 처음 시작부터 계약을 체결하는 마지막 순간까지 협상의 연속이라는 생각을 가질 것입니다. 그렇기 때문에 처음으로 투자사와 어떻게 컨택하고 어떻게 만나느냐가 굉장히 중요합니다.

　그렇다면 투자사와 접촉하는 가장 좋은 방법은 무엇일까요? 크게 보면 세 가지 방법이 있습니다.

　첫째, 투자사가 우리 회사에게 먼저 접촉하게 하는 것입니다.
　둘째, 우리 회사를 지지하는 누군가를 통해 투자사를 소개받는 것입니다.
　셋째, 우리가 먼저 투자사에 접촉하되, 사전에 투자사가 우리 회사에 대한 좋은 인지도와 이미지를 갖게 하는 것입니다.

　첫째, 투자사가 우리 회사에게 먼저 접촉하게 하는 방법은 바로

각종 IR 컴피티션Competition를 활용하는 것입니다.

IR 경진대회, IR 피칭데이 등의 이름으로 정부기관, 대기업, 지자체, 액셀러레이터 등이 주최하는 행사에 지원하여 다수의 투자심사역이 모인 자리에서 IR 발표를 진행하는 것입니다. 물론 이 자리에 참석하기 위해서는 절차에 맞게 지원해야 하고 선정되어야 할 것입니다. 그러나 그런 과정 또한 누군가에게는 회사를 알리는 활동이 될 수 있기 때문에 비록 IR 컴피티션에 선정되지 않는다 하더라도 충분히 좋은 기회가 될 거라고 생각합니다.

IR 컴피티션에 선정되면, 기본적으로 투자사들 입장에서는 한번은 검증된 회사라는 인식이 생깁니다. 또한 개최하는 기관의 신뢰도가 높을수록 컴피티션에 참여하는 스타트업들의 신뢰도도 동반해서 올라가는 효과가 생깁니다. IR 컴피티션에서 좋은 인상을 남기게 되면 행사에 참여한 당일 벤처투자사들로부터 명함을 받고 정식으로 사전미팅이나 예비 투심에 초청을 받게 됩니다. 투자사가 먼저 제안했으니 그만큼 투자유치의 확률도 높아질 것입니다.

둘째, 우리 회사를 충분히 알고 있고 또 적극적으로 지지하는 누군가를 통해서 투자사를 소개받는 것입니다.

이 방법은 대단한 것 없습니다. 창업자가 사돈의 팔촌이라도 동원해서 투자사를 연결할 수 있는 매개가 될 수 있는 사람을 찾아다니고 부탁하는 것입니다. 이 방법은 창업자가 열심히 발품을 팔고 다니는 게 핵심입니다. 제가 이 방법을 얘기하면서 창업자가 직접 뛰어다녀야 한다고 강조하는 이유는 치열하게 노력해보지도 않고서 "저는 뭐 평생 연구만 해온 사람이라…. 저는 이제 겨우 학생이라…. 저는 조용히 직장생활만 했던 사람이라…" 등의 이유를 대며 투자사와의 연결을 애초부터 포기하는 분들이 꽤 많기 때문입니다. 특히 이런 소극적인 자세는 연구자로 평생을 보낸 분들에게 많이 나타납니다. 아무리 평생 연구실에서 기술만 연구해왔다 한들, 여러분이 창업하는 순간 제1의 정체성은 연구자가 아닌 사업가이어야 합니다.

사업가에게 가장 중요한 것은 돈과 사람을 끌어오는 일입니다. 사람도 돈이 있어야 끌어오니, 일단 가장 중요한 것은 돈을 끌어오는 일이죠. 돈을 끌어오는 일에 이런저런 핑계로 직접 나서지 않는다면 사업가로서는 여전히 부족한 분입니다.

제가 아는 한 창업자는 IT 개발자였습니다. 이분은 천재 개발자였고 당연하게도 이른 나이에 창업하게 되었습니다. 이분은 워낙 달변가였고, IR 피칭만 했다 하면 여러 VC가 서로 투자하겠다고 나섰습니다. 그래서 이분은 그런 VC들 중에서 골라서 투자를 받는 편이었고, 선택을 받지 못한 VC에게는 어떻게 거절해야 할지를 늘 고민했습니다. 실제로 이분과 대화를 나누게 되면 서너 시간이 훌쩍 지나는 것은 일도 아니었습니다. 저는 그분을 만날 때마다 개발도 천재적이고 말씀도 달변이니, 타고난 창업가라고만 생각했습니다.

그런데 우연히 그분을 통해 듣게 된 놀라운 얘기가 있었습니다. 알고 보니 그분은 창업하기 전까지는 은둔형 외톨이처럼 방안에 앉아서 코딩만 하던 사람이었고, 누군가에게 말을 걸려고 하면 손에 땀이 나고 목소리가 떨려서 차마 사람들 앞에 나서지도 못했다는 것입니다. 그런데 그런 그가 달변가가 될 수 있었던 이유는 회사가 망할 위기에 처해 어쩔 수 없이 IR 피칭을 하고 다녀야만 하는 절박한 상황 때문이었다고 합니다. 다가오는 직원들의 월급 날짜를 겨우 몇 번 넘기면서 결국 마음속에 있는 벽을 깨부수고 나올 수밖에 없었던 것입니다.

연구자에서 사업가로 변신하려면 한 번쯤 이 벽을 깰 수 있어야 한다고 생각합니다. 물론, 모든 사람이 이런 급진적인 변화를 보여주지는 못할 수 있습니다. 그러나 좋은 투자사를 만나기 위해 내면의 수줍음을 물리치고 사돈의 팔촌까지 동원해서 투자사와의 연결을 시도하는 경험은 앞으로 만나게 될 수많은 도전에 맞설 수 있는 근육을 길러줄 것입니다. 편하게 책상에 앉아서 투자사들의 대표 이메일에 콜드 메일을 날리는 것에 머무르지 마시고, 반드시 직접 뛰어가며 길을 개척해보시기 바랍니다!

셋째, 비록 콜드콜이나 콜드메일로 접촉하더라도 사전에 우리 회사에 대한 좋은 인지도와 이미지를 갖게 하는 것입니다.

이를 위해서는 "남의 입으로 우리 회사를 알리는 것"이 최고입니다. 회사를 알리기 위해서는 회사가 돈을 써서 직접 알리는 것

(대개는 광고가 이 방식입니다)도 좋지만, 이렇게 할 경우 사람들은 그 내용을 그다지 신뢰하지 않습니다. 이것은 일반 소비자뿐만 아니라 투자 심사역도 마찬가지입니다.

제가 추천하는 '남의 입'은 바로 언론사입니다. 흔히 PR_{Public Relations}이라고 부르는 방법에는 여러 가지가 있지만, 특히 언론사를 통한 홍보는 초기 스타트업에게는 굉장히 중요하고 유효한 방법입니다. 다만 유의할 점은 PR 기사를 내는 행위를 단순히 창업자를 스타로 만드는 도구로 오해하면 안 된다는 것입니다. 철저하게 '어떻게 하면 내 회사가 가진 강점을 남의 입을 통해 신뢰성 있게 전달할 것인가'라는 관점으로만 접근해야 합니다. 그런 목적을 달성하려다 보니, 때로는 제품을 소개하는 기사를 내기도 하고 때로는 창업자 인터뷰를 통해 흥미로운 창업 스토리를 내기도 하는 것이지, PR의 행위가 창업자를 연예인으로 만드는 행위로 변질되어서는 안 됩니다. 이렇게 잘못 흘러가는 경우가 꽤 많기 때문에 단호하게 말씀드리는 것입니다.

자, 그렇다면 PR 기사는 어떻게 낼 수 있을까요? 어느 정도 자본이 있다면 언론사에 적절한 수준의 협찬 비용을 지불하고 기사를 내거나, 홍보 대행사 혹은 언론 홍보 프리랜서를 고용해서 기사 내는 작업을 맡겨보는 것도 좋을 것입니다. 그러나 대부분의 스타트업은 자본이 충분하지 않기 때문에, 최대한 비용 없이 기사를 내는 방법을 소개해보겠습니다.

일단 첫 번째 해야 할 일은 우리 회사의 사업과 관련된 키워드로 뉴스를 검색해보는 것입니다. 가령 우리 회사가 주방 로봇을 개발하는 회사라면, '주방', '주방 기술', '미래 주방', '주방로봇', '로봇커피', '로봇피자' 등 다양한 검색어로 뉴스를 검색해봅니다. 검색 결과를 통해 얻게 되는 것은 매체와 기자 리스트입니다. 주로 어떤 매체가 이런 주제를 다루는지, 어떤 기자가 이런 기술에 대해 깊은 이해도를 가지고 기사를 쓰고 있는지를 판단할 수 있게 됩니다.

이렇게 매체와 기자에 대한 리스트가 확보되었다면, 이제부터는 회사 내부에서 기자들이 흥미로워할 만한 기사 초안을 작성해서 송부해보는 것입니다. 회사가 개발한 기술적 성과에 대한 홍보 기사라든가, 사업적으로 의미 있는 계약 체결 건 등 해당 분야의 기자 입장에서 흥미롭게 느낄만한 주제로 초안을 작성해서 해당 기자의 이메일 주소로 보내는 것입니다. 초안을 작성할 때는 기존에 나와 있는 기사들을 벤치마크하며 여러 차례 흉내 내듯 써보는 것이 필요합니다.

매체 공략에 있어서도 전략적 접근이 필요한데요. 인지도가 없는 초반에는 주요 일간지보다는 해당 산업의 전문지를 공략해보는 것도 좋은 방법입니다. 처음 몇 번은 기자에게 아무리 메일을 보내도 무시당할 수 있습니다. 그러나 흥미로운 기사를 계속해서 송부하면 어느새 한두 개 매체에서 다루기 시작하고, 나중에는 기자가 먼저 연락해 와서 인터뷰 기사 등 무게감 있는 기사를 내보자는 제안을 하기도 합니다. 물론 이런 작업은 회사 직원 중 어느 정도 글 쓰는 재주가 있는 분이 하면 가장 좋습니다. 하지만 그런 직원이 없다면 창업자 스스로가 우리 회사의 강점을 알리는 홍보기사를 직접 써보는 것을 추천합니다. 우리 회사와 관련된 기사에 어떤 워딩을 넣을지를 고민하는 것 자체가 회사 홍보의 가장 핵심적인 고민을 하는 것이기 때문입니다. 자칫 허드렛일처럼 보일지 몰라도 이러한 작업은 충분히 가치 있는 일입니다.

지금까지 여러 가지를 말씀드렸는데요. 그중에 가장 중요한 것은 투자사와의 첫 컨택이 곧 투자유치 협상의 시작이라는 것입니다. 이것만 기억한다면, 제가 제시한 구체적인 방법들 외에도 여러분의 회사와 상황에 맞는 아주 적절한 전술들이 떠오르게 될 것입니다. '돈이 급하다'는 조급한 마음으로 무작정 뛰어들지 마시고, 투자유치라는 하나의 큰 협상 과정을 첫 단추부터 어떻게 풀어갈지 반드시 고민해보시길 바랍니다!

15

좋은 투자자를 구별하는 방법

좋은 투자자를 만나야 한다고들 하는데, 어떻게 구분하죠?

--------------- 66 ---------------

2023년 말 기준, 우리나라에는 246개에 달하는 벤처투자회사가 존재합니다. 양적으로 확대된 만큼 질적 저하도 분명 있습니다. 좋은 투자자를 만나야 하는 이유입니다. 투자사를 만났다면 그 회사가 적격 투자기관인지 반드시 확인해보고, 관련 뉴스 기사들도 꼼꼼히 살펴보세요. 주변을 수소문해서 그 투자사로부터 투자를 받은 사람들의 경험담도 들어보세요. 좋은 사람을 뽑는 게 중요한 것처럼, 좋은 돈을 받는 것 또한 매우 중요한 일입니다.

Q

창업을 고민하고 있는 직장인입니다. 운 좋게도 주변에 창업한 지인들이 여럿 있어서, 최근에 이들을 많이 만나보고 있습니다. 그런데 의외로 이들 중 대다수가 '좋은' 투자사를 만나라는 말을 많이 하더라고요. 투자사라면 정부에서 허가한 곳이고, 업계에서 인정받고 똑똑한 분들이 모여서 자금을 운용하는 곳일 텐데, 왜 굳이 '좋은' 투자자를 만나라는 건지 궁금했습니다. 지인들에게 무슨 의미인지를 물어보니 막상 만나보면 '사기성 짙은' 회사도 있고, 얘기가 안 통하는 투자사들도 많다고 하더군요. 그런데 그런 말들이 제가 아직 창업을 안 해봐서 그런지 구체적으로 이해되지 않았습니다. 약간 막연한 질문이긴 한데요, 어떻게 하면 좋은 투자사를 구분할 수 있나요?

A

사업을 해본 분들은 공통적으로 하는 얘기가 있습니다. 사업은 사람 아니면 돈, 즉 사람 문제 아니면 돈 문제로 골치가 아프다는 뜻입니다. 그래서 회사가 잘되려면, '좋은 사람'도 필요하지만 '좋은 돈'도 필요합니다. 좋은 투자사로부터 좋은 돈을 투자받아야 한다는 의미입니다. 질문자께서는 이미 정식으로 허가받은 투자사인데 좋고 나쁨이 있느냐고 물으셨는데요. 네, 있습니다. 허가받지 않고 투자사인 척하는 '좋지 않은' 투자사도 있고, 허가받은 투자사라 하더라도 우리와 관점이 맞지 않아 의견이 미묘하게 충돌하는 '우리와 맞지 않는' 투자사도 있습니다.

그럼 좋은 투자사를 어떻게 구분할 수 있을까요? 하나는 건전하지 못한 비적격 투자사를 걸러냄으로써, 또 하나는 적격 투자자들 중에서도 우리 회사와 잘 맞는지를 판단함으로써 구분해볼 수 있습니다.

우선, 비적격 투자사를 걸러내는 방법은 무엇일까요? 한국벤처캐피탈협회에 따르면 2023년 말 기준 우리나라에 존재하는 벤처투자회사는 246개에 달합니다. 주변에 있는 창업자들에게 우리나라에 벤처투자사가 몇 개 정도 있을 것 같냐고 물어보면 대부분 대략 20~30개 정도 있지 않냐고 답합니다. 우리가 체감하는 것보다 10배 정도 많은 투자사가 존재하는 것입니다.

우리나라가 대기업 중심의 성장에 한계를 맞으면서 2010년대에 들어 정부를 중심으로 스타트업 활성화를 위한 노력들이 꾸준히 이어져 왔습니다. 그 결과, 벤처투자 분야에 정부의 자금이 투입되면서 수많은 벤처캐피탈 및 액셀러레이터가 생겨났습니다. 투자자가 많이 생겨나고 펀드의 규모도 커지다 보니 전반적으로 스타트업 생태계가 활성화된 것도 사실이지만, 이런 분위기에 편승해서 비적격 투자회사가 마치 적격 투자기관인 것처럼 행세하고 다니는 경우도 종종 보게 됩니다. 창업이 처음이고 인맥도 부족한 창업자라면 간혹 이런 불건전한 투자자를 만나게 될 가능성이 충분히 있습니다.

제가 아는 창업자의 얘기를 들려드리겠습니다. 저는 식사 자리에서 지인을 통해 그 창업자를 만나게 되었습니다. 이 창업자가 왠지 자신감이 넘치길래 왜 그런가 하고 보니, 이미 투자사가 찾아와서 투자 확약을 하고 갔다고 하더라고요. 이제 막 창업한 회사인데 투자사가 찾아왔다는 것도 좀 의아했고, 곧바로 그 자리에서 확약했다는 것도 좀 이상해서 자초지종을 들려달라고 했습니다. 얘기는 이랬습니다.

이분이 창업한 회사는 블록체인 기술회사인데, 회사 홈페이지, 블로그, 페이스북 등을 통해 홍보했다고 합니다. 그랬더니 곧바로 어떤 투자사로부터 연락이 와서 미팅을 가졌는데, 만나서 IR 피칭을 듣더니 그 자리에서 곧바로 투자하겠다고 하더랍니다. 그러면서 그 투자사 담당자는 "우리가 당장이라도 돈을 쏠 수 있지만 계약서 곧 보낼 테니 거기 사인하면 바로 입금해드릴게요"라고 했고, 오늘내일 중에 계약서가 올 예정이라며 창업자는 자랑스럽게 얘기했습니다. 당시 블록체인과 코인 분야가 워낙 유행이었어서 덮어놓고 투자하는 경우도 있긴 했으므로 그 상황이 어느 정도 이해가 되긴 했습니다. 하지만 일반적으로 이렇게 초기 회사에 속전속결로 투자 의사결정이 이루어지는 건 흔치 않은 일이라 아무래도 이상하게 여겨졌습니다.

그래서 제가 투자사 이름이 뭐냐고 했더니 창업자가 명함을 한 장 건네주었습니다. 명함에는 '○○○벤처투자'라고 적혀 있었고 회사 슬로건 등이 꽤 멋진 벤처캐피탈처럼 적혀 있었습니다. 저는 이 회사가 제대로 인가받은 벤처투자회사인지 조회했고, 이상한 느낌처럼 실제 이 회사의 이름은 적격 투자기관으로 검색되지 않았습니다. 알고 보니 그 명함은 가짜 명함이었습니다. 명함만 투자사처럼 만들고 실제 투자는 투자사가 아닌 일반 법인을 통해 집행되는 방식이었던 것입니다.

나중에 증권가에서 일하는 지인들을 통해 더 알아보니, 투자사를 사칭했던 그 사람은 주식과 코인 거래를 하던 사람이었고 종종 작전세력에도 참여하는 불건전한 투자자였습니다. 저와 만났던 창업자는 명함에 있는 '벤처투자'라는 이름만으로 당연히 벤처캐피탈이라고 생각했다며 몹시 당황해했습니다. 지금 돌이켜 보면, 투자사로 위장했던 그 사람은 아마도 블록체인 기술을 가진 스타트업을 이용해서 잡코인을 만들어 한탕 노렸던 게 아닌가 싶습니다. 실제로 코인의 인기가 하늘을 찌를 때에는 그런 의도를 가진 사람들이 많았으니까요. 제대로 된 투자자가 아니니 제대로 기술을 가진 스타트업을 만나는 것조차 힘들었을 것이고, 그래서 아마도 그런 명함을 만들어 벤처캐피탈 행세를 하고 다녔던 게 아닌가 싶습니다.

이런 비적격 투자사를 걸러내기 위한 방법은 생각보다 간단합니다. 바로 한국벤처캐피탈협회의 홈페이지(www.kvca.or.kr)를 방문하여 해당 투자사를 조회해보는 것입니다. [홈페이지 메인 → 업무지원 → 중소벤처기업지원 → 벤처기업 확인 → 적격 투자기관 조회]의 순서로 클릭하여 '기관 조회'란에 해당 투자사를 넣고 조회해보면 적격 투자기관인지 아닌지를 바로 알 수 있습니다. 알고 보면 간단한 방법이 있는데, 제가 만난 창업자 중에는 의외로 이런 방법을 잘 모르는 분들이 많습니다. 만일 어떤 투자사를 만났는데 이 회사가 너무 생소해서 의문이 든다면 한국벤처캐피탈협회 홈페이지를 방문해서 조회해보기 바랍니다.

자, 이렇게 해서 비적격 투자사들을 걸러냈다면, 이때부터 우리가 해야 할 일은 적격 투자기관 중에 우리 회사에 잘 맞는 투자사를 찾아내는 것입니다. 질문자가 말씀하신 '얘기가 잘 통하는'이라는 표현을 저는 우리 회사의 사업을 잘 이해할 만한 투자사라고 생각합니다. 이런 투자사를 찾는 가장 좋은 방법은 우리 회사가 활동하고 있는 분야에서 활발하게 투자하고 있는 투자사들을 우선 찾아보는 것입니다. 우리가 활동하는 분야에 대한 키워드, 직·간접 경쟁사에 대한 키워드 등으로 검색하면서 검색 결과로 나오는 뉴스 중에 '투자유치 완료'에 대한 기사만 모아보는 것입니다. 그 뉴스들 안에는 어떤 투자사들이 투자에 참여했는지가 나오므로 이런 기사들을 모아보면서 일단 투자사 후보 리스트를 만들어보는 것이 좋습니다.

전체 리스트를 확보했으니 이제 바로 컨택하면 될까요? 아닙니다. 여기서 제외해도 좋은 투자사들이 있습니다. 그건 바로 우리 회사의 직접 경쟁사에게 투자한 투자사입니다. 스타트업의 입장에서는 IR과 투자 계약 과정에서 상당히 깊이 있는 정보를 투자사에게 오픈해야 하는 부담감이 있기 때문에 우리 회사와 경쟁 관계에 있는 회사에 투자했다면 그 투자사는 후보 리스트에서 지우는 것이 좋습니다.

직접 경쟁사에 투자한 투자사를 제외했다면, 마지막으로 한 번 더 체크해보면 좋은 포인트가 있습니다. 우리 회사가 활동하는 영역에서 활발히 투자해왔지만, 우리의 직·간접 경쟁사에 아직까지 투자하지 않은 투자사를 골라보는 것입니다. 보통 이런 경우는 둘 중에 하나일 확률이 높습니다. 우리 회사의 사업 영역에 아예 관심이 없거나, 아니면 정반대로 관심은 너무 많은데 투자처를 아직 찾지 못했기 때문입니다. 두 경우 모두 스타트업의 입장에서는 아주 좋은 협상 상대입니다. 관심이 있는데 투자처를 못 찾은 경우라면 당연히 좋은 것이고, 관심이 없는 경우라면 거절 의사를 바로 알려주기 때문에 투자 검토한다고 시간만 질질 끄는 것보다는 훨씬 좋은 것입니다.

특히 우리의 경쟁사가 이미 투자받은 상황이라면, 투자사들의 속성상 해당 사업 모델에 관심을 두고 있을 가능성이 매우 큽니다. FOMO_{Fear of missing out}는 개인만 있는 것이 아니라, 투자 회사 입장에서도 늘 존재하는 현상입니다. 나의 사업 모델에 확신이 있고, 이미 경쟁사가 좋은 조건에 투자받은 상황이라면, 말씀드린 것처럼 접촉해야 할 투자사들을 전략적으로 좁혀서 효과적으로 공략해보는 것도 좋은 방법입니다.

모쪼록 회사의 성장에 도움이 되는 건전한 투자사를 잘 만나시길 바랍니다!

16

투자자의 판단 기준은
사실 딱 하나예요

투자자는 과연 어떤 기준으로 판단하는 건가요? 투자사들에게는 공통적으로 사용하는 평가표 같은 게 있는 걸까요?

"

투자자가 100이면 100개의, 1,000이면 1,000개의 판단 기준이 있을 겁니다. 이걸 이해하는 건 어렵지 않아요. 평소에 내가 하는 주식투자만 생각해봐도 그럴 거예요. 일률적인 기준이 없죠. 다만, '내가 지금 산 이 주식을 나중에 사람들이 비싸게 사갈까'라는 질문은 공통적으로 하게 될 것입니다. 결국 내 회사의 미래가치가 커질 것이라는 확신을 줄 수 있는지 스스로 판단해보세요.

Q

대표님, 아주 간단한 질문을 드리고 싶습니다. 벤처캐피탈이나 액셀러레이터 등 투자자들은 스타트업에 투자할 때 무슨 기준으로 판단하나요? 투자자들이 공통적으로 쓰는 평가표 같은 게 있는 걸까요? 그런데 또 벤처캐피탈리스트를 인터뷰한 기사를 보면 '누구는 사람을 본다, 누구는 기술을 본다, 누구는 트렌드를 본다' 등 다양한 얘기들이 있는 것 같습니다. 투자자의 판단 기준과 관점이 궁금합니다!

A

투자자가 과연 어떤 기준으로 판단하는가에 대해 궁금해하는 분들이 많습니다. 저도 스타트업 컨설팅을 주업으로 하고 있지만, 동시에 스타트업 투자사의 파트너로서 투심위원으로도 활동하고 있기 때문에 이런 질문을 많이 받습니다. 또 저 스스로가 이런 질문에 대해 고민해보기도 합니다. 제가 투심위원으로 활동하지만, 늘 다른 투자자들은 어떤 기준과 관점으로 판단하는지 궁금하거든요. 스타트업 컨설팅이나 투자사에서 투심위원으로 활동하면서 이 주제와 관련해서는 실전에서 느끼는 것들이 굉장히 많습니다.

투자자가 판단하는 기준은 무엇일까요? 좀 허무하게 들리겠지만 특별히 규정하기 어렵다는 게 결론입니다. 판단 기준이 아예 없다는 뜻이라기보다는 모든 투자자에게 공통되는 일관된 기준을 정의하기는 어렵다는 것입니다. 그러므로 투자자들만이 쓰는 공통된 평가표 같은 것은 없다고 보시면 됩니다. 실제로 국내외의 유명하다는 투자자들의 인터뷰 기사들을 보면 그 기준과 중점을 두는 영역이 제각각이라는 걸 쉽게 알 수 있습니다. 사람, 기술, 자산, 시장 규모, 트렌드, 글로벌화 가능성, 실질적 성과, 조직문화, 창업자의 포스(?) 등 너무나 다양한 얘기들이 등장합니다. 때문에 이런 여러 가지 요소 중에서 투자자들에게 공통적인 기준이 있다고 얘기하기는 사실상 어렵습니다.

그런데요. 가만히 입장을 바꿔놓고 생각해보면 당연한 얘기입니다. 제가 강조하는 역지사지 기법인데, 여러분이 투자자의 관점을 이해하고 싶다면 주식투자를 했던 경험을 떠올려보는 게 큰 도움이 될 것입니다.

우리가 주식을 살 때 어떤 기준으로 판단하나요? 아마 100명이면 100가지의 기준이, 1,000명이면 1,000가지의 기준이 존재할 것입니다. 그리고 심지어 한 사람에게도 여러 가지 기준이 존재하거나, 때때로 한 사람에게 존재하는 그 기준들이 시기에 따라, 종목에 따라 바뀌는 일들이 일어납니다. 누군가는 카더라 뉴스만 듣고 판단하고, 누군가는 정통한 소식통의 정보에만 절대적으로 의지하고, 또 누군가는 스스로가 PER, PBR, PSR 등 온갖 지표들을 분석해가며 과학적으로 판단할 것입니다. 그런가 하면 누군가는 해당 기업의 광고가 멋있어서, 누군가는 해당 기업의 오너가 존경스러워서, 누군가는 내가 직접 써보니 제품이 너무 좋아서, 또 누군가는 주식투자 잘하는 친구가 무조건 사라고 해서 등 나열하기 힘들 정도로 매우 다양한 이유로 주식에 투자할 것입니다.

이런 모습은 스타트업에 투자하는 투자자들도 크게 다르지 않습니다. 물론, 투자 심사역들은 주식투자를 하는 일반 대중에 비해서는 더 전문적이고 과학적인 분석을 수행할 것입니다. 그러나 100명의 투자 심사역이 있다면 100개의 기준이, 1,000명의 투자 심사역이 있다면 1,000개의 기준이 천차만별로 존재한다는 것은 스타트업 투자자들에게도 동일합니다.

자, 그런데요. 그래도 굳이 공통적인 기준을 알고 싶다는 분들에게는 딱 한 가지 기준을 얘기해드릴 수 있습니다. 그건 바로 '내가 지금 투자한(=매수한) 이 회사의 주식을 나중에 누군가에게 10배, 20배, 100배 비싸게 팔 수 있겠는가'입니다. 이 말씀을 잘 이해하셔야 하는데요. 회사가 투자 라운드를 거듭하면서 기업가치가 올라간다고 해서 이 기준에 부합된다는 의미가 아닙니다. 기업가치가 올라가야 하는 건 기본이고, 실제로 '엑시트Exit, 매수했던 주식을 매각하여 현금화에 성공하는 것'까지 가능해야 이 기준에 부합되는 것입니다. 그것도 투자자가 원하는 시점에 투자자가 원하는 수익률로 말입니다.

대부분 스타트업의 투자 라운드는 신주를 발행하며 진행되기 때문에 기존에 스타트업의 주식을 매수했던 투자자에게는 라운드를 거듭하면서 아무리 기업가치가 올라간다고 해도 실제로 내 주식들이 매각되어 내 손에 돈이 쥐어지지 않는 한 해당 투자는 완결되지 않은 것입니다. 쉽게 말해, 주식투자에 빗대어 보면 내가 보유한 주식들을 원하는 가격과 원하는 시점에 잘 팔아서 내 통장으로 매각 대금이 완전히 입금되기 전까지는 그 주식이란 건 계좌에 떠 있는 숫자에 불과한 것과 같은 이치입니다.

그렇기 때문에 아이러니하게도 스타트업의 기업가치가 하늘 높은 줄 모르고 쭉쭉 올라만 간다고 해서 투자자가 무조건 반가워한다고 볼 수는 없습니다. 기업가치가 너무 높아지면 투자사가 보유한 주식을 매각할 때 애를 먹을 수도 있기 때문입니다. 그래서 투자자에게 있어서는 '이 주식의 가치가 올라갈 것 같아?'도 물론 중요한 질문이지만, '이 주식을 내가 예상하는 엑시트 시점에 잘 팔 수 있겠어?'가 더욱 중요한 질문이 되는 것입니다. 대부분의 펀드는 정부나 기업 등 남의 돈을 모아서 결성되고, 투자사는 이 펀드를 약정 기간 동안 운용한 후에 수익을 붙여 돌려줘야 합니다. 때문에 결국은 보유 주식을 잘 팔아야만 하는 것입니다. 그래서 IR 피칭을 할 때 창업자는 사업의 성장 가능성만 강조하지만, 투자자는 그 스토리 속에서 '엑시트 플랜'이 제대로 그려지는지를 고민하는 것입니다.

우리나라에서는 세컨더리 펀드라는 구주를 매수하는 목적의 펀드도 일부 있기는 하지만, 대부분의 경우 엑시트 플랜이라는 것은 IPOInitial Public Offering, 주식시장에 상장하는 것 혹은 M&AMerger and Acquisition, 기업인수합병를 의미합니다. 즉 투자 시점 이후 적절한 시점에 상장이나 매각이 가능한지 아닌지가 투자자 입장에서는 가장 중요한 질문이나 판단 기준이 될 것입니다.

"내 사업이 자본시장 관점에서 어느 섹터에 속하는가? 그 섹터를 바라보는 자본시장의 관점과 전망은 무엇인가? 무엇이 그 섹터에서 화두가 될 것인가? 자본시장의 흐름은 어떻게 될 것인가? 거시경제에 대한 전망은 어떠한가? 또 향후에 기업 매각을 고려한다면 누구를 잠재적인 매수자로 고려해야 하는가?"

이상적이라면 창업자가 이런 모든 질문을 머릿속에 넣어두고 사업 전략과 엑시트 플랜을 짠다면 좋을 것입니다. 그런데 정말 이게 가능할까요? 기술과 제품 개발에 올인하고 있는 초기 스타트업의 창업자가 증권사 애널리스트도 아니고 이런 부분까지를 어떻게 이해할 수 있을까요? 현실적으로 창업자가 이렇게 정교한 고민을 통해서 엑시트 전략을 수립한다는 것을 불가능한 일입니다.

그럼, 투자자의 엑시트를 위해 창업자가 해야 할 일은 무엇일까요? 아주 간단합니다. 자본시장이 어떻고 IPO가 어떻고 M&A가 어떻든 간에, 창업자는 일단 자기 회사의 주식을 '잘 팔리는' 주식으로 만들면 됩니다. 그것을 하려다 보면 좋은 사람도 필요하고, 독보적인 기술도 필요하고, 확실하게 자산도 구축해야 하고, 시장도 발굴해서 scale-up(스케일업)해야 하고, 트렌드에 부합된 제품과 서비스를 꾸준히 만들어야 하고, 글로벌 진출도 해야 하고, 매출과 이익 등 숫자도 보여줘야 하고, 탄탄한 조직력도 갖춰야 하고, 투자자들에게 확신을 주는 창업자로서 투자자 관계 관리도 해야 하는 것입니다. 그러니 창업자 여러분은 투자자의 판단 기준이 무엇인지를 복잡하고 민감하게 따져볼 필요도 없이, '경쟁력 있는 좋은 회사'를 만드는 것에 올인하면 됩니다. 그랬을 때 적절한 시점에 적절한 가격으로 주식을 팔고 나가는 것은 이제 온전히 투자자들의 몫이 될 뿐입니다.

또 한 가지, 창업자가 해야 할 일이 있습니다. 분기, 반기, 연간 단위로 사업을 리뷰하고 새로운 계획을 세우는 시점에 이런 질문을 스스로에게 던져 보아야 합니다. '나라면 이 가격에 우리 회사의 주식을 살까?' 이런 질문을 차분하고 냉정한 관점으로 스스로에게 던져보면, 비로소 우리 회사의 약점과 반드시 풀어가야 할 숙제들이 보이기 시작할 것입니다. 이 회사를 나보다 더 잘 아는 사람은 없으니, 그런 내가 바라볼 때에 우리 회사 주식을 매수하기에 망설여지는 포인트가 있다면 그건 분명히 경영상의 아주 크리티컬한 문제일 것입니다. 그래서 이 질문을 주기를 정해두고 계속해서 스스로에게 던져보는 것이 중요합니다. 사업도 상황도 늘 바뀌기 때문입니다. 내 사업은 내게는 가장 소중할지 모르지만 내 회사의 주식을 사는 사람들은 늘 냉정하게 움직인다는 것을 기억하셔야 합니다.

투자자의 관점에 대해 이런저런 말씀을 드렸지만, 그런 것들다 잊으셔도 됩니다. 결국 창업자에게 드리는 메시지는 베이직 Basic 그 자체입니다. 좋은 회사를 만드시면 되고, 냉정하게 내 회사를 바라보시면 됩니다. 사업의 성장도 중요하지만 궁극적으로 엑시트에 목적을 두는 투자자의 관점을 잘 이해하면서 결국 사업의 본질에 집중한다면, 투자자들에게도 충분히 환영받는 창업자가 되실 겁니다!

17

왜 우리 회사만
투자를 못 받는 걸까?

남들 투자받는 소식 들으면 열불이 터져요. 제가 보기엔 영 별로인 회사
들도 투자를 받는데 왜 우리는 투자를 계속 못 받을까요? IR 문서를 더
예쁘게 만들고 스피치 학원이라고 가야 하는 건지…. 뭘 어떻게 해야 할
지 모르겠습니다.

"

절반의 위로와 절반의 쓴소리를 드리고 싶네요. 내가 원하는 좋은 사람
만나 결혼에 골인하기 어려운 것처럼, 투자자를 만나 투자유치를 성사
하는 것도 그만큼 어려운 일입니다. 투자유치에 실패하는 게 오히려 일
반적이니 너무 자책하지 마세요. 다만, 회사에 대한 냉정한 판단은 꼭
하셔야 합니다. IR 과정에서 들은 피드백들을 자기 관점에서 뭉개버리
시면 안 돼요. 그런 피드백들 중에는 반드시 투자유치 실패의 원인이 숨
어 있습니다. 그리고 이럴 때일수록 기본기를 돌아보세요.

Q

창업한 지 이제 막 3년 차에 접어든 초기 창업자입니다. 창업 직후 받았던 시드투자는 꽤 원만하게 진행된 편이라 시리즈A 투자유치도 그런 대로 쉽게 될줄 알았는데 영 어렵네요. IR을 시작한 지 벌써 4개월이 지났고 5곳의 VC와 몇 번 미팅을 했으나 진척은 없는 상황입니다. 그런데 이 와중에 주변에 알고 지내는 창업자들이나 저희 회사의 경쟁사들이 투자유치에 성공했다는 소식을 들으면 마음이 참 괴롭습니다. 그런 소식을 들으면 왠지 제가 더 초라해 보이고 초조해지기도 합니다. 제가 뭔가 놓치고 있는 건지, 아니면 정말 그냥 운이 없는 건지, 어떻게 다들 그렇게 투자를 잘 받는지 모르겠어요. 이럴 때 무엇을 어떻게 해야 하는 걸까요? IR 문서를 만들어준다는 업체에 찾아가서 문서를 좀 더 예쁘게 수정해야 할까요? 아니면 스피치 학원이라도 가서 발표 요령을 익혀야 할까요? 그냥 계속해서 투자사들을 만나고 연락을 기다리면 되는 건지, 무엇을 더 해야 할지 도무지 모르겠습니다.

A

돈은 떨어져 가고, 투자는 안 되고, 주변에서는 자꾸 투자유치 성공 소식은 들려오고…. 얼마나 마음이 초조하고 힘들지 이해됩니다. 저도 예전에 첫 회사를 운영하면서 투자를 받기 위해 여기저기 뛰어다니던 때가 생각납니다. 기억하기로는 그때 대략 30곳도 넘는 VC를 만나러 다녔던 것 같아요. 사돈의 팔촌까지 동원해서 소개받을 수 있는 투자사들은 다 만나봤던 것 같습니다. 그렇게 여러 곳을 만나고 나서 그들로부터 연락이 오기를 기다리는 것만으로도 지치고 힘들고 외로웠던 기억이 납니다. 그런데 이런 상황에 나랑 비슷해 보이는 다른 창업자들의 투자유치 소식은 나를 더욱 작게 만듭니다. 더 초조하고 더 위축되는 것이 당연한 겁니다.

제가 아는 어떤 창업자 얘기도 생각납니다. 그분은 창업을 준비하면서부터 스타트업 신에서 꽤 유명하다는 뉴스레터를 서너 개 구독하고 있었다고 해요. 그런 뉴스레터들은 거의 투자유치 소식이 주를 이루는데, 어느 날 이 창업자가 투자유치에 어려움을 겪는 와중에 그런 뉴스레터를 열어보고는 열불이 터져서 당장에 구독 취소하고 전부 다 삭제했다는 얘기를 해준 적이 있습니다. 물론 이분이 나중에 투자를 잘 받고 나서 옛 이야기하듯 웃으며 했던 얘기인데, 그만큼 어려움을 겪고 있을 때 남들의 잘되는 소식을 들으면 멘털이 흔들릴 수밖에 없습니다. 이렇듯, 비록 제가 질문자의 마음을 10,000% 이해하고 공감하지만, 그럼에도 제가 지금부터 드리는 말씀에는 절반의 위로와 절반의 쓴소리가 섞여 있을 것입니다.

일단 위로부터 드리자면, 투자유치에 성공한 창업자보다는 실패하거나 어려움을 겪고 있는 창업자가 훨씬 더 많다는 말씀을 드리고 싶습니다. 과학기술정책연구원이 2022년 8월에 발표한 〈스타트업 투자 생태계 성장분석: TIPS 창업팀을 중심으로〉라는 보고서를 보면, TIPS에 선정된 회사들 중에 시리즈A 투자유치까지 성공한 비율은 39%, 시리즈B까지 성공한 비율은 13%, 시리즈C까지 성공한 비율은 3%, 엑시트까지 성공한 비율은 2%에 불과한 것으로 나타났습니다. 그런데 이 숫자는 TIPS라는 꽤 난이도가 높은 정부 지원 프로그램에 선정된 회사들만을 모수로 한 것이기 때문에 이런 분석을 모든 스타트업을 대상으로 한다면 성공 비율이라는 게 형편없이 낮아질 것입니다.

그러니 지금 질문자께서 느끼는 좌절감과 실패감은 이상한 것이 아니라, 오히려 정상적이고 일반적인 것입니다. 확률로만 보자면 사실 투자유치에 성공하는 게 비정상인 겁니다. 그러니 너무 자책하거나 위축되지 마시길 바랍니다. 오히려 지금 내가 겪는 일들은 매우 정상적이고 흔한 일이라고 생각하시고, 이제부터 이 상황을 어떻게 헤쳐갈지에 집중해서 고민하는 게 유익합니다.

또 하나 드릴 수 있는 위로는 투자유치에 성공한다는 것이 마치 남녀가 만나서 결혼에 골인하는 것만큼 여러 가지 통제 불가능한 변수가 존재하는 일이라는 점입니다. 내게 맞는 투자사를 내가 필요한 적절한 시점에 만나고, 투자심사역 또한 나와 말이 잘 통하며, 내 사업 모델이 마침 그 시기에 주목을 받을 만한 아이템이며, IR 피칭도 유난히 실수 없이 매끄럽게 흘러가고, 투심위원들의 질의에도 막힘없이 답이 술술 나오며, 마침 우리가 생각하는 기업가치가 그다지 과하지 않아서 텀시트 합의도 무난하게 이루어지고, 우리 회사에 투자자가 우려할 만한 특별한 결격

사유도 없으며, 투자계약서상에 우리 회사 입장에서 특별히 걱정할 만한 조항들이 없는 등 이 모든 것이 아주 조화롭고 매끄럽게 진행되려면 내가 어찌할 수 없는 통제 불가능한 변수들이 딱딱 맞아떨어져야만 가능해집니다. 그러니 질문자께서 이 상황에 대한 탓을 온전히 스스로에게 쏟아내고 자책할 필요는 없는 것입니다.

우리가 어찌할 수 없는 영역이 분명히 있다는 것입니다. 질문자도 한번 가만히 생각해보세요. 질문 중에 보니 시드투자는 그런대로 원만하게 받으신 것 같은데, 그게 정말 질문자가 모든 것을 완벽하게 준비해서 이루게 된 성과일까요? 그렇지 않을 것입니다. 분명 부족한 부분이 있었지만 그때 마침 여러 가지가 잘 맞아떨어져서 어렵지 않게 투자유치에 성공하게 된 것입니다. 시드투자의 과정을 가만히 뒤돌아보시면 제가 어떤 말씀을 드리는지 쉽게 이해하게 되실 겁니다. 질문자께서 그렇게 원만하게 시드투자를 받을 때, 반대로 다른 수많은 창업자는 초조하고 괴롭고 위축되었을 것입니다. 즉 질문자께서 시드투자를 원만하게 했던 경험이 오히려 특이한 경험이라는 것이죠. 아이러니하게 들리겠지만, 그때가 특이한 것이고 지금이 정상적인 것입니다. 그러니 너무 위축되거나 주눅 들지 마시길 바라요.

자, 그럼 이제 이 상황에서 무엇을 어떻게 해야 할지에 대해 얘기해볼까요? 이게 좀 쓴소리라면 쓴소리일 겁니다.

투자유치의 과정에 통제 불가능한 변수라는 것이 존재하고 그것 때문에 투자를 못 받을 수도 있습니다. 하지만 '통제 가능한' 변수에 대해서는 다시 한번 생각해볼 필요가 있습니다. 투자유치가 자꾸만 어려움을 겪고 시간이 늘어지는 것에는 분명 이유가 있습니다. 그리고 많은 경우에 그 이유는 나와 내 회사 내부에 있습니다. 창업자는 내 사업에 대한 자부심과 애정으로 가득 차 있기 때문에 이 부분을 꿰뚫어볼 수 없는 태생적 한계를 지니고 있습니다. 그래서 일이 안 풀리면 감정적으로 스트레스를 받을지언정, 스스로가 냉정하게 회사로부터 문제를 찾아내는 데에는 소극적이기 마련입니다.

투자유치에 어려움을 겪을수록, 기본기를 다시 점검해봐야 합니다. 저는 개인적으로 골프를 좋아하는데, 골프에 대한 저의 애정에 비하면 저의 실력은 형편이 없습니다. 창업과 닮은 면이 있습니다. 나는 너무 재미있고 잘하고 싶은데 창업에 성공하는 건 여간 어려운 일이 아닙니다. 또, 골프가 잘될 때는 한없이 우쭐하다가도 한번 무너지기 시작하면 그 위축감은 이루 말로 표현하기가 어려운 것도 창업과 비슷합니다.

그렇게 위축감이 찾아오면 온갖 생각에 사로잡혀서 유튜브를 보며 이런저런 팁들을 찾아 헤매기 시작합니다. '그립이 잘못인가, 손목 꺾임의 문제인가, 백스윙 때 팔이 너무 올라갔나, 다운 스윙 때 손목이 풀려 버렸나, 임팩트 때 고개를 들었나, 골반 회전에 문제가 있나' 등 온갖 생각에 사로잡히면서 유튜브의 수많은 영상이 얘기하는 팁과 비기에 사로잡히게 됩니다. 아마 골프를 치는 분들은 잘 아실 텐데요. 지금 제가 얘기한 이 정도 수준까지 잡다한 생각에 사로잡히게 되면 결과는 뻔합니다. 네, 그나마 잘하고 있던 스윙마저도 전부 다 망가지게 됩니다.

투자유치가 잘 안 풀리니 IR 문서를 다듬어야 하나, 발표 연습을 해야 하나, IR 피칭 때 옷에 더 신경을 써야 하나. 이런 생각들이 바로 이렇게 골프 스윙의 자잘한 팁들만 쫓아다니다가 스윙의 기본마저 망가지는 것과 같은 경우입니다. 스윙이 안 될 때는 이런저런 자잘한 팁들에 현혹될 게 아니라, 아주 기본적인 스윙의 메커니즘을 내가 따르고 있는지 원점에서부터 점검해봐야 합니다. 투자유치도 마찬가지입니다. 투자유치가 안 된다면, IR의 과정을 매끄럽게 진행하기 위한 이런저런 팁들에 현혹되지 마시고, 사업의 근본을 다시 돌아보셔야 합니다.

기본기를 돌아본다는 것은 무엇일까요? 아주 근본적인 질문들을 다시 던져 보아야 한다는 것입니다. 이런 상황에서 강박적으로 투자사들을 찾아 헤매기보다는 차라리 모든 진행을 멈추어 놓고 한 번쯤 근본적 질문들에 스스로 답해보는 것이 좋습니다.

"내가 시장을 제대로 정의하고 있는가? 이 시장의 규모가 정말 이 정도가 맞는가? 수요는 진짜 있는가? 그런데 그 수요가 우리 제품/서비스를 찾을 만큼 절박한 수요인가? 그 절박함이 수요자로 하여금 기꺼이 돈을 지불하게 할 만큼인가? 경쟁자는 얼마나 잘하고 있는가? 우리가 모르는 경쟁자는 없는가? 우리는 경쟁자 대비 얼마나 차별화되어 있는가? 그 차별화가 회사의 관점이 아니라 수요자의 관점에서의 차별화인가? 차별화 요소가 쉽게 복제 불가능한 것인가? 복제 가능하다면 우리는 경쟁자와의 차별성 격차를 어떻게 유지할 것인가? 이런 차별성을 만들 만한 역량이 우리에게 있는가? 그런 역량이 없다면 어떻게 만들어낼 수 있을까? 그 차별성을 만드는 데 돈이 많이 드는가? 수요자가 창출하는 매출과 우리가 가치를 만들어내기 위해 필요한 비용은 어느 정도 수준인가? 결국 사업성은 있는가?"

사실 이런 질문들은 여러분이 이미 IR 문서를 만들기 위해 고민하셨을 것이고, 이미 문서에는 이런 내용이 담겨 있을 수 있습니다. 그런데요. 제가 굳이 이런 질문들을 다시 나열하는 이유는 이제는 이런 질문들을 '문서를 만들기 위한' 질문이 아닌, 스스로에게 '진심으로 되물어야 하는' 질문이라는 점을 강조하고 싶어서입니다. 투자유치를 위한 스케줄을 세우고 막상 IR 문서 작성에 들어가게 되면 창업자는 본능적으로 이런 질문 하나하나에 깊이 있는 고민을 한다기보다는 어느새 IR 문서를 채우는 것에 더 우선을 두게 됩니다. 당장 돈이 줄어들고 있는 상황에서 자금 유치를 위한 스케줄이 있으니 그렇게 되는 건 당연한 본능일 겁니다. 그러나 그런 본능에 따라 기계적으로 IR 문서를 채우다 보면, 시장이나 수요, 경쟁이라는 사업에 대한 가장 중요한 고민들을 대강 채워놓게 됩니다. 그러고 나서 '발표만 잘하면 되겠군'이라는 생각에 사로잡히게 됩니다. 한마디로 투자유치 준비 과정이 어느 순간 숙제를 제출하는 일처럼 변질된다는 것입니다. 그래서 다시 기본으로 돌아가서, 사업의 근본에 대해 다시 한번 검토해 보라는 조언을 드리는 것입니다.

제가 스타트업들을 대상으로 컨설팅하면서 투자유치에 실패 하는 경우를 가만히 살펴보면, 대부분 창업자가 이런 근본적인 질문에 확실히 답하지 못하는 것을 발견하게 됩니다. 앞에서 제 가 나열한 (아마 그 외에도 사업의 특성에 따라 여럿 있겠습니다만) 질 문들을 그저 형이상학적이라거나 대기업에서나 고민할 것 같은 거창한 포장지 같은 것으로 생각한다면 큰 오산입니다. 하루 종 일 스타트업들의 IR 문서만 검토하고 판단하는 심사역과 투심위 원들에게는 이런 질문에 대한 답이 있는지 없는지가 바로 눈에 보입니다. 그리고 그런 질문에 대한 답들이 없다고 느껴지면 어 느 누구도 투자하겠다고 마음먹지 않습니다. 왜냐하면 이런 근본 적인 질문들이 그들로 하여금 피투자사에 대한 확신을 갖게 하 는 가장 중요한 요소이기 때문입니다.

투자유치가 원하는 대로 진행되지 않아 속도 많이 상하고 생 각도 많아지겠지만, 이럴 때일수록 무조건 기본으로 돌아가기를 추천합니다. 사실 이런 기본기가 명확하지 않은 상태에서 그저 운이 좋아서 투자유치를 받는다면 오히려 그게 불운입니다. 언젠 가는 반드시 근본적 질문에 대한 답을 요구받을 것이고, 그에 대 한 답이 없을 때 한참 달려가던 사업이 중단될 수도 있는 상황을 맞을 것이기 때문입니다. 쉽게 쉽게 투자를 받는 것 같은 '남들의 소식'에 감정을 소모하기보다는 차분히 앉아 내 사업에 대한 근본을 다시금 챙겨보시길 바랍니다!

18

무례한 투자자는
회피 대상?

**IR 피칭에서 무례한 투자자들을 만나면 너무 기분이 상합니다. 이런 투
자사들은 걸러내는 게 답이겠죠?**

"

투자자 때문에 열받죠? 기분 많이 상하시죠? 그러나 '복어의 독'을 빼는
훈련이 필요합니다. 복어에서 독만 빼면 훌륭한 요리가 되듯, 투자자들
의 말에서 감정적인 부분을 빼고 메시지만 발라내 보세요. 메시지가 도
움이 된다면 무례해도 함께 가야 하고, 아무리 친절해도 메시지가 이상
하다면 걸러내야 합니다. 그 메시지란 것은 결국 텀시트와 계약서로 판
단될 수 있습니다. 그러니 투자자 개개인의 태도와 무례함에 너무 흔들
리지는 마시길 바랍니다.

Q

엊그제 IR 피칭을 하고 왔는데요. 하는 내내 너무 불쾌해서 감정을 다잡느라 정말 고생했습니다. 높은 직급으로 보이는 심사역은 발표 내내 스마트폰으로 뭔가를 하면서 듣는 둥 마는 둥 했고요. 주니어로 보이는 심사역은 발표 중에 피식피식 비웃는 듯한 시니컬한 표정을 짓더라고요. 게다가 발표가 끝난 후에 피드백을 주는데 거의 반말에 가까운 말투로 "이거 뭐 되겠어요?"라는 말만 거듭하더라고요. 안 되면 왜 안 될 것 같은지라도 얘기해줬다면 그 모욕감을 참아낼 수 있었는데, 이건 그냥 사람 세워놓고 함부로 대하는 것 같았습니다. 아무리 투자를 받으러 간 자리이고, 제가 소위 '을'이라고는 해도 이건 정말 너무한다 싶더라고요. 제가 회사를 접는 한이 있어도 이런 투자자의 돈은 받지 않는 게 맞겠죠? 이런 무례한 투자자들을 만나면 하루 종일 불쾌하고 기운이 빠집니다. '영혼이 털린다'는 말이 이럴 때 쓰는 표현 같아요. 진짜 이런 수모를 당하면서까지 스타트업을 꾸려가야 하나 회의가 들 정도입니다.

A

일단 답변을 드리기 전에, 얼마나 열받고 화가 나실지 상상이 됩니다. 저도 예전에 비슷한 일을 몇 번 겪어본지라 그 마음을 너무 잘 이해합니다. 이런 투자자를 만나면 정말 아무것도 하기 싫어지죠. 내가 갑자기 작아 보이고 내가 하는 모든 일이 초라하게 느껴지기도 하죠. 하지만 분명하게 말씀드릴 수 있는 건 질문자께서 그 투자자를 만나기 전과 후의 상황은 아무것도 변한

게 없다는 것입니다. 단지 한 가지 변한 것은 나의 감정이 많이 상했다는 것뿐이죠. 그러니 일단 그 감정을 어떤 식으로든 현명한 방법으로 털어내기 바랍니다. 어찌 보면 스쳐가는 인연일 뿐인데 그 몇 사람 때문에 대표님의 긴 여정이 흔들린다면 그보다 아까운 일이 없을 것 같아요. 어렵겠지만, 최대한 감정을 털어내신 후에 제가 드리는 말씀에 귀 기울여주시면 좋겠습니다.

　지금은 스타트업 생태계에 정말 다양한 종류의 투자자들이 존재합니다. 개인이 투자자로 활동하는 전문 엔젤투자자도 있고, 개인들이 모여서 투자조합 형태로 활동하는 엔젤클럽(개인투자조합)도 있고, 또 기관투자자로서 액셀러레이터(창업기획자)와 벤처캐피탈(중소기업창업투자사, 신기술사업금융사, LLC)도 있고, 대기업 주도의 벤처캐피탈인 CVC Corporate Venture Capital도 있고, 그 외에도 PE Private Equity나 자산운용사 등도 있습니다. 이 중에 벤처캐피탈과 액셀러레이터만 해도 수백 곳에 이를 정도로, 이 생태계에는 다양한 색깔을 가진 투자사가 다수 존재합니다.

　이렇게 다양한 색깔의 투자사들 내에는 '심사역'이라는 구성원이 있는데, 이들은 일반적으로 기업에서 일하는 '직원'과는 개념이 조금 다릅니다. 각자가 전문성을 갖고 직접 투자 딜을 소싱해서 책임지고 딜을 진행하는 형태로 일하기 때문에, 조직에 소속된 직원의 개념보다는 각자가 전문직으로 활동하는 개념이 강합니다. 특히 피투자사들을 늘 검토하고 평가하고 지켜봐야 하는 역할을 하다 보니, 심사역들은 일하는 동안 각자의 캐릭터와 소신을 그대로 표출하며 일할 수밖에 없습니다.

그럼에도 불구하고 질문의 내용처럼, 창업자에게 무례하게 대하는 것은 분명히 문제가 있죠. 그 부분까지 옹호하고 싶은 마음은 전혀 없습니다. 일부 심사역들이 가진 무례한 태도는 생태계의 건전한 성장에 도움이 되지 않는다고 저 또한 생각합니다. 그것은 아주 기본적인 사람에 대한 예의와 배려의 문제이고, 그런 거창한 윤리와 철학을 떠나더라도 프로페셔널로서 최소한의 비즈니스 매너를 갖추지 못한 행동이니까요. 제가 활동하면서 만나보면 스타트업 신에는 존경할 만한 심사역들이 정말 많습니다. 그런 대다수의 심사역이 이런 무례한 일부의 심사역들 때문에 싸잡아 '슈퍼 갑'으로 오해받는 것 또한 안타까운 현실입니다.

그런데요, 한편으로는 심사역들의 생리를 좀 더 이해할 필요는 있습니다. 지금 화가 잔뜩 나 있는 질문자에게 제가 굳이 심사역들의 특성과 생리를 말씀드리는 이유는 투자의 모든 과정이 '협상'이기 때문에 내가 상대하는 사람들에 대한 이해를 갖고 접근하는 게 좋다고 생각하기 때문입니다. 지피지기면 백전백승이니까요. 비록 오늘 무례한 심사역 때문에 화가 나셨지만, 앞으로도 투자유치를 하면서 어떤 심사역을 만날지 모르기 때문에(심지어 오늘 만난 분들보다 더 무례한 분들을 만날 수도 있기 때문에), 어느 정도는 그들의 생리와 특성에 대해서는 이해하셨으면 합니다.

심사역은 늘 누군가가 찾아오면 그것을 평가하고 판단하고 거절하는 일들을 매일매일 하는 사람입니다. 검토 의뢰가 들어오는 건 중에는 당연하게도 거절하는 비율이 훨씬 높을 테니 이들의 언어 속에는 대체로 'Yes'보다는 'No'가 더 많을 수밖에 없습니다. 또 매일매일 검토 의뢰를 '받는' 입장이다 보니 커뮤니케이션 과정에 '갑'의 태도가 나올 수밖에 없습니다. 사실 이것은 벤처캐피탈 심사역만의 특성이 아니라, 모든 종류의 평가자와 심사자의 특성이 이렇습니다. 심지어 창업자였던 사람도 심사역이 되고 나면 태도와 커뮤니케이션 스타일이 바뀌는 것을 주변에서 종종 보게 됩니다.

사실 제 경우도 비슷합니다. 저는 스타트업 대표들의 조력자로 일하지만, 동시에 투심위원으로도 활동합니다. 기본적으로 저는 창업자들을 북돋고 일으켜 세우는 긍정의 언어를 많이 쓰는데, 그럼에도 불구하고 투심위원으로 활동하는 순간에는 저도 모르게 냉정하고 차가운 언어들이 나오곤 합니다. 아무리 신경 써서 전달하려 해도 메시지 자체가 부정적이니 부드럽고 온화하게 전달하는게 여간 어려운 게 아닙니다. 이와 같이 심사역들의 태도는 기본적으로는 다소 무례하고 불쾌하게 느껴질 수 있는 가능성이 있습니다. 하지만 대부분의 경우 그 심사역이 유독 못된 품성이라서 그런 것이 아니라 그 자리와 역할이 만드는 특성에 기인한다는 의미입니다. 그래서 심사역들을 대할 때 어느 정도는 고압적이고 시니컬하고 부정적인 뉘앙스를 받을 수밖에 없다는 것을 전제하고 만나면 좋을 것 같습니다.

이렇게 말씀드리는 건 제가 무례한 심사역들을 옹호하고 싶어서가 아니라, 투자유치 과정에서 창업자들이 심사역들에게 상처받지 않으셨으면 하는 마음 때문입니다. 제가 굉장히 좋아하는 표현이 있는데요. '복어의 독을 빼는 지혜'라는 표현입니다. 이건 제가 만든 표현이 아니고 어떤 목사님께서 설교 중에 쓰셨던 표현인데, 이걸 듣는 순간 심사역에게 상처받은 창업자들에게 꼭 들려주고 싶다는 생각이 들었던 표현입니다. 복어 참 맛있죠. 그런데 이 복어가 맛있게 요리가 되려면 반드시 독을 빼는 과정이 필요합니다. 복어를 그냥 있는 그대로 먹는다면 그 독 때문에 위험한 상황에 처하거나 사망에 이를 수도 있으니까요.

심사역들이 창업자에게 하는 피드백들은 알고 보면 이 복어와 비슷합니다. 피드백의 말들을 있는 그대로 흡수해 버리면 복어의 독이 퍼지듯 무례하고 불쾌한 감정이 나를 지배하게 되지만, 그 말들이 내뿜는 독을 도려내는 순간 마치 고급 식당에서 비싼 돈을 주고 먹는 복어 요리처럼 내 사업에 도움이 되는 귀중한 메시지를 볼 수 있게 될 것입니다. 물론 감정이 상한 상태에서는 메시지고 뭐고 다시 떠올리기 싫겠지만, 시간을 두고 차분히 그 독설의 독을 빼낸 후에 내가 얻을 수 있는 메시지만 쏙쏙 골라 먹는 지혜가 필요하다는 의미입니다.

제가 아는 한 창업자의 얘기를 들려드리고 싶은데요. 그분은

IR 피칭의 과정을 전혀 다른 관점으로 바라보아서 제가 적잖이 놀랬던 기억이 있습니다. 한창 투자유치를 진행하던 그 창업자에게 제가 "대표님, 저도 예전에 그랬는데 창업자들은 IR 피칭 한번 하고 나면 영혼이 털리잖아요. 요즘 IR 많이 다니시니 힘드시겠어요"라고 묻자, 그분은 이렇게 답했습니다. "아닙니다. IR 피칭 기회를 갖는 것만으로도 감사하죠. 안 그러면 제가 어떻게 그런 분들에게 피드백을 듣겠어요. 아마 개인적으로 만나려고 하면 약속조차 잡기 어려울 겁니다. 그런 분들이 시간을 내서 제 사업에 대해 얘기해주시니 얼마나 좋은 기회입니까." 그때 제가 이분에게서 본 것은 '지혜'입니다.

이 일화를 말씀드린 건 '이런 긍정적인 분들도 있으니 그만 열받고 긍정적 마인드로 살아가세요'라는 핀잔 섞인 조언을 드리고 싶어서가 아니라, 어차피 내게 닥친 상황이라면 최대한 내게 유리한 것만을 골라서 취하자는 의미입니다. 창업자가 불건전한 비적격 투자사를 걸러내는 것도 반드시 필요하지만, 마찬가지로 감정적인 이유만으로 도움이 될 만한 투자사를 걸러내지 않도록 냉정을 유지하는 것 또한 반드시 필요합니다. 때로는 '지혜'가 '감정'을 다스리게 만드는 것도 사업가의 좋은 전략이라고 생각합니다.

그런데 이런 질문이 나올 수 있습니다. "감정을 배제하니 분명히 좋은 메시지가 있는 것을 발견했습니다. 그런데 여전히 뭔가 그 심사역의 태도에서 갑질할 것 같은 느낌이 계속 남습니다. 메시지는 분명 좋은데, 앞으로의 관계에서 갑질이 걱정될 때는 어떻게 해야 하나요?"네, 실전에서는 이렇게 애매하게 판단하기 어려운 경우가 분명히 있습니다. 해주는 말마다 다 맞는 말인데 만날수록 뭔가 불쾌하고 무례하게 느껴지는 심사역도 있을 수 있습니다. 이런 경우에 해답은 감정적인 부분들을 최대한 배제하신 상태에서 '계약서를 기준으로' 판단하는 것입니다.

투자 계약서에 일방적으로 회사나 창업자에게 불리한 내용이 있다거나 혹은 갑질에 해당하는 독소적인 조항들이 들어 있는지를 판단하는 것이 필요합니다. 계약서에 큰 문제가 없다면 그 심사역이 가진 특유의 캐릭터라 생각하고 관계를 적절히 관리하면서 함께 가면 되지만, 만일 계약서에 문제가 있는 상황이라면 그 심사역의 태도는 실제 갑질로 이어질 수 있는 여지가 있습니다. 즉 투자유치 이후에도 반드시 갈등이 발생할 수 있다는 뜻입니다. 따라서 이렇게 계약서상에 문제가 있는 상황이고 수정 요구 또한 받아들여지지 않는다면 그 투자사로부터는 투자를 받지 않는 게 좋습니다.

그런데 만일 그 투자사를 놓치고 났더니 정말 우리를 만나주는 투자사가 없다면 어떻게 해야 할까요? 불공정하고 찜찜한 계약 조건에도 불구하고 그 투자사로부터 돈을 받아야 할까요? 그렇지 않습니다. 만약 불공정한 조건을 들이미는 투자사 외에는 우리 회사에 투자하겠다는 곳이 없다면, 그것은 사업 아이템에 문제가 있다는 뜻입니다. 좀 냉정하게 늘리시겠지만 그런 상황이라면 그쯤에서 사업을 접는 게 더 낫다고 생각합니다. 한마디로 너무 무리해서 불리한 돈을 받으면서까지 사업을 하는 것은 위험하다는 뜻입니다. 그렇게 돈을 받아서 어찌어찌 위기를 넘겨 사업이 잘될 수 있을지는 몰라도, 훗날 반드시 탈이 납니다.

그렇다면 어느 정도 수준의 계약서가 무리한 것일까요? 어느 정도 수준이 되면 갑질일까요? 사실 이것에 대한 판단은 계약마다 다르기 때문에 이 책에서 하나하나 나열할 수 있는 내용은 아닙니다. 그러나 일단 기준으로 삼을 수 있는 것이 있습니다. 한국 벤처캐피탈협회의 홈페이지에 벤처투자에 대한 표준계약서가 올라와 있습니다. 이 표준계약서를 기준으로 투자사가 보내온 계약서와 비교해보면 좋습니다. 그래서 표준계약서 내용과 크게 다른 의미로 쓰인 내용이나 추가된 조항들이 있고 이 조항들이 회사나 창업자에게 불리한 측면이 있다면 일단은 투자사에 수정을 요구할 필요가 있습니다. 그리고 이런 경우에 협상을 끝까지 진행할 생각이라면 비용이 조금 들더라도 반드시 변호사에게 검토를 받아보면서 판단해보는 게 좋습니다.

답변을 마무리하겠습니다. 사업을 하는 동안 나에게 정말 잘 맞고, 진심으로 도와주려 하고, 우리 회사의 장기적인 비전까지도 응원해주는, 게다가 예의까지 갖추고 있는 심사역을 만난다면 이상적이겠지만 그런 확률은 0에 가까울 것입니다. 심사역들의 생리를 이해하며 그들의 태도에 대해 어느 정도 관대함을 갖는 것도 필요하고, 독설을 들었다면 그로부터 독을 빼내고 메시지만 취하는 과정도 필요합니다. 그리고 최종적으로는 계약서의 내용을 보면서 함께 갈 수 있는 관계인지 아닌지를 판단해보는 것이 중요합니다. 감정을 상하게 하는 어떤 상황에서도 결국은 실리를 얻을 수 있는 지혜가 창업자 여러분께 깃들기를 기원합니다!

19

화성에서 온 창업자,
금성에서 온 투자자

투자자와 갈등을 겪고 있습니다. 장기적인 방향성에는 서로 이견이 없는
데, 3개년 계획에 대해서는 이견이 자꾸 생기네요. 투자자들이 경험이
많으니 맞춰야 하는 건지, 아니면 이 사업을 책임지고 갈 제가 더 강하게
주장해야 하는 건지 헷갈립니다.

"

이런 질문은 창업자와 투자자의 본질적 차이를 이해하지 못해서 나오는
질문입니다. 이 본질적 차이를 '화성에서 온 창업자, 금성에서 온 투자
자'라고 표현하고 싶어요. 그만큼 다르다는 겁니다. 창업자는 정해진 기
한 없이 사업을 성장시키고 꾸려가는 데에만 관점을 두지만, 투자자는
정해진 기한 내에 투자금을 회수하는 데 목표가 있습니다. 그래서 창업
자는 평생을 책임지고 키워가야 하는 '자식'처럼 사업을 생각하지만, 투
자자는 정해진 기한 내에 수익을 실현해야 하는 '투자 상품'으로 볼 수밖
에 없습니다.

Q

영상편집 분야에서 AI 기술을 갖고 창업한 초기 창업자입니다. 작년에 시리즈A 투자를 받아서 열심히 기술 개발에 집중하고 있는데요. 최근 경기가 안 좋아서 그런지, 작년에 투자유치를 할 때만 해도 투자자들의 압박이 그리 심하지 않았는데 최근 들어서 압박이 좀 있는 편입니다. 그래서 과거와 달리 갈등이 생겨나고 있어서 저도 이 부분 때문에 은근히 스트레스를 받고 있습니다. 다른 것들은 괜찮은데, 어떻게 돈을 벌 것인지에 대한 주제에 대해 저와 투자자들 사이에 의견 차이가 꽤 큽니다. 저는 향후 2~3년 동안 기술을 더 개발하면서 기업을 대상으로 무료 버전을 배포한 후에 3년 뒤에 유료 전환하거나 혹은 기술을 매각하는 방식을 생각하고 있는데요. 투자자들은 그것은 장기적인 플랜으로는 좋지만, 당장 올해부터라도 일반 소비자용으로 라이트 버전을 만들어서 다만 얼마라도 돈을 벌기를 원합니다. 그렇게 되면 지금까지 하던 플랜과 인력 구조를 대폭 바꿔야 하고, 게다가 현재까지는 크게 신경 쓰지 못했던 마케팅과 영업에 신경을 써야 할 것 같은데, 그렇게 되면 결국은 제가 생각한 장기적인 그림은 완전히 뒤틀어질 것 같은 생각이 들어서 상당히 불편한 상황입니다. 투자자들이 경험이 많으니 이들에게 맞춰야 하는 건지, 아니면 제 생각을 더 강하게 주장해야 하는 건지 헷갈립니다. 투자자와의 갈등을 어떻게 풀어야 할까요?

A

투자자와 창업자의 갈등은 각자의 본질 자체가 아주 다르다는 점에서 기인합니다. 물론, 스타트업 생태계 안에서 스타트업의 성공을 위해 열심히 일하고 있다는 측면에서는 동일합니다. 그래서 종종 투자자를 스타트업의 조력자 혹은 스타트업의 셰르파Sherpa, 히말라야 고산 등반의 안내인라고 표현하며 창업자와 함께하는 파트너라는 점을 강조하기도 합니다. 언뜻 보면 창업자와 투자자는 공동의 목적을 가지고 한 곳을 바라보며 함께 걸어가는 동지와 같은 존재라는 생각이 들기도 합니다. 그러나 사실 이 둘의 본질은 매우 다릅니다.

저는 이 문제에 있어서 이런 표현을 자주 쓰는데요. 투자자에게 있어 스타트업은 하나의 '투자 상품'이라는 것입니다. 물론, 이 말이 상당히 냉정하게 들릴 수도 있고, 마치 순수한 열정을 가진 투자자들을 돈의 노예쯤으로 과소평가하는 것처럼 들릴 수도 있을 겁니다. 하지만 저는 투자자를 표현할 수 있는 다양한 수식어들을 걷어내고, 정말 본질만을 표현한다면 이것만큼 좋은 표현이 없다고 생각합니다. 이 말에는 당연하게도 투자자를 폄하하려는 의도는 전혀 없습니다. 이 말은 부정적인 뉘앙스를 담고 있는 것이 아니라, 단지 창업자와 투자자는 매우 '다르다'는 것을 강조할 뿐입니다.

투자자의 본질은 내 돈을 넣고 그 돈이 나중에 더 큰 돈이 되어 나에게 돌아오기를 추구하는 것, 그 이상도 그 이하도 아닙니다. 벤처투자뿐만 아니라 모든 투자업의 본질인 것이죠. 그렇기 때문에 창업자들은 종종 투자자들의 냉정한 모습에 굉장히 당황하기도 하고, 실망하기도 하고, 때로는 분노하기까지 합니다. 투자

계약을 맺을 때 의기투합하며 화기애애했던 사람들이 왜 갑자기 단기적인 관점으로만 회사의 방향을 끌고 가려는지 모르겠다며 하소연합니다. 저는 개인적으로 그런 식의 갈등은 결국 이 본질의 차이에 대한 이해가 없어서 비롯된 것이라 생각합니다.

한번 입장을 바꿔서 생각해볼까요? 내가 창업자가 아니라 투자자라고 생각해보죠. 막상 투자자의 입장이 되고 나면 나 역시도 내 돈이 나중에 2배, 3배, 10배가 되어서 돌아오길 바라게 될 것입니다. 거창하게 스타트업에 투자했다고 가정할 필요조차 없습니다. 주식투자의 상황으로 가정해도 투자자의 심리는 아주 쉽게 이해할 수 있습니다. 주식투자를 할 때 내가 매수한 종목이 매수 가격을 기준으로 그 아래로 떨어지길 원하나요, 아니면 오르기를 원하나요? 떨어지길 원하는 사람은 단 한 명도 없을 겁니다. 아무리 그 회사의 비전이 좋고 멤버가 좋고 사업계획이 좋다 한들 그 종목의 주가가 떨어진다면 기쁘게 생각할 사람은 아무도 없습니다.

스타트업 투자자도 마찬가지입니다. 투자자의 근본적인 입장은 어쨌거나 내가 투자한 돈이 큰 수익을 내서 다시 돌아오기를 바라는 것입니다. 그렇기 때문에 때로는 경영에 대한 간섭하기도 하고 때로는 창업자와 갈등을 겪더라도 본인들이 해야 할 말을 거침없이 할 수밖에 없는 것이죠. 특히 투자자가 보기에 창업자가 투자금의 투자수익률을 높이는 방향에서 멀어지고 있다고 생각되면 둘 간의 갈등은 심해질 수밖에 없습니다.

그런가 하면 이런 측면도 생각해볼 필요가 있습니다. 현재 생태계에 있는 많은 투자자는 벤처캐피탈이나 액셀러레이터입니다. 사실 알고 보면 이 투자사들은 자기 돈을 갖고 투자를 하는 경우보다는 남의 돈(펀드 출자금)을 받아서 투자하는 펀드 운용사의 역할을 하는 경우가 대부분입니다. 즉 남의 돈을 받아서 이런저런 회사에 투자하고, 이미 정해져 있는 특정 기간 내에 펀드에 자금을 출자했던 쩐주LP, Limited Partner에게 돈을 다시 돌려줘야 하는 의무가 있는 사람들입니다. 그렇기 때문에 투자심사역 개인의 입장에서는 충분히 좋아 보이고 기다려줄 수 있다고 생각되는 사업 모델이라 하더라도 결국은 투자 회수 기간과 투자 수익률을 생각할 수밖에 없는 것이 현실입니다. 내 돈이 아니라 남의 돈으로 투자했기 때문이죠.

보통 펀드의 운용 기간은 7년 내외인데, 엑시트를 하기 위한 여러가지 상황과 변수들을 고려하면 실제로 피투자사로부터 투자금 회수에 착수(지분의 매각, IPO, M&A 등에 대한 시도를 시작한다는 의미)해야 하는 시점은 투자 시점으로부터 5년 정도의 시점이어야 합니다. 그리고 그 5년 정도의 시점에 회수를 위한 행동에 착수하려면 3년 정도 되는 시점부터는 피투자사가 J-커브를 그리면서 성장하는 모습을 보여줘야 하는 것입니다.

3년 시점부터 폭발적 성장을 보여주려면 투자 후 1~2년 차의 시점이 매우 중요하겠죠. 그러다 보니 투자 후에 투자자들과 창업자들의 의견이 갈리는 것은 어찌 보면 당연한 현상입니다. 창업자들은 흔히 벤처펀드의 운용 기간이 꽤 긴 것으로 생각하지만, 앞서 말씀드린 것처럼 엑시트 스케줄을 역순으로 따지고 보면 벤처투자사들에게 주어진 시간은 생각보다 짧을 수밖에 없습니다. 이런 이유로 투자자들의 입장은 당연히 단기 성과에 집중할 수밖에 없고 엑시트 플랜에 집중할 수밖에 없는 것입니다. 투자자들이 드라마나 영화에서처럼 단기적으로 실적이 무너져도 장기적인 관점으로 바라봐 주고, 창업자의 시행착오에도 불구하고 끝까지 참아주며, 비전 하나만으로 함께 어깨동무하며 끝까지 기다려준다는 가슴 뭉클한 스토리는 현실에서는 거의 불가능합니다.

아무리 창업자가 불편하게 느낀다 한들, 투자자는 창업자와 투자 계약이라는 '약속'을 전제로 돈을 넣었고 그 투자 계약서에는 상당 부분의 경영을 함께 논의하고 협의해야만 하는 내용들이 분명히 들어가 있습니다. 이런 조항 하나하나가 법적인 관점에서 부당하냐 아니냐라는 논쟁은 차치하더라도, 어쨌거나 투자를 받는 것에 대해서는 분명히 대가가 따른다는 것을 창업자들은 반드시 염두에 두어야 합니다(질문 10 '남의 돈에는 대가가 따릅니다' 참고).

계약조항에 합의된 것 이상의 간섭은 당연히 문제가 되고 그런 부분들은 법적인 대응을 해서라도 막아야 할 것입니다. 하지만 회사 성장의 시점과 방법에 대한 관점의 상이함으로부터 나오는 견해 차이를 함부로 갑질로 치부해서는 안 됩니다. 따라서 창업자들은 이런 둘 간의 본질적 차이를 잘 이해하면서 어떻게 하면 내가 원하는 장기적 성장과 투자자들이 원하는 단기적 성과 사이에서 균형점을 찾을지 고민해야 합니다.

창업자와 투자자는 불가근불가원의 관계입니다. 너무 가까워서도 너무 멀어서도 안 되는 관계죠. 분명히 서로가 서로에게 도움이 되는 관계이지만, 또 어떤 순간에는 동상이몽으로 갈등 관계를 형성할 수밖에 없습니다. 지금 눈앞에 벌어지고 있는 갈등의 상황에만 집중하지 말고 근본적으로 이런 갈등이 어디에서 오는지, 지금 투자자가 내게 주고 있는 메시지는 무엇인지, 어떤 솔루션이 본질이 다른 둘 사이에서 균형감 있는 해답인지를 충분히 고민하면서 갈등을 잘 풀어가시기를 바랍니다!

20

개인투자는 그냥 빌린 돈이라고
생각하세요

시드투자로 4명의 개인에게 투자를 받으려 하는데요. 먼저 창업한 선배는 개인투자는 받지 말라고 조언하던데…. 개인들에게 투자를 받을 때 유의해야 하는 것이 있을까요?

"

개인들에게 받는 투자금은 조금 과장하자면 빌린 돈이라 생각하세요. 벤처캐피탈이나 액셀러레이터는 펀드를 결성해서 운용하는, 즉 남의 돈을 운용하는 사람들이지만, 개인투자자는 생으로 본인 돈을 넣는 사람들이기에 둘의 성격은 매우 다릅니다. 벤처캐피탈로부터 받은 10억 원보다 개인투자자에게 받은 1,000만 원이 나중에는 훨씬 더 부담스러울 수 있습니다. 따라서 개인투자자일수록 경영참여 등에 대한 내용을 반드시 계약으로 남기세요. 물론 그렇더라도 빚쟁이처럼 행동하는 분들은 여전히 그렇게 할 것입니다. 그런 부분을 꼭 감안하고 받아야 합니다. 즉 내가 이 사람을 잘 감당할 수 있는지 판단해보세요.

Q

이제 막 회사를 설립하고 시드투자를 받으려는 초기 창업자입니다. 액셀러레이터들도 만나고 있지만, 일단 기존에 알고 지내던 개인 몇 분에게 투자를 받으려고 하는데요. 총 1억 원을 4명에게 나누어 받으려고 합니다. 그런데 얼마 전에 선배 창업자 한 분을 만났는데, 그분이 말하길 개인에게 투자를 받았는데 거의 매일 전화해서 귀찮게 했다면서 차라리 돈을 받지 말걸 그랬다고 하더라고요. 개인에게 투자를 받으면 안 되는 걸까요? 어떤 것들을 유의해야 하는지 알고 싶습니다.

A

친구, 지인, 가족들로부터 창업 초기에 투자를 받는 일은 매우 흔한 일입니다. 그런데 매우 흔한데도 불구하고 이렇게 주고받은 돈 때문에 관계가 틀어지고 갈등을 겪는 경우들을 자주 보게 됩니다. 투자사로부터 투자를 받을 때와는 달리 개인에게 투자받았을 때 이런 현상들이 두드러지는데요. 그 이유는 무엇일까요? 이것을 이해하려면 개인투자의 특성과 장단점을 이해하는 것이 좋습니다.

기관투자와 달리 개인투자의 가장 큰 특징은 '관계'를 담보로 돈을 받게 된다는 점입니다. 기관투자는 돈을 매개로 관계가 시작되는 반면, 개인투자는 이미 존재하던 관계 속에 돈이 끼어드는 모양새가 됩니다. 기관투자와 개인투자의 차이점들은 거의 대부분 이 부분에서 발생합니다. 또한, 행여 기존에는 직접적인 관계가 없었고, 지인을 통해 소개받은 개인이라 하더라도 그 거래 또한 '지인과의 관계'를 기반으로 출발한다는 점에서 동일합니다. 보통 전혀 모르는 개인에게서 투자받는 창업자는 없기 때문에 오랫동안 알고 지내왔든, 지인을 통해 소개를 받았든 결국 관계에 기반하여 거래가 이루어진다는 점에서 동일하다는 의미입니다. 원칙적으로는 관계에서 시작했든 말든 계약에 의해서 각자의 권리와 의무만 다하면 될 것 같지만, 실제 현실은 그렇게 이상적으로 깔끔하게 돌아가지 않습니다.

관계를 기반으로 투자금을 주고받는다는 것은 기관투자를 받는 것 대비 어떻게 다를까요? 우선, 관계로부터 딜deal이 시작되니, IR 피칭, 가치평가, 협상, 실사 등의 일반적인 투자유치 과정이 생략되는 것이 일반적입니다. 투자자도 이런 걸 요구하지 않는 경우가 많고, 창업자도 이런 과정을 거칠 거라고 기대하지 않습니다. 말 그대로 사람 믿고 투자하는 형태입니다. 이것은 아마도 한국의 문화적 특성에 기인하는 것 같습니다.

일전에 어떤 창업자가 평소 친하게 지내던 온화한 성격의 선배로부터 투자를 받았는데, 이 선배에게 투자를 제안하자 흔쾌히 하겠다고 구두로 약속했다고 합니다. 나름대로 IR 문서도 보내주고 만나서 이런저런 설명도 하면서 투자유치를 위한 노력을 기울였다고 하는데요. 설명을 다 들은 선배는 "오케이, 내가 1,000만 원을 투자할게. 근데 1,000만 원이면 작은 돈은 아니니 재무상태표 같은 걸 보내줬으면 좋겠어. 그거 검토해보고 최종적으로 결정할게"라고 했답니다. 이 얘기를 전하면서 그 창업자는 제게 "그 선배 그렇게 안 봤는데 정말 냉정한 사람인 것 같다"며 당황스러운 기색을 비쳤습니다.

1,000만 원이라는 돈을 받기 위해 수차례 미팅을 한 것만으로 이 창업자는 자신이 최선을 다했다고 생각했을 것입니다. 그런데 그 끝에 시원하게 투자를 약속하지 않고, 재무상태표를 보내달라 하니 아마도 이 창업자는 빈정이 상한 것 같았습니다. 저는 개인적으로 아무리 소액이라도 투명하게 회사에 대한 정보를 공개하고 제공하는 것이 맞다고 생각하지만, 전체적인 흐름을 바라보면 양측 모두 이해되는 면이 있습니다.

이 사례에서 창업자가 '빈정이 상하는' 이유는 무엇일까요? 그게 바로 관계에 기반해 있기 때문입니다. 평소에 친하게 지내던 선배이고 늘 자신에게 온화하게 잘 대해주었던 선배였기에 더더욱 냉정하게 느껴졌을 것입니다. 그런데 재미있는 것은 똑같은 상황을 그 선배의 관점으로 보면 아마도 다른 측면의 불편함이 있었을지 모릅니다. 워낙 오랫동안 친하게 지냈던 후배이니 꼬치꼬치 묻고 싶어도 다 물어볼 수 없었을 것입니다. 그러다 보니 주변을 최대한 수소문해가며 그 후배의 사업이 어떤지와 그 후배가 돈 관계에 있어서 어떤지를 나름대로 알아보느라 애를 썼을 것입니다. 그러나 아무리 수소문을 해봐도 회사의 재무상태에 대한 구체적인 숫자는 알음알음으로 파악할 수 없는 것이니, 며칠을 고민하다가 후배에게 재무상태표를 요청했을지 모릅니다.

제가 이렇게 추정할 수 있는 것은 스타트업에 개인투자를 하는 분들이 실제로 초기 스타트업에 투자하면서 이런 난해한 상황들을 겪고 있기 때문입니다. 잘 지내던 관계 속에 돈이 끼어들기 시작하는 순간, 모든 게 불편하고 어려워지는 것입니다.

투자를 유치하는 과정뿐만 아니라, 투자금이 들어온 이후에도 차이가 있습니다. 상호 간의 권한과 책임이 명확하게 규정되지 않기 때문에 종종 불편한 상황들이 발생합니다. 개인투자자의 성향과 경제적 상황에 따라 천차만별이긴 합니다. 하지만 보통은 창업자의 지인으로서 창업 초기에 경제적인 어려움을 겪는 창업자가 '불쌍해서' 인정에 이끌려 돕는 경우가 많기 때문에, 의외로 개인투자자들 역시 경제적 사정이 아주 여유롭지 않은 경우가 있습니다. 쉽게 말해 개인투자로 넣었던 돈을 완전히 날려도 아쉽지 않은 상황이면 좋겠으나, 현실에서는 그렇게 될 경우꽤나 지장을 받는 개인투자자도 종종 있습니다. 그러다 보니 개인적 성향에 따라서 투자 이후에 마치 시어머니 노릇하듯 감 놔라 배 놔라 간섭하는 사람도 있고, 하루가 멀다 하고 전화를 해대며 회사 상황은 어떤지, 내가 도울 건 없는지 물어보며 은근히 압박하는 경우도 많습니다. 질문자의 선배가 얘기했던 그런 케이스인 거죠. 사실 저도 비슷한 경험이 있습니다.

예전에 제가 스타트업을 창업했을 때 개인투자를 받은 적이 있는데, 당시에는 스타트업들이 구성원에게 소속감을 주기 위해회사 로고를 넣은 후드티를 맞추는 것이 유행이었습니다. 그런데 어느 날 우연히 그 개인투자자를 만났는데 후드티를 입은 직원들을 보며 "저렇게 옷을 맞춰 입으면 일에 능률이 올라가나요? 요즘 옷이 귀한 시대도 아닌데 굳이 회사에서 옷을 맞춰줘야 하나 해서요"라고 말했습니다. 그 말을 듣는 순간 '앞으로는 후드티 맞추는 것조차도 이분에게 미리 물어봐야 하나'라는 생각이 들어 상당히 불편했던 기억이 있습니다.

아무리 개인투자를 유치하며 계약서를 쓰고 합의한다고 한들, 이미 관계가 형성된 상태이기 때문에 이런 식으로 연락하고 압박하고 간섭하면 칼로 자르듯 끊어내기가 쉽지 않습니다. 그렇다고 과도한 경영간섭을 사유로 소송을 제기할 수도 없는 노릇입니다. 회사에 직접적으로 악영향을 미치는 행위가 있다면 모를까, 자잘하게 창업자에게 연락해서 질의하고 조언하는 것을 두고 법적인 다툼을 벌이는 것은 불가능한 일입니다.

그런데 한편으로는 개인투자가 지니는 장점도 있습니다. 이 또한 관계에 기반하기 때문에 가능한 것입니다. 창업자 입장에서는 모르던 사이가 아니기 때문에 정말 필요한 순간에 개인들이 투자한 지분을 회사의 상황에 맞게 활용하는 것이 가능합니다. 예를 들어, 투자 라운드를 여러 번 거치는 동안 창업자의 지분율이 낮아져 투자유치나 IPO 도전에 어려움이 생긴 경우, 이런 개인들이 보유한 지분을 창업자의 우호지분으로 묶을 수 있는 주주간 합의를 체결하기에 유리합니다. 물론 개인의 경제적 의사결정권은 보장되니 무조건 가능하다는 의미는 아니지만, 현실에서는 이런 개인들이 창업자에게 우호적으로 협조하는 경우가 대부분이기 때문에 드리는 말씀입니다.

또, 종종 회사가 중요한 핵심인재를 영입하면서 구주를 일부 넘겨줘야 하는 상황이 되거나, 혹은 기관투자자가 투자를 결정하면서 개인투자자 간의 지분 구조를 정리해야 하는 상황 등 회사가 주주명부를 변경해야 하는 다양한 상황에서 창업자와 지인 관계에 있는 이러한 개인투자자들은 대체로 협조하는 경우가 많습니다.

장단점이 확실한 개인 투자유치, 그렇다면 개인에게 투자받고자 할 때 어떤 것들을 유의하면 좋을까요? 말씀드린 것처럼 개인투자는 개인의 특성과 성향에 따라 천차만별의 상황이 벌어질 수 있기 때문에, 마치 사람을 채용하는 것과 같은 심정으로 개인투자자에 대해 면밀히 알아보는 노력이 필요합니다. 그렇다고 채용하듯 사람을 두고 면접할 수 있는 게 아니기 때문에 지인들을 통해 최대한 많은 것들을 체크해보면 좋습니다. 개인투자자에 대해 체크해봐야 할 것들 중 가장 중요한 것은 '투자자'로서는 어떤 사람인지를 알아보는 것입니다.

당연하게도 이를 위해서는 이 사람에게 직접 투자를 받아본 창업자를 만나보는 것이 가장 좋을 것입니다. 만일 이 사람이 스타트업 투자는 처음이라면, 기존에 이 사람과 '돈 거래'를 해본 사람을 찾아보는 것도 방법입니다. 물론 이것이 말처럼 쉽지는 않습니다. 어찌 보면 흥신소처럼 남의 뒤를 캐고 다니는 것 같은 느낌이 들 수도 있습니다. 그러나 우리가 음성적이고 불법적인 방법을 동원하지 않는 한, 내가 접근할 수 있는 선에서 정보를 모아보는 것은 충분히 필요한 일이라고 생각합니다. 왜냐하면 앞에서 말씀드린 것처럼 몇십 년을 잘 지내던 관계도 '돈이 끼어드는' 순간 완전히 변질되어 갈등의 관계로 전락하는 것은 한순간이기 때문입니다. 그렇게 되면 결국 돈도 잃고 사람도 잃기 때문이죠. 돈이야 어디서든 다시 구할 수 있겠지만 사람은 잃고 나면 다시 얻기 어려우니까요.

그런 면에서 반드시 해야 할 또 하나의 일은 계약서를 쓰는 것입니다. 주식 거래에 대한 계약서뿐만 아니라 주주 간 합의서를 써서 상호 간의 책임과 권한을 명확히 규정해놓는 것이 좋습니다. 이것은 향후에 불상사가 발생했을 경우 법적으로 서로를 보호하기 위한 장치도 되지만, 반대로 서로의 역할과 의무를 명확히 이해함으로써 불필요한 오해와 갈등을 사전에 막는 장치가 됩니다. 이 또한 궁극적으로 좋은 사람 잃지 마시라고 말씀드리는 것입니다. 경영 간섭의 문제도 이러한 합의서를 통해 처음부터 규정해두는 것이 좋습니다. 주기적으로 회사에 대한 경영 상태를 공유하고 보고하는 것을 합의서에 명시함으로써 서로가 불필요한 에너지를 쓰지 않도록 처음부터 주주와 창업자로서의 '새로운 관계'를 정의해두는 것이 현명합니다.

제가 비록 제목에는 개인투자자에게 받은 돈은 빌린 돈이라 생각하라고 말씀드렸지만, 개인투자자의 장단점이 매우 명확하기 때문에 창업자가 이들과 어떻게 '새로운 관계'를 형성하느냐에 따라 회사 성장에 결정적 디딤돌이 될 수도, 반대로 경영 활동에 방해가 되는 번거로운 존재가 될 수도 있습니다. 결국은 창업자가 개인투자자든 기관투자자든 이들을 잘 감당할 수 있겠느냐가 관건입니다. 돈이 궁하다고 해서 조급하게 투자받겠다고 서두르지 마시고, 내가 잘 감당하고 관리할 수 있는 관계인지를 고민해보면서 현명하게 판단하시길 바랍니다!

2부에서 꼭 기억해야 할 핵심 포인트

09 다들 무슨 돈으로 창업을 할까?(feat. 돈 없이 창업하기)

스타트업은 무조건 투자받아서 창업한다는 생각은 오해예요. 스타트업에게 투자유치는 must가 아닙니다. 내 사업 모델이 어떤 유형이냐에 따라 달라요. 곧바로 현금이 회전된다면 투자를 받을 필요가 없지만, 한동안 적자를 감내해야 한다면 투자를 받아야겠죠.

10 남의 돈에는 대가가 따릅니다

투자받은 걸 자랑하듯 과시하는 분들이 많은데, 남의 돈에는 대가가 따른다는 것을 분명히 알아야 합니다. 정도에 따라 다르지만 경영에 대한 모니터링과 간섭을 어떤 형태로든 일어날 수밖에 없어죠. 세상에 공짜는 없답니다.

11 설득력 있는 IR 문서를 만드는 5가지 비결

1) 우리만의 스토리 만들기, 2) 투자자 관점으로 바라보기, 3) 정답에 대한 강박 버리기, 4) 숫자는 무조건 정확하게 기입하기, 5) 투자자에게 '이제 돈만 넣으면 되겠다'는 확신 주기

12 스타트업에게 적정 기업가치란?

사실 없어요. 횟집의 시가와 같아요. 업계의 유사사례를 보며 밸류에 대한 힌트를 얻어보세요. 스타트업의 가치는 '계산'되는 게 아니라 '설득'되는 거예요.

13 투자유치는 생각보다 오래 걸려요 (feat. 투자유치 절차와 기간)

특히 첫 기관투자를 받는 거라면 최소 6개월에서 1년까지도 생각해야 해요. 시간이 촉박하면 결국 협상에서 불리해진다는 것도 잊지 마세요.

14 투자사와의 컨택부터가 협상의 시작입니다

콜드콜은 지양하세요. 컨택부터가 협상의 시작이니까요. 가급적이면 다른 사람의 입으로 회사를 알리고 추천을 통해 만나는 방법을 시도해보세요.

15 좋은 투자자를 구별하는 방법

우선 적격 투자기관인지 확인해보시고 어떻게든 수소문해서 경험담을 들어보는 게 좋아요. 좋은 사람 뽑는 게 중요하듯, 좋은 돈을 받는 것 또한 매우 중요해요.

16 투자자의 판단 기준은 사실 딱 하나예요

투자자마다 사실 기준은 다 달라요. 다만 내가 지금 산 주식을 나중에 비싸게 팔 수 있을까라는 관점만은 공통일 겁니다. 즉 내 회사의 미래가치가 커질 거라는 확신을 주는 게 중요해요.

17 왜 우리 회사만 투자를 못 받는 걸까?

확률적으로 보면 투자 못 받는 창업자가 훨씬 많아요. 그러니 너무 우울해할 필요는 없어요. 다만, IR 과정에서 들었던 피드백들은 놓치지 말고 잘 반영하는 노력도 필요해요. 그 피드백들 안에 투자 못 받는 원인이 숨어 있거든요.

18 무례한 투자자는 회피 대상?

'복어의 독'을 빼보세요. 심사역의 무례함 때문에 생긴 감정의 요동을 제거하고 메시지에만 집중해보세요. 그럼 같이 갈지 말지 판단이 될 거예요. 그 메시지는 결국 투자 계약서를 통해 판단해야 하고요.

19 화성에서 온 창업자, 금성에서 온 투자자

창업자는 사업을 자식처럼 생각하지만, 투자자는 일정 기간 내에 수익을 실현해야 하는 투자상품으로 볼 수밖에 없어요. 이 근본적인 차이를 이해하고 받아들여야 해요.

20 개인투자는 그냥 빌린 돈이라고 생각하세요

개인투자는 개인의 지갑에서 나온 돈이라 부담스러운 면이 있어요. 그래서 빌린 돈이라고 생각하는 게 좋아요. 계약서를 꼼꼼히 쓰고 이 투자자를 내가 잘 감당할 수 있을지 판단해보는 게 중요해요.

3부

전략적
의사결정이
어려울 때

21

스타트업에게
전략이란?

IR 피칭을 하다 보면 "그래서 전략이 뭐예요"라는 질문을 많이 받는데요. 전략이란 건 대기업 같은 곳에만 어울리는 단어 같은데, 스타트업에게 전략이란 게 필요할까요? 필요하다면 어떻게 정의할 수 있을까요?

전략이라는 단어가 뭔가 거창하고 무겁게 들리는 게 사실입니다. 그러나, 전략이란 것의 궁극적인 산출물은 리소스 플랜이라는 것을 고려하면, 오히려 전략은 대기업보다 스타트업에게 있어 더욱 필수적인 요소입니다. 리소스 플랜이란, 결국 돈과 사람을 언제, 어디에, 얼마만큼 투입할지를 결정하는 것이므로, 이를 위해서는 회사가 무엇What을 할 것인지, 어디서Where할 것인지, 어떻게How할 것인지에 대한 정리가 필요합니다. 다른 말로 표현하면, 무슨 사업What to do을 어느 시장Where to play에서 어떻게 차별화How to win할 것인지를 정해야 합니다.

Q

안녕하세요? AI로 동시통역 이어폰을 개발하는 스타트업의 창업자입니다. AI와 관련된 기술을 개발하던 대기업 출신 연구원들이 모여서 창업했기 때문에 기술 개발에 대해서는 자신이 있는데요. 요즘 IR을 다니다 보니 자꾸 회사의 전략이 뭐냐는 질문을 많이 받습니다. 사실 전략이라는 건 대기업 전략기획 부서에서 형식적으로 만드는 문서쯤으로 생각해왔는데, 막상 회사의 전략이 뭐냐고 질문을 받으니 당황스러웠습니다. 저희 나름대로는 기술 개발 로드맵도 넣고, 상용화 버전 출시 일정도 넣고, 그 이후의 제품 진화계획도 넣어놨기 때문에 이 정도면 테크 스타트업으로서는 전략이 모두 정리되었다고 생각하는데, 무슨 전략을 더 얘기하라는지 잘 모르겠습니다. 스타트업에게 전략이란 무엇일까요? 그리고 진짜 스타트업에게도 전략이 필요한 걸까요?

A

좋은 질문을 주셨네요. 회사에게 전략이란 당연히 필요한 것 같지만, 막상 전략을 얘기하라고 하면 말문이 막히는 게 사실입니다. 그래서 생각보다 많은 스타트업들이 전략 없이 사업을 진행하는 경우가 많습니다. 아니, 정확하게는 본인 입장에서는 전략이 있다고 믿고 있지만 실상은 전략이 없는 경우가 많습니다. 단순히 제품 개발 계획을 정리해놓고는 그걸 전략으로 간주한다든지, 광고 및 홍보 계획을 정리해놓고 시장진입 전략이 완성되었다고 믿는 식입니다. 지금 질문하신 분도 제품에 대한 진화 로드맵을 전략으로 생각하고 계신 것 같은데, 사업 전략은 제품 개발 계획과는 전혀 다른 것입니다.

'전략'이라는 게 왜 이렇게 막연하고 어렵고 거창하게 느껴질까요? 그건 전략이란 게 딱 한 가지로 정의된 템플릿이나 공식이 없는 영역이기 때문에 그렇습니다. 모든 사람이 각자 다른 삶을 살듯, 회사들도 각자 다른 길을 걷게 되어 있는데요. 그렇게 각각의 회사가 걸어가게 되는 길을 미리 계획하고 정리해서 커뮤니케이션하는 것이 바로 전략 문서이기 때문에, 전략은 회사마다 완전히 다르게 정리될 수밖에 없습니다. 그래서 다른 회사의 전략 문서를 벤치마크한다고 해서 정리되는 것도 아니고, 템플릿이 있어서 빈칸만 채우면 되는 것도 아니기 때문에 무슨 얘기를 해야 할지가 막막하게 느껴지는 것입니다.

종종 저는 창업자들에게 전략문서 샘플을 공유해달라는 부탁을 받곤 하는데요. 그때마다 단호하게 거절하는 편입니다. 일단 제가 일하면서 획득한 다른 회사의 정보를 공유하는 것은 불가하기 때문이지만, 그보다 더 중요한 것은 창업자가 누군가의 전략 문서를 보고 힌트를 얻는 것조차 창업자가 가져야 하는 사업 전략의 독창성을 해친다고 생각하기 때문입니다. 물론 저도 이 책에서는 전략을 수립하기 위해 어떤 요소들에 대해 고민해야 하는지 간략하게는 정리할 것이지만, 이것 또한 어디까지나 참고 용이지 이 요소들을 빈칸 채우듯이 다 채웠다고 해서 회사의 전략이 모두 완성된다고 생각하면 안 됩니다.

그런데요, 스타트업에게 전략이란 정말 필요한 것일까요? 뭐 솔직히 창업하고 한참 동안은 프로덕트를 개발하는 데 온 힘을 쏟을 텐데, 다시 말해 해야 할 일은 어차피 뻔한데 전략이란 게 굳이 필요할까요? 이 질문에 대한 저의 답은 '절대적으로 필요하다'입니다. 특히, 1990년대나 2000년대와 같이 스타트업 자체가 많지 않았고, '인터넷'이라는 새로운 분야를 개척하던 시대에는 사실 전략이란 게 그다지 필요 없었을지 모릅니다. 정확하게는 필요 없었다기보다는 전략을 수립하기가 어려웠을 것입니다. 완전한 미지의 세계를 하루하루 개척해가는 항해자의 입장에서 당장 내일 어떤 일이 벌어질지 모르니 앞날의 일을 예측하며 계획을 세운다는 게 사실상 불가능했을 것입니다. 실제로 그 시절 창업자들의 창업 스토리를 들어보면 사업 전략의 개념 없이 하루하루 열려진 길을 향해 그냥 열심히 달려온 게 전부인 경우가 많습니다.

그러나 지금은 상황이 다릅니다. 과거에는 스타트업의 아이템이란 것들이 꽤 엉뚱하고 파격적이어서 대기업이 갈 수 없는 길을 거침없이 갔다면, 이제 대기업들은 언제나 눈에 불을 켜고 스타트업들이 하는 사업 아이템 중에 자신들이 힌트를 얻을 게 없나 탐색합니다. 그리고 실제로 대기업과 스타트업 간에 기술 및 아이디어 도용에 대한 문제가 심심치 않게 불거지곤 합니다. 이건 무슨 뜻일까요? 스타트업이 장인 정신을 갖고 프로덕트만 잘 만들면 되는 시대가 아니라는 뜻입니다. 묵묵히 자신의 길만을 가면 알아서 길이 열리고 시장이 열리던 시대가 아니라는 뜻입니다. 대기업도, 중소기업도, 심지어 옆에서 함께 뛰는 스타트업도 모두가 나의 경쟁자가 될 수 있다는 뜻입니다. 그래서 전략이 필요한 것입니다. 물건만 잘 만들면 되는 것이 아니라 냉엄한 전쟁터에서 어떻게 하면 살아남을 수 있을지를 고민해야 하기 때문입니다.

그렇다면 '전략'이란 무엇일까요? 전략에 대한 정의는 무수히 많겠지만, 저는 좀 단순하게 얘기해보고 싶습니다. 스타트업에게 전략이란, 다음과 같이 몇 가지 요소의 흐름으로 정리될 수 있습니다. 이렇게 여러 요소의 흐름으로 제시하는 이유는 전략의 요소들이 각자 따로 노는 것이 아니라 완결된 흐름상에서 하나의 스토리로 연결될 수 있어야 하기 때문입니다.

- A라는 프로덕트를 가지고
- B라는 시장에서
- C라는 고객을 타깃으로
- D라는 포지셔닝으로 경쟁사 대비 차별화하여
- E라는 연간 로드맵을 통해 전개할 것이며
- F라는 리소스(돈, 사람, 설비 등)를 연간 로드맵에 맞게 확보하겠음

A라는 프로덕트를 가지고

창업자들이 전략 문서를 정리하면서 가장 흔하게 범하는 실수는 다짜고짜 시장 정의나 문제 제기부터 불쑥 내미는 것입니다. 이런 현상은 시중에 떠도는 전략 문서나 정부 과제의 지원 양식에 있는 목차의 흐름을 별 뜻 없이 그대로 따오기 때문입니다. 그런 경우 전략 문서를 읽거나 발표를 듣는 사람 입장에서는 '대체 이 회사가 뭘 만드는 회사인데 시장이 이렇다, 문제가 저렇다 말하는 거지? 뭘 얘기하려는 거지?'라는 어리둥절한 생각이 들 수밖에 없습니다. 기본적으로 전략 문서든 IR 문서든 회사 소개서든 우리 회사가 이름만 대도 알 수 있을 정도로 알려진 상황이 아니라면, 우리가 만들고 있는 프로덕트에 대해서 먼저 소개하는 것이 좋습니다. 우리의 프로덕트가 무엇인지가 청자의 머릿속에 입력되고 나면 그 이후의 모든 내용에 대해 훨씬 더 깊이 있게 몰입하게 됩니다.

B라는 시장에서

확률적으로 스타트업이 만들어내는 프로덕트는 기존에 없거나 기존과는 성격이 다른 프로덕트일 가능성이 큽니다. 따라서 시장을 규정하는 것은 전략을 수립할 때 반드시 해야 할 일입니다. 시장이 정의되어야 고객도 정의되고 경쟁사도 정의되며 회사 매출의 성장 잠재력이 어느 정도 인지를 가늠할 수 있기 때문입니다. 그런데 생각보다 새로운 프로덕트를 만드는 회사 입장에서 시장을 규정하는 것이 만만한 일이 아닙니다. 기계적으로 TAM-SAM-SOM*을 보여준다고 되는 것이 아니라, 생각보다 깊이 있는 고민이 필요합니다. 예를 들어, 네이버는 기존 시장의 정의에 따르면 어떤 시장으로 정의해야 할까요? 뉴스를 제공하는 걸 보면 미디어시장인 것 같기도 하고, 쇼핑을 제공하니 유통시장으로 정의해야 할 것도 같습니다. 카카오톡은 어떨까요? 문자, 음성통화, 영상통화를 제공하는 셈이니 통신시장으로 정의해야 할 것 같기도 하고, 사용자들 간에 정보를 주고받고 광고로 돈을 버는 걸 보면 미디어시장에 속하는 것 같기도 합니다.

이렇듯 새롭게 탄생하는 프로덕트의 시장을 정의하는 것은 매우 어려운 일입니다. 그러다 보니 종종 컨버전스의 성격을 가진 프로덕트의 경우는 기존 시장 2~3개를 엮어서 새롭게 시장을 정의하는 경우도 있습니다.

---

* TAM-SAM-SOM: TAM은 Total Available Market의 약자로 프로덕트가 속해 있는 섹터의 전체 시장 규모를, SAM은 Serviceable Available Market의 약자로 프로덕트가 타깃하고 있는 유효시장의 규모를, SOM은 Serviceable Obtainable Market의 약자로 프로덕트를 통해 실제로 확보 가능한 수준의 수익시장 규모를 의미한다. TAM-SAM-SOM에 대한 기준은 명확히 규정되어 있지 않아 적용 사례마다 다소 차이가 있다. 가령 스마트TV를 예로 들면, TAM-SAM-SOM을 '가전 전체 시장-TV 전체 시장-스마트TV 시장'과 같이 좀 더 넓게 볼 수도 있고, 'TV 전체 시장-스마트TV 시장-타깃 국가 시장'으로 좀 더 좁게 볼 수도 있다. 제시된 시장이 장기적으로 자사가 공략할 수 있는 시장이라면 크게 봐도 좋지만, 그렇지 않을 경우 시장 규모를 크게 제시하는 것은 자칫 성장성을 과장한다는 오해를 받을 수 있다.

C라는 고객을 타깃으로

시장이 정의되고 나면 목표 고객에 대한 정의가 필요합니다. 목표 고객을 정의할 때 중요한 것은 최대한 정량화될 수 있는 항목으로 정의되어야 한다는 것입니다. '음악에 관심이 많은 사람들', '육아에 지친 엄마들', '책을 좋아하는 사람들'과 같이 모호하고 감성적인 표현으로 목표 고객을 정의하면 누가 보더라도 막연하게 느껴질 수밖에 없습니다. 뿐만 아니라 실제로 회사가 마케팅 및 영업을 전개하려고 나서는 순간, 어디에서 누구를 만나야 하는지 막막해집니다. 심지어 제가 만났던 어떤 대표님은 타깃 고객이 누구냐는 질문에 "저희 타깃은 전 국민입니다"라고 당당하게 답했던 기억이 납니다. 언젠가는 전 국민이 쓰는 대한민국 대표 서비스가 될 수도 있겠지만, 타깃 고객을 정의한다는 것은 그런 비전을 묻는 것이 아니라, 누구를 우선순위로 두고 먼저 공략할 것인지를 묻는 것이니, 비전과 타깃팅을 혼동해서는 안 됩니다.

목표 고객을 정의함에 있어서 가장 유용한 것은 인구통계학적인 항목으로 설명하는 것입니다. 나이, 성별, 지역, 학력, 소득 수준, 거주유형 등과 같이 최대한 객관화 될 수 있고 통계적으로 수치를 얻을 수 있는, 즉 누구든 명확하게 고객을 정의할 수 있는 용어로 설명되는 것이 좋습니다. '서울에 거주하는 30대 남성', '연간 근로소득 5,000만 원 이상의 경기도 거주 40대 미혼 여성' 등과 같이 정량화된 표현으로 정의하는 것이 가장 좋습니다.

D라는 포지셔닝으로 경쟁사 대비 차별화하여

차별화 요소를 정의하는 것 또한 생각보다 스타트업들이 어려워하는 일입니다. 그 원인은 두 가지입니다. 하나는 차별화 요소가 생각보다 별로 없기 때문이고, 또 하나는 남들이 어떻게 하고 있는지 제대로 파악이 안 되었기 때문에 무엇이 차별화 요소가 되는지조차 알 수 없는 상태이기 때문입니다.

전자의 경우 전략을 세우고 뭐고 할 것 없이 모든 것을 중단하고 원점에서부터 다시 생각해봐야 합니다. 차별화 요소가 없는 프로덕트를 들고 시장에 나간다는 것은 결국 머니게임(마케팅 비용을 마구 지출해서 어느 정도 점유율을 확보하는 방식)을 하겠다는 얘기인데 그건 일반적으로 스타트업이 감당할 수 있는 방식이 아닙니다.

사실 전자보다는 후자의 경우가 훨씬 많은데요. 프로덕트 개발에만 몰두한 나머지 시장에 어떤 경쟁사가 있는지, 우리보다 무엇을 잘하는지 못 하는지, 우리만의 강약점은 무엇인지, 고객들이 최종적으로 프로덕트를 선택할 때 어떤 기준으로 선택할 것인지 등에 대한 기본적인 정보와 이해가 없기 때문입니다. 특히 엔지니어들이 모인 스타트업들에게 아주 흔하게 발견되는 현상인데요. 지피지기면 백전백승이라는 말처럼, 전략이란 결국 전쟁터에서 살아남고 이기기 위한 방편이고, 그러려면 이 전쟁에 누가 참여하고 있고 어떤 무기를 지니고 있는지를 파악하는 것은 전략 수립의 기본 중에 기본입니다.

E라는 연간 로드맵을 통해 전개할 것이며

일반적으로 전략이라 하면, 앞에 얘기한 A~D까지만 정의하고 끝내는 경우가 많습니다. 그러나 이렇게 상위 개념만 정의되고 나면 그 문서를 들고 실전에서 뛰어야 할 때 무엇을 해야 할지 막막하게 느껴지게 됩니다. 이런 부분 때문에 대부분의 사람이 전략은 어렵고 모호하고 막연하다고 생각하는 것입니다. 그래서 저는 늘 전략을 정의할 때 반드시 향후 3~5년간의 연간 로드맵을 정의하라고 권유합니다. 대체로 스타트업의 시계는 빠른 편이라 3년 정도를 추천하고 있고, 한 걸음 더 나아가서 첫 1년의 경우 분기별로 로드맵을 쪼개서 상세히 제시해보라고 합니다. 여기에 들어가면 좋을 내용들은 매출 목표, 사용자/회원 목표(필요 시), 마케팅 활동, 프로덕트 개발/출시 목표, 연구개발/특허 목표 등입니다. 한마디로 "이때쯤 이런 성과를 달성할 것이고, 그걸 위해 이런 마케팅을 할 것이며, 이게 가능하도록 프로덕트는 미리미리 이 시기에 준비하겠습니다"라는 스토리를 담는 것입니다. 단순히 멋지게 만들어놓은 비즈니스 로드맵 템플릿을 채우는 게 목적이 아니라 이런 스토리의 흐름이 보일 수 있도록 정리되어야 합니다.

F라는 리소스(돈, 사람, 설비 등)를 연간 로드맵에 맞게 확보하겠음

사실 이 부분이 전략의 피날레를 장식하는 부분입니다. 제가 앞에서 전략은 전쟁에서 이기는 방편이라고 표현했는데, 사실 그

방편은 리소스 플랜이 받쳐줘야만 가능해집니다. 가장 중요한 것은 역시 돈과 사람인데, 이에 대한 고려 없이 멋있게 그림만 그려놓고 전략을 완성했다고 하는 것만큼 무책임한 것도 없습니다. 보통 대기업에서 전략이나 신사업 업무를 했던 분들이 창업하고 나면 전략을 정리할 때 리소스에 대한 고민 없이 정리하곤 하는데요, 그것은 그동안 리소스가 풍족했던 환경에서 최대한 멋진 그림만 그리는 데 익숙해졌기 때문입니다.

연간 비즈니스 로드맵을 보면서 매년 필요한 리소스를 정의하고 이를 미리 준비할 수 있도록 리소스 플랜을 정리하는 것이 전략의 마무리입니다. 채용도 투자도 보통 생각보다 시간이 많이 필요하기 때문에 여유를 두고 시점을 잡는 것이 필수입니다. 만일 리소스 플랜을 잡고 보니 도저히 불가능한 수준의 전략을 잡고 있는 게 발견되었다면, 다시 앞으로 돌아가서 현실에 맞는 전략으로 재조정해야 합니다. 이 과정을 수차례 거치면서 전략을 현실화할 수 있도록 만들어주는 것이 리소스 플랜이 갖고 있는 중요한 역할입니다.

지금까지 전략의 의미와 필요성, 그리고 고려해야 할 요소들에 대해 말씀드렸습니다. 보셨듯이 각 요소들의 정의와 작성 방법을 상세히 소개하지는 않았습니다. 이미 시중에 많은 정보가 있기 때문이기도 하지만, 저는 개인적으로 이런 방법들을 그대로 좇아가며 기계적으로 작성하는 것을 피하는 것이 맞다고 보기 때문입니다. 그리고 또, 제가 말씀드린 요소들이 전부는 아닙니다. 때로는 사회적 법적 리스크를 추가로 고려해야 할 수도 있고, 때로는 파트너십 및 제휴 전략을 추가해야 할 수도 있습니다. 나의 사업에 맞게 필요한 요소들을 추가하면서 나만의 전략을 완성하는 것이 중요합니다. 프로덕트에 대한 깊은 고민으로 지금까지 달려오셨다면, 이제 잠시 프로덕트를 멈추고 시장에 나가서 어떻게 승리할 것인지를 곰곰이 생각해보시기 바랍니다!

22

업의 본질을 알아야
Growth Path를 잡을 수 있어요

IR 문서를 쓰려니 성장 전략의 핵심을 무엇으로 잡아야 할지 고민입니다. 특히, 초기부터 돈을 벌수 있는 수익 모델을 어떻게든 붙여야 하는 건지, 아니면 일단 성장에 집중하고 수익 모델은 나중에 붙여도 되는 건지 고민입니다. 무엇이 우선일까요?

"

사업의 본질이 무엇인지 명확하게 정의하는 것이 성장전략 수립의 시작입니다. 판매형 사업인지, 광고형 사업인지를 구분할 필요가 있어요. 그 본질적 차이에 따라 어떤 전략으로 성장해가야 하는지가 완전히 달라집니다.

Q

지난달에 창업하고 이제 막 IR 문서를 써보려고 하는 초기 창업자입니다. 회사 설립 이전에 멤버들과 많은 논의를 했고 상당 부분 제품에 대한 모습들은 구체화되었다고 생각되는데요. 막상 IR 문서를 쓰려니 회사를 성장시키기 위한 핵심적인 전략이 설명되어야 할 텐데 이걸 어떻게 잡아야 할지 고민이 됩니다. 특히, 초기에는 외형을 키우는 데 집중하고 나중에 돈을 버는 전략으로 가야 할지, 아니면 초기부터 성장 속도가 조금 느리더라도 돈을 벌면서 가야 하는 건지를 두고 고민이 되는데요. 이 근본적인 질문에 대해서는 멤버들 사이에도 의견이 크게 갈려서 어떤 길을 택해야 할지 잘 모르겠습니다. 둘 중에 선택해야 한다면 어떤 길이 맞는 걸까요?

A

다른 질문에서 스타트업에게 전략이란, 무엇을 어느 시장에서 어떻게 차별화할 것인가를 정의하는 것이라고 말씀드렸는데요(질문 21 '스타트업에게 전략이란?' 참고). 이렇게 기본적인 전략이 수립된다 하더라도, 그 일들을 어떤 속도와 어떤 경로Path로 성장시켜 나갈 것인지는 또 다른 질문입니다. 성장의 경로, 즉 Growth path를 잡으려면 무엇보다 먼저 내 사업의 본질이 무엇인지, 어떤 특성을 지닌 사업 모델인지를 알아야 합니다. 비유하자면, 제각기 다른 기질과 달란트(재능)를 가진 사람들을 동일한 속도와 경로로 육성시킨다면 그들 각자는 잠재력을 펼치지 못한 채 제대로 성장하지 못할 것입니다.

그렇다면 '사업의 본질'이란 무엇일까요? 우리가 멋있고 거창하게 '스타트업'이라는 단어를 쓰지만, 알고 보면 스타트업이란 소기업이죠. 즉 창업자들은 기업을 운영하는 사람이고, 기업을 운영한다는 것은 결국 '사업'을 한다는 의미입니다. 대기업이나 중기업이나 소기업이나 결국 사업을 한다는 점은 같습니다. 그리고 그렇게 사업을 한다는 것은 '이윤을 추구한다'는 말로 치환됩니다. 우리가 흔히 경영학 교과서에서 한 번쯤은 보았던 그 단어, 이윤 추구입니다.

　이 단순한 것을 설명하기 위해 왜 제가 번거롭게 기업이니 사업이니, 대기업이니 소기업이니 말씀드렸을까요? 바로 스타트업이라는 멋지고 거창한 단어를 들어내고 겹겹이 싸인 포장지들을 벗겨내서 이 본질을 보여드리려 한 것입니다. 창업자들 중에는 '이윤 추구'라는 단어를 터부시하면서 대기업이나 추구하는 명제쯤으로 생각하는 경향이 있는데(심지어는 부정적으로 생각하는 경향까지도 있는데), 그렇지 않다는 것을 설명하고 싶었습니다.

　저는 개인적으로 기업이, 특히 스타트업이 이윤을 추구하는 것을 전혀 부정적으로 보지 않습니다. 이윤을 추구하는 것이 돈 밝히는 기업처럼 여겨져서는 안 됩니다. 부정한 방법으로 이윤을 추구하는 것이 문제이지, 이윤 추구 그 자체가 문제가 될 수는 없습니다. 그럼에도 불구하고 내가 이윤을 추구하는 행위에 끝내 불편감을 느낀다면, 저는 그런 분들에게는 사업보다는 학문적인 연구나 사회공헌 활동 등으로 커리어를 추천하고 싶습니다. 좋든

싫든 '사업'이라는 경기장에 들어왔으니 경기 규칙에 따라 정당하게 이윤을 추구하는 것은 스타트업 창업자가 절대 잊지 말아야 할 덕목입니다.

우리가 아무리 멋진 제품을 만들고, 아무리 의미 있는 기술을 개발하고, 아무리 선한 의도로 ESG(환경Environmental, 사회Social, 지배구조Governance의 영문 첫 글자를 조합한 단어로, 기업 경영에서 지속 가능성을 달성하기 위한 세 가지 핵심 요소)에 적합한 경영활동을 한다 하더라도 이 모든 것이 '이윤 추구'와 연결되지 않는다면 그것은 엄밀히 말해서 사업이라고 볼 수 없습니다. 이윤추구라는 본질은 등한시한 채 사업이 지니는 영향력에 대해서만 고민하는 것은 주객이 전도된 것입니다.

자, 그럼 이윤 추구란 무엇일까요? 한마디로 '돈을 버는 것'입니다. 그래서 사업의 본질은 결국 "어떻게 해서 돈이 되는 사업인가"라는 질문으로 치환됩니다. 이 질문에 대한 답은 Growth path(성장 경로)를 결정하는 아주 중요한 출발점이 됩니다. 삼성그룹의 고 이건희 회장은 사업의 본질의 중요성을 강조했던 사업가로 유명합니다. 백화점 사업의 본질을 부동산업으로, 호텔 사업의 본질을 서비스업이자 장치산업으로, 전자 사업의 본질을 타이밍과 속도로 정의함으로써 사업가로서 무엇에 집중해야 하는지, 그리고 어떤 시기에 무엇을 해야 하는지를 명확하게 파악하고자 늘 고민했다고 알려져 있습니다. '나는 사업의 본질을 모르고서는 어떤 결정도 내리지 않는다'라고 했던 그의 말에 업의 본질에 대한 중요성이 고스란히 담겨 있습니다.

자 그럼 질문자가 주신 질문으로 다시 돌아와서, 스타트업들은 초기부터 돈을 버는 것과 초기에는 외형을 키우고 나중에 돈을 버는 것 중에 어떤 것을 택해야 할까요? 그 또한 내가 하고 있는 사업의 본질에 달려 있습니다. 이를 판단하기 위해서는 사실 수많은 고민이 필요하고 사업의 본질만을 주제로 책 한 권을 쓸 수도 있는 분량입니다. 하지만 이 책에서는 다음과 같은 두 가지 유형으로 단순화하였습니다. 이 중 내 사업이 어디에 속하는지 생각해보시죠.

1. 사업을 통해 만들어낸 유무형의 제품을 '판매'하여 돈을 버는가?
2. 사업을 통해 확보 및 축적한 자산을 간접적으로 활용하여 '광고'로 돈을 버는가?

판매형 사업 모델이란 제품/서비스/콘텐츠/기술 등(편의상 '프로덕트'로 통칭함)을 직접적으로 제공하고 그 대가로 돈을 받는 사업입니다. 대가로 받는 돈으로부터 일부의 마진margin을 확보하여 프로덕트가 많이 팔리면 팔릴수록 돈을 벌게 되는 구조의 사업입니다. 우리가 흔히 만날 수 있는 대부분의 사업이 여기에 해당하므로 일일이 열거하여 설명하지는 않겠습니다.

만일 여러분의 사업이 판매형 사업이라면, 초기부터 판매가 활발히 일어날 수 있도록 성장 전략Growth path을 가져가야 합니다.

초기에 시장 반응이 미미한데 초반부터 전국적으로 유통망과 대리점을 갖추는 등 외형만 키워놓는다고 해서 제품이 팔리는 것이 아닙니다. 초기부터 사람들에게 선택받을 수 있도록 모든 전력을 다해야 합니다. 물론, 일부 유행을 타는 프로덕트의 경우 초기에는 부진하다가 어떤 특정한 유행과 흐름을 만나서 뒤늦게 대박을 내는 경우도 있지만, 그렇더라도 그 프로덕트가 그러한 '때'를 만나기까지는 최소한 버틸 수 있는 만큼의 판매가 이루어지고 있어야 한다는 것을 기억해야 합니다.

또, 콘텐츠나 기술을 판매하는 경우 콘텐츠를 제작하고 기술을 개발하는 데에 시간이 많이 걸릴 수도 있어서 초기에는 돈을 벌지 못하고 비용 투입만 해야 할 수도 있습니다. 따라서 여기서 얘기하는 초반부터 돈을 번다는 말에서 '초반'이라는 의미는 창업 초기가 아니라 프로덕트가 시장에 나온 시점을 뜻합니다. 프로덕트가 준비되기까지 시간이 오래 걸린다고 해서 판매형 사업이 아니라고 혼동하시면 안 됩니다. 사업의 본질이란 결국 시장에서 소비자를 만나는 시점을 기준으로 판단해야 하기 때문입니다. 따라서 판매형 사업의 경우, 이러든 저러든 일단은 "판매를 시작한 초반부터 돈을 벌어야 한다"고 생각해야 합니다.

그런데 이런 질문이 나올 수 있습니다. "하지만 초반에는 마케팅 차원에서 무료로 배포해서 제품을 알리는 것도 필요하지 않나요? 초반에 어느 정도 돈벌이를 포기하더라도 이런 전략으로 시장에서 자리 잡은 제품들도 분명히 있을 텐데, 그럼 그런 제품들의 전략도 잘못된 것인가요?" 네, 물론 마케팅 차원에서 그런 이벤트를 해보는 것은 의미 있다고 생각합니다. 그러나 이런 이벤트를 전개하는 경우에는 반드시 체크해야 할 것이 있습니다.

첫째는 '경험이 필요한 프로덕트인가?'이고, 둘째는 '경험 후에는 충성도가 쌓이는 프로덕트인가?'입니다. 누가 봐도 차별화가 크지 않고 경험해보지 않더라도 직관적으로 짐작이 되는 프로덕트의 경우 체험을 위한 초기 무료 마케팅은 의미가 없습니다. 또, 프로덕트를 무료에 구매할 수 있게 해주었음에도 불구하고, 이후에 반복 구매와 같은 충성도가 형성되지 않는 프로덕트라면 애초에 이러한 마케팅 이벤트는 오히려 손실만 안겨주는 악수가 될 뿐입니다. 따라서 판매형 사업에서 초기에 돈벌이를 포기하고 외형을 늘리기 위한 마케팅을 선택하려면 '한번 체험만 하면 확실히 우리 고객으로 만들 수 있겠어!'라는 확실한 자신감이 있어야 합니다. 그러려면 잠재고객층을 대상으로 체험 마케팅 프로그램을 테스트해보며 신중하게 결정해야 합니다.

광고형 사업 모델은 사업을 운영하면서 확보하거나 축적한 자산을 간접적으로 활용하여 광고를 붙여서 돈을 버는 모델입니다. 대표적인 예가 네이버, 카카오와 같이 거대한 사용자 기반을 확보한 후 광고를 통해 돈을 버는 플랫폼 사업입니다. 과거에는 이런 모델이 바로 언론사의 사업 모델이었습니다. 신문, 잡지 등과 같이 어느 정도 이상의 구독자가 확보되면 신문과 잡지에 광고를 게재하고 광고비를 수익으로 확보하는 방식입니다.

언론사가 잘나갈 때는 신문이나 잡지를 돈을 받고 판매하기도 했지만, 인터넷의 등장 이후 신문사와 잡지사들이 쇠락하면서, 무려 자전거 한 대를 공짜로 줄 테니 구독만 해달라고 읍소하며 마케팅하고 있습니다. 이것이 언론사의 사업 본질이 무엇이었는지를 여실히 보여주는 장면입니다. 공짜로 선물을 안겨주는 한이 있더라도 구독자의 규모라는 자산을 유지하지 않으면 광고 수익을 확보할 수 없기 때문에 궁여지책으로 자전거라도 한 대 주려는 것입니다. 사실 이런 방식의 마케팅은 지금도 모양새만 다르지 같은 형태로 흘러갑니다. 플랫폼을 지향하는 많은 서비스가 회원가입만 해도 스타벅스 쿠폰과 같은 선물을 뿌리는 것이 바로 그것입니다. 사용자를 모아야 하니 돈을 받기는커녕, 오히려 돈을 주면서 회원가입을 시키는 것이죠. 신문사의 자전거가 인터넷 플랫폼사에게는 스타벅스 쿠폰으로 바뀌었을 뿐, 그 본질은 동일합니다.

이런 광고형 사업의 경우, 초반부터 돈을 버는 것은 사실상 불가능합니다. 일반적으로 인터넷 서비스 업계에서는 매월 최소 100만 명 이상이 사용하는 서비스라야 광고로 유의미한 매출을 확보할 수 있다고 합니다. 그러니 이제 겨우 몇백 명, 몇천 명의 사용자를 확보한 서비스로는 광고로 돈을 벌겠다는 것은 꿈에도 못 꾸는 일이죠.

그렇다면 이런 사업에 억지로 유료 판매 모델을 도입하면 어떻게 될까요? 서비스의 힘이 아주 강하지 않는 한, 유료의 벽을 넘고서 서비스를 사용하는 사용자는 거의 없을 것입니다. 그러니 성장도 못 하고, 돈도 못 버는 악순환을 겪게 될 것입니다. 따라서 이러한 서비스의 경우 초기에는 돈벌이를 포기하더라도 사용자를 확보하는 것에 총력을 기울이는 성장 전략Growth path을 택해야 합니다 나의 사업이 초반부터 돈을 벌겠다고 해서는 도저히 성장이 안 될 거라는 생각이 든다면, 내가 제공하는 서비스가 일일이 과금하기에는 애매한 부분이 있다면, 그리고 사용자의 규모가 커지면 커질수록 서비스의 품질이 높아지고 록인 효과Lock-In, 사용자가 한번 특정 서비스를 사용하게 되면 다른 서비스로 옮겨가기 어려워지는 효과가 강력한 특성을 지니고 있다면, 광고형 사업 모델로 판단하셔도 좋습니다.

자, 그럼 여기서 퀴즈를 내보겠습니다. 쿠팡은 광고형 모델일까요, 판매형 모델일까요? 쿠팡은 인터넷 서비스이고 판매와 구매가 이루어지는 플랫폼의 성격을 지니고는 있지만, 직접 물건을 나열해 놓고 판매해서 수익을 취하는 판매형 모델입니다. 물론 동일한 부류의 제품 중에 특정 제품을 상단에 올리면서 광고료를 받기는 하지만, 이것은 해당 제품의 판매를 더욱 증대하기 위한 판촉의 일환이지 플랫폼 비즈니스에서 말하는 광고와는 전혀 다른 성격의 것입니다. 즉 인터넷 서비스라고 해서 모든 서비스가 광고형 모델이 아니라는 것을 말씀드리는 것입니다.

비슷한 예로, 멜론도 마찬가지입니다. 인터넷에서 음원을 소비하는 공간이며 수천만 명의 사용자를 확보하고 있긴 하지만, 이 서비스는 전형적으로 유료로 돈을 받고 음원이라는 프로덕트를 판매하는 판매형 사업입니다(스트리밍도 판매의 일종으로 규정하겠습니다). 이런 판매형 사업들은 대체로 목적성이 뚜렷해서 사용자들이 방문하여 특정한 '거래'를 일으키고 곧바로 서비스에서 빠져나가는 것이 일반적입니다. 이런 약점을 보완하고자 유료 멤버십, 부가서비스, 통신사와의 제휴 등을 통해 사용자들을 최대한 묶어두려 하지만, 이것은 판매형 모델에서 더욱 안정적인 판매를 만들기 위한 방편일 뿐, 프로덕트를 판매하여 수익을 창출하는 사업의 본질은 변하지 않습니다.

사업의 본질이란 외형적으로 보이는 모습이나 규모가 중요한 것이 아니라, 그 사업만이 지닌 특성을 이해하는 것으로 부터 출발해야 합니다. 스타트업이 처음부터 돈을 벌어야 하느냐 말아야 하느냐라는 고민도 마찬가지입니다. 내가 추진하는 사업이 어디에서 어떻게 돈을 벌게 되는 사업인지, 스스로 분석해보기도 하고 유사한 사업 모델들을 벤치마크도 해보면서 나의 사업에 맞는 업의 본질을 찾아가는 것이 매우 중요합니다. 그때에 비로소 구체적인 수익 모델을 정의할 수 있게 됩니다. 질문자께서도 나의 사업이 어떤 유형의 사업인지 잘 파악해본 후 그에 맞는 성장 전략을 정의해보시기 바랍니다!

23

사업의 타이밍을
어떻게 판단할까?

창업 선배들의 얘기를 들어보니 사업은 타이밍이 가장 중요하다고들 하던데 정말 그럴까요? 그런데 그 타이밍이란 걸 어떻게 판단할 수 있을까요?

"

사업은 타이밍! 여간해서는 타이밍을 이길 수가 없습니다. 언제가 가장 좋은 타이밍인지를 판단하는 건 사실상 신의 영역입니다. 그럼에도 불구하고 사업 전개의 타이밍을 어떻게든 결정해야 하는 순간이 오게 되는데 그럴 때에는 사업의 준비도, 고객의 준비도, 사회적 준비도를 고민해봐야 합니다.

Q

직장을 다니며 사이드로 창업을 준비하고 있는 예비 창업자입니다. 주변에 먼저 창업에 뛰어드신 분들의 얘기를 듣다 보니 사업은 '운칠기삼'도 아니고 '운칠복삼'이라고 하더라고요. 그만큼 운이 중요하다는 얘기인데, 그중에 특히 타이밍이 참 중요하다는 말을 많이 들었습니다. 개인적으로 저는 그 얘기를 들으면서 언뜻 이해되지 않았는데요. 스타트업이란 게 어차피 기존에 없던 새로운 것을 만들어내는 일이니, 상대적으로 타이밍은 덜 중요한 게 아닐까 싶습니다. 어차피 현재 존재하지 않는 제품을 내놓는 건데, 그런데도 타이밍이라는 걸 중요하게 생각해야 할까요? 만일 그렇다면 그 타이밍이 언제일지 어떻게 알 수 있을까요?

A

맞습니다. 그렇게 생각할 수 있죠. 어찌 보면 기존에 없던 새로운 것들을 만들어 내니까 '기존 시장에서의 타이밍이란 게 과연 얼마나 중요할까?' 이런 생각이 들 수 있습니다. 그런데 좀 죄송한 말씀이지만 이런 관점은 다분히 공급자 중심적인 관점입니다. 흔히 컨설팅 회사가 대기업에게 하는 조언 중에 "공급자 마인드를 버려야 합니다"라는 말을 자주 하는데, 놀랍게도 스타트업 생태계에서 일하면서 느끼는 건 스타트업 창업자 중에도 대기업 못지않게 공급자 중심적인 마인드를 가진 분들이 참 많다는 것입니다.

왜 그런 걸까요? 필연적으로 창업자들은, 그중에서도 특히 과학자나 엔지니어 출신의 창업자들은 늘 제품을 만드는 것, 즉 내가 가지고 있는 기술로 어떻게 하면 제품을 구현할 것인지에만 중점을 두기 때문에 그렇습니다. 그러다 보니 고객이나 경쟁이라는 관점을 잃어버리는 경우가 상당히 많습니다. 사업의 타이밍에 대해서 얘기하면서 또 이런 근본적인 얘기를 꺼낸 이유는 타이밍이라는 것이 결국은 시장과 고객과 경쟁의 관점을 종합적으로 생각하지 않으면 판단하기 어려운 것이기 때문에 그렇습니다. 게다가 사업의 특성에 따라서는 시장, 경쟁, 고객에 더하여 사회적 요소까지도 고려해야만 하기 때문에 공급자적인 마인드를 지니고 있다면 결코 답을 얻기 힘든 것이 바로 사업의 타이밍이라는 문제입니다.

사업의 타이밍을 결정할 때에는 크게 세 가지를 고려해야 할 필요가 있습니다. 첫째는 회사의 준비도, 둘째는 고객의 준비도, 셋째는 사회적 준비도입니다. 이 세 가지 측면의 준비도가 충분히 높다고 판단될 때가 사업을 전개하기에 가장 적합한 타이밍이 될 것입니다.

첫째, 회사의 준비도

회사의 준비도는 크게 보면 두 가지 의미를 내포합니다. 하나는 글자 그대로 '우리 회사의 제품이 기능적으로 완성되어 있는가'이고, 또 하나는 '단순히 기능이 완성된 것을 넘어 고객이 원하는 제품을 준비해두었는가'입니다. 제품을 기능적으로 완성하는 부분은 이미 대부분의 창업자가 알아서 잘하고 계시니, 아니 오히려 너무 그 부분에 집중하고 계시니 더 강조할 필요는 없을 것 같습니다. 그래서 오히려 이 부분에서 저는 MVP_{Minimum Viable} _{Product, 최소기능제품이라는 뜻의 약어로, 고객의 반응을 테스트할 수 있는 최소한의 기능을 갖춘 제품} 와 같은 시장검증의 방법을 권해드리고 싶습니다. 즉 엔지니어 마인드로 완벽하게 제품을 만들어서 시장에 내보내겠다는 생각 은 조금 버리시라고 말씀드리고 싶습니다.

사실 MVP가 무슨 의미인지, 왜 필요한지, 왜 MVP가 린스타 트업의 대표적인 방법론인지 등등 이런 얘기만으로도 책의 몇십 페이지를 쓸 수 있을 정도로 큰 얘기인데요. 간단히 말씀드리면, 기능적으로 완벽한 제품보다는 고객의 관점에서 수용 가능한 수 준의 제품을 오히려 빠르게 시장에 내놓고 시장의 반응을 청취 하며 끊임없이 수정 보완해가는 것이 궁극적으로는 회사의 준비 도를 높여준다는 의미입니다. 특히 MVP의 강점은 실제 작동하 는 제품을 시장에 내놓기 때문에 경쟁 상황까지 고려된 고객의 니즈를 청취할 수 있어 고객 니즈와 경쟁강도를 함께 반영하여 회사의 준비도를 높여 주게 됩니다(좀 더 자세한 내용은 질문 05 '창 업자에겐 자승자박의 자세가 필요해요' 참고).

둘째, 고객의 준비도

내 제품이 아무리 준비가 잘되었다 하더라도 고객이 이 제품 을 쓸 준비가 되어 있지 않으면 지금은 사업의 타이밍이 아니라는 뜻입니다. 이와 관련해서는 아주 적절한 사례가 있는데, 바로 타이밍을 잘못 맞춰서 끝내 실패해 버린 '비대면 교육 서비스' 회사의 스토리가 그것입니다. 온라인과 모바일을 활용한 비대면 교육은 2020년부터 코로나 유행기를 보내면서 전 세계적으로 활성화되었습니다. 그에 따라 비대면 교육 업체들이 상당히 많은 주목을 받았고 투자도 많이 받았습니다. 포스트코로나 시대에 접어들면서 과거와 같은 뜨거움은 사라진 것이 사실이지만, 코로나를 기점으로 비대면 교육에 대한 '고객의 수용도'가 차원이 다를 정도로 올라간 것은 사실입니다. 지금은 교육 제공자나 교육 수요자나 대면과 비대면을 상황과 필요에 맞게 선택할 수 있을 정도로, 비대면 교육은 이제 누구에게나 크게 거부감이 들지 않는 교육수단이 되었습니다.

그런데 만일 이런 비대면 교육 서비스를 2020년이 아닌 2013년에 만들어서 본격 론칭을 했다면 그 사업은 어떻게 됐을까요? 네, 당연하게도 그 사업은 망할 확률이 아주 높습니다. 망하지 않는 유일한 시나리오는 2013년부터 2020년까지 약 7년의 시간을 어떻게든 적자를 감내하며 버틴 끝에 2020년이라는 황금의 타이밍을 만나는 것이겠죠. 그러나 적자를 감내하며 7년을 버티는 것은 여간 어려운 일이 아닙니다.

2013년 당시에는 지금처럼 스타트업 투자나 지원 프로그램이 많던 시기도 아니었으니 망할 확률이 높을 수밖에 없는 것입니다. 그렇게 그 회사는 창업 2년 만에 문을 닫았습니다. 사실 이 스토리는 바로 제가 대기업을 퇴사하고 나와서 처음으로 창업했던 회사의 처절한 실패 스토리입니다. 저는 2013년에 온라인으로 보컬, 악기, 댄스 등을 강습하는 비대면 온라인 교육 서비스 '엔스타아카데미'라는 서비스를 만들었습니다. 하지만 당시만 해도 비대면으로 교육한다는 것이 전혀 대중적이지 않아서 결국 '고객의 준비도'는 턱없이 낮은 상황이었는데, 저는 이를 판단하지 못한채 신기하고 새롭고 흥미롭다는 점에만 매료되어 서비스를 만들었고 결국 실패하고 말았습니다. 지금은 제가 '스타트업의 현자'라도 되는 냥 여러분에게 이런저런 조언을 드리고 있지만, 저도 한때는 다분히 공급자 마인드로 '내가 보기에 좋은' 서비스를 만드는 데에만 함몰되었던 창업자였습니다.

물론, 저도 컨설팅과 대기업 생활을 십수 년 동안 하면서 주로 신사업 기획 업무를 해왔기 때문에, 제품을 준비하면서 나름대로는 잠재고객들 인터뷰도 해보고, FGI와 같은 고객조사도 해봤습니다. 그런데 지금 돌아보면 그런 조사들을 몇 차례나 했느냐가 중요한 게 아니라, 제 관점이 어디를 향하느냐가 가장 중요했다는 것을 깨달았습니다. 아무리 많은 사람을 만나고 여러 차례 조사를 해도, '내가 보기에 좋은 제품'이라는 인식을 갖고 있으면 모든 조사 결과가 나에게 유리한 것처럼 해석되는 기적(?)을 경험하게 됩니다. 그 모든 시장조사와 검증의 과정이 창업자에게 확증편향을 강화시켜줄 뿐입니다.

그렇게 저의 첫 번째 창업은 실패로 끝이 났고, 사업의 타이밍을 맞추지 못하면 그 어떤 노력과 열정도 허사로 돌아갈 수 있다는 귀한 교훈을 얻게 되었습니다. 고객의 수요가 얼마나 존재할 것인지, 고객들의 행동은 나의 서비스를 사용할 만한 수준까지 올라와 있는지, 특히 얼리어답터가 아닌 대중적 성향의 고객들도 충분히 높은 수용도를 보일 것인지 등에 대해 냉정하게 판단했어야 했습니다. 그런 냉정한 판단은 내 제품에 대한 애정과 편향된 시각을 내려놓는 것으로부터 출발합니다. 그런 관점의 전환이 없다면 아무리 고객들을 만나서 얘기를 들어보아도 고객의 준비도에 대한 정확한 판단이 어려울 것이기 때문입니다.

셋째, 사회적 준비도

이것도 무시할 수 없습니다. 아무리 좋은 사업이라도 사회 문화와 규범의 측면에서 받아들여지기 어려운 사업이라면, 이 사업은 지금이 타이밍이 아닐 것입니다. 아무리 편리한 서비스라도 이 서비스로 인해 특정 집단이 피해를 보거나, 혹은 기존에 있는 법체계상에서 이 서비스가 명확하게 정의되어 있지 않아 법의 보호를 받지 못하거나, 심지어 위법적으로 판단될 수 있는 가능성이 있는 경우라면 이 사업은 아직은 타이밍이 아닌 것입니다. 물론 그런 경우에 사업을 전개하는 한편, 규제 샌드박스를 통해 규제를 바꾸는 시도를 병행할 수 있을 것입니다. 그러나 이 또한 규제 샌드박스에 대한 조사와 이해가 우선되어야 하니, 결국 창업자가 사회적 준비도에 대한 분석과 고민을 하는 경우에만 가능한 일입니다.

스타트업들이 기존의 사회질서나 특정 집단과 부딪히면서 갈등을 야기하는 경우들이 종종 있습니다. 물론, 혁신을 하다 보면 당연히 기존 질서에 대한 부인과 갈등은 불가피할 수도 있습니다. 그러나 중요한 것은 우리는 사회운동가가 아니라 사업가라는 것입니다. 그렇기 때문에 기존 질서와 한판 싸움을 벌이더라도, 전제는 사업이 유지될 수 있는 사회적 상황과 환경이 조성되어 있는지를 반드시 판단해봐야 한다는 것입니다.

내가 만든 이 사업이 혁신적이고 좋아 보이니 일단은 사업을 만들어놓고 이 혁신적인 사업에 걸림돌이 되는 기존의 규제를 무조건 바꿔달라고 요구한다면, 그 사업은 생각보다 많은 난관에 부딪히게 될 것입니다. 지금은 비록 규제에 다소 반하는 부분이 있지만 우리가 사업을 론칭한 이후에 이 규제에 대한 변화를 이끌어 갈 수 있겠다는 구체적이고 현실적인 방안들이 보일 때 기존 질서에 도전장을 내미는 것이 현명한 방법입니다. 만일 그런 판단도 없이 무작정 뛰어든 후에 나는 스타트업이니 무조건 나만이 혁신적이고 나만이 옳다는 생각으로 기존 질서와 부딪힌다면 그런 사업은 성공하거나 지속되기 힘들 것입니다.

예전에 제가 CJ라는 대기업에서 근무할 때, 영화사업과 관련된 회사에서 일을 한 적이 있었습니다. 영화 제작사들은 영화 한 편을 개봉하기 위해 수많은 고민을 합니다. 이 영화의 주제가 지금의 사회적 이슈와 잘 맞아떨어지는지, 이 시점에 관객들의 니즈에 잘 맞는지, 주연배우가 지금 이 시점에 관객들에게 인기가 어느 정도 있는지, 내가 개봉하려고 하는 시점에 과연 어떤 경쟁작들이 개봉을 하는지, 경쟁작들의 개봉 시기를 볼때 지금 맞붙는 게 맞을지 피하는 게 맞을지 등 철저하게 시장, 고객, 경쟁, 사회 상황까지 고려해서 영화의 개봉 여부와 시기를 결정합니다.

영화감독과 제작자는 자신의 영화가 얼마나 소중하겠습니까, 얼마나 애정이 가는 영화겠습니까? 마치 창업자가 자신의 사업을 소중하게 생각하는 것과 같은 마음일 것입니다. 그런데 만일 감독과 제작자들이 자신들의 관점으로만 판단하여 관객들의 입맛과는 무관하게 영화 제작이 완성되는 시점에 맞춰서 성급하게 개봉해 버린다면, 아마 그렇게 개봉하는 영화들은 대부분 사람에게 외면받게 될 것입니다. 영화 제작사가 하나의 영화를 관객에게 내놓는 것에도 이렇게 많은 고민을 하는 것을 떠올려 보며, 저는 스타트업에게 있어 사업의 타이밍도 이렇게 많은 고민을 하며 결정할 필요가 있다는 생각이 들었습니다.

아무런 고민 없이 기능적으로 완성이 되었다고 해서 덜컥 제품을 시장에 내놓는다는 것은 어찌 보면 스타트업이라는 작은 회사의 운명을 무책임하게 룰렛 위에 던져놓는 것이 아닐까 싶습니다. 고객의 수용도와 사회적 준비도에 대한 깊은 고민을 통해 사업의 타이밍에 대한 현명한 판단을 해보시길 바랍니다!

24

스타트업이니까
MVP는 필수 아이템?

시간과 예산 문제로 **MVP 테스트**를 하기가 어려운 상황입니다. 안 하자
니 찜찜하기도 한데, **MVP 테스트**를 꼭 해야 하는 것일까요?

"

MVP 테스트는 스타트업에게 필수 아이템이 아닙니다. MVP 테스트를
한다는 사상, 즉 시장으로부터 피드백을 받아 제품의 완성도와 경쟁력
을 높인다는 생각에만 집중하면 됩니다. MVP가 우리에게 꼭 필요한지,
하게 된다면 MVP를 어떻게 정의할 것인지, MVP를 하면서 다음 단계
를 고려하고 있는지 등을 회사 내부에서 치열하게 고민하고 검토해보시
기 바랍니다.

Q

건강관리 앱의 출시를 앞두고 있는 스타트업 대표입니다. 원래는 6개월 뒤에 정식으로 오픈하려고 했는데, 내부에서 우리도 MVP(Minimum Viable Product, 최소기능제품)로 출시해보자는 의견들이 나와서 고민 중입니다. 그렇게 되면 3개월 정도 뒤에 MVP를 출시하고 그 반응을 보면서 정식 제품을 출시해야 하기 때문에 현실적으로 정식 오픈이 9~10개월 뒤쯤이 될 것 같습니다. 문제는 현재 예산도 부족하거니와 원래 계획은 6개월 뒤 서비스 출시를 하면서 초기 트래픽 성과를 토대로 투자 라운드를 열어보려고 했기 때문에 MVP 단계를 거치게 되면 자금 계획을 크게 바꿔야 하는 부담도 있습니다. 스타트업이라면 MVP는 반드시 해봐야 하는 건가 하는 마음도 들지만, 현실적 여건을 고려하면 리스크가 있더라도 MVP를 생략하고 바로 정식 오픈을 해야 하는 것 아닌가 하는 마음도 듭니다. 스타트업이 MVP 단계를 생략하면 이상한 걸까요?

A

스타트업을 창업해서 회사를 운영하다 보면 '스타트업이니까' 특별하게 무언가를 해야 한다는 압박을 느끼곤 합니다. 스타트업이니까 복장과 출근 시간은 자유로워야 하고, 조직문화는 수평적이고 개방적이어야 하고, 호칭은 '님'이나 영어 이름을 써야 하고, 규정이나 제도는 최소화해야 하고, 무조건 새롭고 빨라야 하고 등 스타트업이기 때문에 느껴지는 이상한 의무감 같은 게 있습니다.

저는 그중에 하나가 바로 MVP 테스트라고 생각합니다. MVP 는 Minimum Viable Product의 약자인데 우리 말로는 '최소 기능 제품'이라고 합니다. 스타트업이 빠른 속도로 시장의 피드백을 얻기 위해 프로덕트의 모든 기능을 구현하지 않고 핵심적인 기능만 최소한으로 구현하여 이것으로 시장의 반응을 빠르게 알아보는 방식을 MVP 테스트라고 합니다. 이것은 이미 '린스타트업 Lean Startup'이라는 굉장히 빠르고 효율적인 스타트업 경영 방식의 가장 대표적인 방법론으로 알려져 있습니다.

그런데 저는 늘 이런 질문을 던집니다. 우리가 MVP 테스트를 하는 이유는 무엇일까요? 그리고 MVP 테스트라는 것이 어떤 정해진 '절차'를 따르는 것에 그 의미가 있을까요? MVP 테스트를 해야만 스타트업이고, 못하면 스타트업이 아닌 걸까요? 이런 질문들을 던지는 건 우리가 유행처럼 여겨지는 MVP 테스트라는 방법론 자체에 너무 함몰될 필요는 없다는 것을 말씀드리고 싶어서입니다.

경영 분야에서는 늘 시대를 풍미하는 새로운 유행어들이 존재해왔습니다. 인재경영, 글로벌 경영, 오픈이노베이션, 4차 산업혁명 등 여러 가지 화두가 유행처럼 떴다가 사라지고 그 자리를 또다른 키워드가 차지하곤 했습니다. 큰 기업의 CEO들조차도 이런 키워드에 맞게 경영하지 않으면 뭔가 뒤처진 것 같은 조바심을 갖곤 합니다. 일종의 FOMO Fear of missing out, 자신만 뒤처지거나 소외되는 것에 대한 두려움인 것이죠. 저는 이런 FOMO가 스타트업 창업자들 사이에도 존재하며 MVP와 같은 방법론들이 그런 강박을 만들기도 한다는 생각이 듭니다. 물론, MVP는 그 자체로 아주 훌륭한 방법론이어서 이것이 지닌 사상과 철학을 비난하려는 것이 아닙니다. 남들이 다 하는 것 같은 무언가에 강박을 가지지 마시라는 의미일 뿐입니다.

자, 그럼 MVP에 대해 어떻게 결정해야 할까요? 결론적으로 말씀드리면, 철저하게 내 회사와 내 사업에 맞게 판단하는 겁니다. MVP라는 게 실은 별 다른 게 아닙니다. 최대한 빠른 속도로 최대한 가볍게 제품을 시장에 내놓고, 초기부터 적극적으로 고객들의 반응을 반영하여 고객 관점에서 제품의 완성도와 경쟁력을 지속적으로 높여가는 노력, 그것이 바로 MVP가 가진 사상입니다. 즉 우리가 취해야 할 것은 MVP가 가진 사상이지, MVP라는 특정한 방법론이나 절차를 반드시 따를 필요는 없다는 것입니다.

MVP가 안 되면 인터뷰나 FGI나 설문조사를 해도 되는 것이죠. 물론 MVP보다는 고객 반응의 정확성과 구체성이 떨어질 수 있으나, 어떤 이유에서든 MVP를 할 수 있는 상황이 안된다면 MVP만을 고집할 필요 없이 다양한 형태의 아이디어 검증 방법을 활용해도 된다는 뜻입니다. 게다가 MVP에 대한 정의도 생각보다 아주 넓습니다. 사람들은 일반적으로 MVP라 하면 유형의 '제품'이나 '서비스'를 만들어 내야 한다고 생각하지만, 아이디어의 콘셉트를 설명할 수 있는 컨셉 차트나 제품과 서비스에 동작 원리를 잘 보여주는 애니메이션 영상 같은 것도 MVP에 포함됩니다. 그렇기 때문에 어떤 제품을 특정한 형태로 또 구현해야 한다는 것에 구애받지 않으셨으면 합니다.

심지어 이런 경우도 있습니다. 원래 계획하고 있던 제품 자체가 워낙 핵심적인 기능만을 담아 가볍게 구성되어 있는 경우, 굳이 MVP라는 것을 따로 정의해야 하는지 고민하는 것입니다. 이런 경우는 그냥 원래 계획했던 대로 순탄하게 오픈을 잘하면 됩니다. 다만 MVP의 사상에 따라 오픈 직후 고객의 반응을 보며 기민하게 제품을 향상시키는 노력을 하면 되는 것입니다.

일반적으로 인터넷 서비스에는 흔하게 활용되고 있는 '베타오픈'이라는 방식이 있는데 저는 이 베타오픈 방식만으로도 MVP 테스트와 같은 충분한 효과를 얻을 수 있다고 생각합니다. 즉 어떤 용어의 무엇을 하느냐가 중요한 게 아니라, 초기에 빠른 속도로 시장에 제품을 내놓고 그에 따른 고객의 반응을 적극적으로 반영하여 지속적으로 제품의 완성도와 경쟁력을 높이는 방법이면 무슨 방법을 쓰든 상관없다는 것입니다.

자, 그런데 어찌 되었든 MVP를 두고 고민하는 분이 있다면 저는 몇 가지 질문을 드리고 싶습니다. 다음 세 가지 질문을 고민하면서 정말 우리 회사에게 MVP 테스트가 필요한지를 판단해 보시기 바랍니다.

1. 정말 MVP 테스트가 필요한가?
2. 최소기능제품을 어떻게 정의할 것인가?

3. 다음 단계를 고려한 MVP 테스트인가?

첫째, 정말 MVP 테스트가 필요한가?

말씀드린 것처럼 무조건 한다는 생각을 일단 버리고 출발했으면 좋겠습니다. MVP를 결정하기 위해서는 생각보다 여러 가지 요소들을 두고 판단해야 합니다. 현재 이 제품에 대한 고객 니즈는 얼마나 복잡한지, 회사의 전략 방향은 무엇인지, 경쟁의 상황은 어떤지, 우리가 가진 예산의 규모는 어떠한지 등등을 종합적으로 고려해야 합니다.

만일 스마트폰과 같이 이미 고객들의 구매 의사결정 기준이 충분히 복잡한 상황이라면, MVP에 대해 고객의 반응이 좋았다고 해서 그 기능을 담은 완성품이 반드시 성공하리라는 법은 없습니다. 스마트폰은 이미 디자인, 기능, 브랜드, 가격, 터치감, 소프트웨어 안정성, UX, 기기 호환성, 저장 공간, 카메라 등등 매우 여러 가지 요소를 두고 고민해서 결정하는 제품이기 때문에, 최소기능제품에 대한 테스트보다는 제품의 전반적인 특성을 보여주고 반응을 청취하는 것이 훨씬 유효할 것입니다.

회사의 전략도 중요한 변수입니다. 만일 우리 회사가 패스트팔로워Fast follower로서 1등의 제품을 빠르게 카피하여 2~3위 정도의 시장 입지를 차지하며 적절한 수익률을 확보하는 것을 전략으로 삼고 있다면 굳이 MVP 테스트를 할 필요는 없을 것입니다. 오히려 이때 중요한 것은 스피드이기 때문입니다. 제품은 이미 1위

사업자에 의해 검증된 것이니, 시장의 트렌드가 형성되어 있는 시점에 빠르게 그 타이밍을 놓치지 않고 제품을 출시하는 것이 회사의 전략에 부합되는 제품 출시 방식일 것입니다.

경쟁 상황도 역시 중요한 요소입니다. 경쟁이 매우 치열해서 신제품이 시장에 노출되면 후발주자들이 쉽게 카피할 수 있는 형태의 제품이라면, MVP 테스트를 하겠다고 시장에 노출하는 것 자체도 전략적으로 위험한 선택일 수 있습니다. 예산의 규모도 굉장히 중요한 포인트입니다. 특히 초기 스타트업에게는 예산의 한계가 명확하기 때문입니다. 한 푼 두 푼을 쪼개서 제품 개발과 마케팅을 병행해야 하는데, 그 상황에 별도의 MVP를 위한 예산을 책정하는 것 자체가 부담스러운 일이 될 수 있습니다. 이론적으로는 MVP 테스트를 통해서 실패에 따른 비용이 줄어들어 종합적으로 보면 MVP 테스트를 하는 것이 비용이 덜 들 것이라는 분석도 있을 것입니다.

그러나 실전에서 현실에 부딪히게 되면 마치 질문자의 회사의 상황처럼 몇개월 뒤의 생존이 불투명한 상황에서 MVP 테스트를 위한 예산조차도 확보하기 어려운 경우가 많습니다. 아무리 MVP를 하고 싶어도 별수 없이 정식 오픈을 통해 딱 한 번의 기회만 노릴 수 있다면 당연히 정식 오픈에 모든 노력을 기울이셔야 합니다. 그럴 때에는 MVP 대신 비용이 적게 드는 다른 형태의 시장조사 기법을 활용하면 되는 것입니다. 회사의 전략, 경쟁 상황, 예산 규모 등을 종합적으로 고려하여 MVP 테스트가 정말 우리에게 필요한 방식인지를 결정하시기 바랍니다.

둘째, 최소기능제품을 어떻게 정의할 것인가?

일단 첫 번째 질문에서 어떻게든 MVP 테스트를 하겠다고 결심했다면 이제 두 번째 질문에서는 곧바로 최소기능제품이라는 것을 어떻게 정의할 것인지를 고민해야 합니다. 많은 회사가 '최소기능제품'을 정의하면서 "우리가 만들 수 있는 최소의 제품"으로 MVP를 정의합니다. 이것이 전형적으로 MVP를 하나의 절차혹은 하나의 일로 생각했을 때 벌어지는 아주 큰 오류입니다. 앞에서도 말씀드렸듯이 MVP를 하는 가장 중요한 목적은 우리의 아이디어가 과연 고객들에게 어떤 반응을 끌어내는지 확인하기위함입니다. 그런데 정작 최소 기능 제품을 정의하면서 고객의니즈라는 관점이 아니라 우리의 제공 능력이라는 관점으로 판단한다면 MVP를 시작부터 크게 잘못 생각하고 있다는 뜻입니다.

두 번째 질문에는 또 이런 내용도 포함되어 있습니다. 만일 고객의 관점에서 최소기능제품을 정의했다고 해봅시다. 그렇다면 '최소 기능'으로 정의된 그 각각의 기능 요소들에 대해서는 '어느수준까지 구현'하는 것이 맞는 걸까요? 이 또한 우리 회사가 구현할 수 있는 수준까지만 개발해서 MVP 테스트를 수행한다면제대로 된 고객 반응을 청취하기는 어려울 것입니다. 최종적으로정의한 '최소 기능'의 요소들에 대해서는 우리가 제공 가능한 수준으로 결정하는 것이 아니라, 현재 이미 시장에 나와 있는 경쟁 제품의 수준을 고려해서 '경쟁 가능한' 수준으로 그 구현의 정도를 결정해야 합니다. 그래야만 고객들은 우리 제품과 경쟁 제품을 비교하는 구매 의사결정 과정을 온전하게 거치면서 우리에게 정확한 피드백을 제공할 수 있을 것입니다. 최소기능제품의 요소를 뽑아내는 것도 그 요소들에 대한 구현의 정도를 결정하는 것도 철저히 우리 회사의 관점이 아니라 고객과 경쟁의 관점에서 결정해야 한다는 것을 잊지 마시기 바랍니다.

셋째, 다음 단계를 고려한 MVP인가?

종종 MVP를 준비하면서 최종 완성품에 대한 고려없이 무조건 빠르고 가볍게만 만드는 것에 집중하는 경우가 있습니다. 즉 MVP 테스트 이후의 상황에 대해 전혀 준비하지 않고 있다는 것입니다. MVP에 대한 고객의 반응이 굉장히 폭발적인 경우 곧바로 완성 버전의 제품을 내놓아야 하는데, MVP를 준비하는 데에만 몰두한 나머지 완성품에 대한 준비가 전혀 되지 않은 경우를 보게 됩니다. 여기에는 사실 저의 경험담이 있습니다.

제가 두 번째로 창업했던 스타트업에서 의사들끼리 사용하는 '의료지식포털'을 성공적으로 만들었던 경험이 있는데, 당시에 저는 처음부터 지식 포털이라는 완성 버전의 무거운 서비스를 사용자에게 제시하는 것은 너무 위험이 크다고 판단했습니다. 다행히 어느 정도 투자금을 확보했던 상황이었고, 의사 전용 서비스 시장의 특성상 경쟁사의 움직임이나 소비자의 움직임 자체가 그렇게 빠르지 않는다는 점을 고려해서 완성품을 내기 전에 우선 MVP를 시장에 내놓아야겠다고 판단했습니다. 그래서 지식 포털이 가지고 있는 여러 가지 기능 중에 딱 하나의 핵심적인 기능인 Q&A 기능을 먼저 준비해서 시장에 내놓았습니다.

당시의 솔직한 심정으로는 이 서비스의 성공 확률은 딱 50%로 생각되었습니다. 그래서 마치 '내일은 없다'는 심정으로 MVP 서비스를 만드는 것에만 집중했기에 그 뒤를 대비하지 못했습니다. 그런데 뜻밖에도 MVP를 출시하자마자 사용자들의 반응이 매우 뜨거웠습니다! 출시 후 3개월 만에 의료계에서는 유례없는 수준의 속도로 사용자를 확보하면서 업계를 떠들썩하게 했습니다. 이때야 비로소 저는 '아차…' 하는 생각이 들었습니다. 이렇게 반응이 뜨거울 줄 알았다면 MVP를 준비할 때 미리 확장성이 좋은 시스템으로 구축해놓았어야 했는데 말입니다.

당시에 저는 MVP를 최대한 빠르게 오픈해야 한다는 생각에만 사로잡혀 있었기 때문에 플랫폼 개발에 있어서 개발 부담을 최소화하면서 일단 단기적으로 사용할 수 있는 정도의 수준으로 의사결정을 했던 것입니다. 그러다 보니 MVP 직후 예상치 못한 뜨거운 반응이 나왔을 때, 도저히 이런 가건물 위에 2층, 3층 올려가며 건물을 완성할 수는 없겠다고 판단했고, 결국 MVP로 개발했던 플랫폼은 접고 완성 버전의 서비스를 다시 처음부터 만들어야 했습니다.

이 또한 MVP를 하는 근본적인 철학과 목적을 잃어버렸기 때문에 이런 현상이 나타나는 것입니다. 빠르게 출시해서 고객의 반응을 청취하는 것도 중요하지만 궁극적으로 MVP는 우리가 처음부터 기획했던 완성품의 경쟁력을 높이기 위해 존재하는 것입니다. 그렇기 때문에 MVP의 결과에 따라 곧바로 다음 단계로 넘어갈 수 있는 준비를 반드시 갖추어 놓아야 합니다.

답변을 마무리하며 이런 말씀을 꼭 드리고 싶네요. 스타트업에게는 꼭 해야 할 일도 꼭 하지 말아야 할 일도 없습니다. 그런 강박에 사로잡히는 순간, 오히려 의사결정이 왜곡되고 시장에서 경쟁력을 잃을 수도 있습니다. 언젠가 MVP가 아닌 또 다른 멋진 용어가 스타트업을 위한 경영 기법이나 제품 개발 방법론으로 유행한다 하더라도, 그런 용어나 유행에 흔들리지 마시고 그 용어나 방법론이 나에게 주는 메시지가 무엇인지만 잘 파악해보십시오. 그러고 나서 필요와 상황에 따라 나에게 맞는 방법론을 선택하시면 되는 것입니다. 남들이 다 한다는 무언가를 만나신다면, 더더욱 냉정하고 담백하게 나의 사업에 정말 필요한 것인지를 판단해보시기 바랍니다!

25

혜택은 누가 보고,
돈은 누가 내나?

수익 모델을 잡을 때, 어디서부터 어떻게 시작해야 할까요?

66

수익 모델을 잡을 땐 우선 수혜자와 지불자부터 구분해보세요. 즉 혜택
을 보는 사람과 지불하는 사람을 구분해야 합니다. 이것이 일치하는 경
우는 비교적 쉽지만, 불일치하는 경우는 수혜자와 지불자 모두를 고려
하는 사업 모델을 고려해야 하므로 복잡도가 올라갑니다. 왜냐하면 이
경우에는 수혜자와 지불자의 니즈가 다를 수 있기 때문입니다. 또, 수익
모델과 관련해서 실전 노하우로 말씀드리자면, 흔히 쉽게 '광고'를 붙이
겠다는 생각을 하는데요, 이것은 생각보다 쉽지 않습니다. 서비스를 무
료로 하기 위해 광고를 붙이겠다는 생각보다는 광고 붙일 자신 있으니
까 서비스를 무료로 해야겠다고 생각해야 합니다. 주객이 전도되어서는
안 됩니다.

Q

이제 곧 서비스 출시를 앞두고 있는 초기 창업자입니다. 저희 회사는 소셜벤처이고 서비스도 환경보호를 위한 공익 목적의 서비스이다 보니 수익 모델에 있어 고민이 많이 됩니다. 광고를 붙이기에는 트래픽이 많지 않을 것 같고, 유료 판매 형태로 하기에는 사람들이 비싼 돈을 내면서까지 사용할지 고민이 됩니다. 수익 모델을 잡을 때 어떤 것들을 고려하면 좋을까요?

A

서비스 오픈을 앞두고 있다니 여러 가지로 생각이 많으시 겠어요. 말씀하신 대로 이제는 대략적인 수준이 아니라 아주 구체적인 수준에서 수익 모델에 대해 고민하고 결정해야 할 텐데요. 수익 모델을 잡는다고 하면 대부분의 창업자가 어떤 유형의 수익 모델을 잡을지보다는 당장 가격 수준을 어느 정도로 책정해야 할지부터 고민을 합니다. 스타트업이 시장에 내놓는 제품과 서비스는 초기에는 복잡도가 낮은 편이기 때문에 고도의 프라이싱pricing, 가격 설정 기법을 적용하지 않더라도, 원가에 적절한 마진(고객이 수용 가능한 수준의 마진)을 붙이는 수준이나, 혹은 이미 시장에 형성되어 있는 경쟁 제품들과 유사한 수준에서 가격을 결정할 수 있습니다. 따라서 원가 구조가 매우 복잡하거나 경쟁 제품이 아예 존재하지 않는 경우를 제외하면, 가격은 상식적인 수준에서 설정해도 큰 무리 없이 운영되는 경우가 많습니다. 그래서 저는 이 질문에 답변하면서 말씀드리고 싶은 게 수익 모델을 고민하실 때 곧바로 가격 설정을 고민하기보다는 조금 더 근본적인 고민을 해보셨으면 합니다.

앞서 다른 질문(질문 22 '업의 본질을 알아야 Growth Path를 잡을 수 있어요' 참고)에서 사업의 본질을 고려하여 사업 모델을 결정하는 방법에 대해 말씀드렸습니다. 즉 광고형 모델로 갈 것인가, 판매형 모델로 갈 것인가에 대한 결정이 필요하다는 말씀을 드렸는데요. 광고형이든 판매형이든, 이제는 한 단계 더 나아가서 누구에게 어떻게 돈을 받을 것인가라는 부분에 대해 고민해봐야 합니다. 이를 위해서는 세 가지 질문이 필요한데요, 이 세 가지 질문이 바로 가격 설정에 앞서서 꼭 고민해봐야 하는 질문들입니다.

1. 과연 내 제품과 서비스를 통해 혜택을 보는 사람(수혜자)은 누구인가?
2. 그 혜택을 보는 사람이 돈을 지불하는 사람(지불자)과 동일한가?
3. 수혜자와 지불자가 다르다면, 지불자에게는 돈을 지불해야 할 확실한 명분과 이유가 있는가?

이 세 가지 질문을 종합적으로 고려해보면 크게 두 가지 유형으로 수익 모델이 분리될 수 있습니다. 첫 번째 유형은 혜택을 보는 수혜자와 돈을 지불하는 지불자가 동일한 경우입니다. 이 경우는 제품과 서비스를 사고파는 대다수의 판매형 모델에 적용됩니다. 제품과 서비스를 구매해서 이용함으로써 혜택을 보는 사람이 돈을 직접 지불하는 모델입니다. 여기까지는 그런대로 심플

합니다. 진짜 어려운 유형은 수혜자와 지불자가 다른 두 번째 유형입니다. 대표적으로는 광고형 사업 모델에서 이런 수익 모델을 적용하게 되지만, 판매형 모델 중에서도 이런 수익 모델을 취하는 경우가 존재합니다. 대표적으로 질문자의 서비스와 같이 공익형으로 만들어진 제품과 서비스들이 여기에 해당하는 경우가 많습니다.

환경, 지속적 성장, 공동체의 동반성장 등 눈에 직접 보이지 않고 단기적으로 즉각적 효과도 나타나지 않는 명제를 위해 돈을 지불해야 하는 경우, 수혜자와 지불자가 달라지는 현상이 흔히 나타납니다. 예를 들어, 재활용 쓰레기를 알아서 척척 분류해주는 로봇이 있다고 해보죠. 이 로봇을 구매하는 데 수백만 원이 돈이 든다고 하면, 여러분은 이 로봇을 사실 의향이 있으신가요? 이 로봇을 많은 가정에서 구매할수록 재활용의 비율이 높아져서 쓰레기가 줄어들 것이고 그에 따라 지구의 환경이 더 깨끗해지면 다음 세대가 그 혜택을 누리게 될 것입니다. 돈은 내가 내고, 혜택은 다음 세대의 불특정 다수가 누리게 되는 구조인 것이죠. 즉 돈 주고 로봇을 구매하므로 판매형 모델은 맞지만, 수혜자와 지불자가 다른 모델인 것입니다.

또 어떤 경우가 있을까요? 여기, 누구든지 가고 싶어 하는 대기업이 하나 있다고 가정합시다. 그런데 그 대기업에서 지원자가 직접 복잡한 지원 서류들을 일일이 찾아다니며 모아야 하는 번거로움을 덜어주고자, 클릭 한 번으로 모든 지원 서류가 취합될 수 있는 구직자 지원 IT 시스템을 도입한다고 가정해보죠. 이런 경우에 혜택은 누가 보겠습니까? 바로 입사를 희망하는 구직자입니다. 그러나 시스템 구축을 위해 필요한 돈은 구직자가 아닌 해당 기업에서 지불하게 되어 있습니다. 그런데 앞서 말씀드린 것처럼 이 기업은 너무나 유명한 회사이고 누구나 가고 싶어 하는 회사여서 지원자들이 아무리 불편해도 기꺼이 노고를 아끼지 않는다면, 왜 굳이 그 기업이 IT 시스템에 수억 원의 돈을 들여야 하는지 의문이 들 수밖에 없습니다.

아마 이런 입사지원 통합 시스템을 구축해주는 스타트업이 이 기업에게 제안서를 보냈다면 그 기업의 의사결정권자는 곧바로 이런 질문을 할 것입니다. "그래서 우리가 얻는 게 뭔데? 이 돈을 굳이 왜 써야 하지?" 평소 사람을 뽑기에 어려움이 있는 회사라면 지원자의 편의를 높여서라도 좋은 인재를 유치하기 위해 이런 제안을 적극적으로 검토할지 모르지만, 채용에 어려움이 없는 기업의 입장에서는 추가적인 혜택은 없이 돈만 써야 하는 제안인 것입니다.

이런 사례들 외에도 수혜자와 지불자가 다른 경우가 생각보다 많습니다. 제가 IR 문서를 검토하면서 단골로 하는 질문 중 하나가 "혜택은 누가 보고, 돈은 누가 내죠?"입니다. 그만큼 많은 스타트업이 이런 부분을 여전히 명확하게 정리하지 못하고 있는 모습들을 많이 보게 됩니다.

수혜자와 지불자에 대한 고민이 부족하면 한쪽으로 치우치는 문제가 발생합니다. 초기 창업자들은 본능적으로 지불자보다는 수혜자 쪽으로 치우친 제품 및 서비스를 개발한다는 것입니다. 제품과 서비스에 대해 수혜자 측면에서의 '확실한 니즈'가 있다고 판단되면 누가 혜택을 보고 누가 돈을 내는지는 개의치 않고 우선 수혜자를 위한 제품과 서비스 개발에만 몰두하기 때문입니다. 또한 지불자보다는 수혜자가 사용하는 제품과 서비스에 몰두해야 뭔가 진정으로 장인정신을 가진 스타트업 창업자 같은 느낌이 들기 때문에 그렇습니다. 반대로 지불자를 위한 제품과 서비스에 몰두하면 돈만 밝히는 창업자처럼 스스로 느껴지는 것입니다.

이렇게 창업자가 수혜자를 위한 제품과 서비스에만 몰두한다면, 지불자에게는 지갑을 열 명분이 보이지 않을 것입니다. 만일 네이버가 서비스 사용자들을 위해서 열심히 서비스를 고도화하는 것과 달리, 정작 돈을 지불하는 광고주를 위한 광고 관리 시스템은 제대로 갖추지 않는다면 네이버는 광고를 통해 돈을 벌기 어려웠을 겁니다.

교육 서비스도 아주 좋은 예시가 됩니다. 수혜자와 지불자가 다른 가장 대표적인 모델입니다. 즉 돈은 부모가 내지만 혜택은 학생이 봅니다. 많은 에듀테크 스타트업이 학생들의 학습 효과를 제고하는 측면에만 집중해서 제품과 서비스를 개발하는데요. 정작 교육산업에 오랫동안 몸담았던 사람들은 모두가 한결같이 하

3부 전략적 의사결정이 어려울 때

는 말이 있습니다. "교육업은 학생들을 위한 게 아니라 알고 보면 부모를 위한 거야." 즉 수혜자는 학생일지라도 지불자가 부모이기 때문에 결국은 그 부모가 만족할 수 있는 무언가가 반드시 필요하다는 의미입니다. 만일 에듀테크 스타트업이 만든 서비스가 학생들 쓰기에는 너무 좋고 학생들의 편의에는 잘 맞춰져 있지만, 부모들에게 커리큘럼 안내, 학습 효과 리포트, 부모를 위한 입시 가이드 등이 부실하게 제공된다면 그 서비스는 바로 외면받게 될 것입니다. 돈을 지불하는 사람에게 확실한 명분과 이유가 제공되지 않기 때문입니다. 이렇듯 수혜자에게 혜택을 주는 것에만 열중한 나머지, 지불자를 등한시하면 수익 모델은 작동하지 않게 됩니다.

수혜자와 지불자에 대한 고민이 부족해서 나타나는 또 다른 문제도 있습니다. 수혜자와 지불자가 분명히 다른데도 불구하고 이를 동일하다고 판단했다가 낭패를 보는 경우입니다. 지불자를 제대로 정의하지 못한 채, 엉뚱하게 수혜자에게 돈을 받겠다고 결정했다가 서비스가 망하는 경우가 실제로 있었습니다. 과거 인터넷 서비스가 생겨나던 초창기에 프리챌이라는 업체의 커뮤니티 서비스와 다음이라는 업체의 메일 서비스는 전격적으로 유료화를 시도했으나 오히려 그 결정 때문에 결국 서비스가 망하거나 크게 위축되었습니다. 지금은 인터넷 분야에서 광고 상품이 수익 모델로 인식하지만, 당시만 해도 이런 모델이 제대로 자리 잡기 전이기 때문에 광고주를 지불자로 인식하기 어려웠을 것입니다. 그럼에도 불구하고 당시 인터넷상의 서비스는 사실상 무료처럼 여기던 사용자들의 인식과 호시탐탐 1위 사업자가 흔들리기만 바라고 있던 경쟁업체들의 존재를 명확히 파악하고 있었다면, 유료화라는 악수를 두지는 않았을 것입니다.

수혜자가 지불자가 될 수 있는 준비가 전혀 되어 있지 않은 상황에서 수혜자에게 지불을 강요할 경우 사업 자체가 무너질 수 있다는 것을 여실히 보여준 사례입니다. 이와 같이 내 제품과 서비스의 수혜자와 지불자를 명확히 구분하고 정의하는 것은 수익 모델 결정을 위한 중요한 첫 단추이자, 사업의 흥망에도 영향을 줄 수 있는 전략적 의사결정입니다.

자, 그럼 만일 수혜자와 지불자가 다르다는 결론이 났다면, 이제부터는 무엇을 어떻게 해야 할까요?

이 경우는 다시 처음부터 전혀 새로운 고객을 대상으로 새로운 제품과 서비스를 만들어야 합니다. 여기에서 말하는 새로운 고객이란 지불자를 뜻합니다. 즉 기존에 수혜자를 위해 열심히 만들어 놓은 제품이나 서비스를 다시 만들라는 뜻이 아니라, 이제부터는 지불자를 위한 제품과 서비스를 만들어야 한다는 것입니다. 수혜자와 지불자는 전혀 다른 사람이기 때문에 전혀 다른 제품과 서비스를 새로 만드는 것과 다를 바가 없는 것입니다.

네이버의 예를 이어가 보죠. 검색엔진, 블로그, 카페, 메일, 뉴스 등과 같은 수혜자를 위한 서비스를 열심히 만들던 네이버의 직원들에게 광고주를 위한 광고 집행 시스템을 만들라고 하면 이 직원들에게 어떻게 느껴질까요? 네, 말씀드린 것처럼 전혀 다른 서비스를 새롭게 만들라는 것으로 들릴 것입니다.

광고주가 누구인지, 뭘 원하는지, 기존에는 어디에 얼마나 광고를 집행했는지, 그 성과는 대체로 어땠는지, 네이버라는 광고 지면에 대해 기대하는 성과는 어느 정도 수준인지, 선호하는 광고 시스템은 무엇인지, 어떤 기능을 주로 쓰고 어떤 기능에 민감한지, 광고비 지불은 어떤 식으로 하는지, 광고 효과는 어느 시점에 어떤 지표로 어떤 그래프로 보여줘야 하는지, 시스템 구축에는 얼마의 비용과 시간이 드는지, 경쟁사들은 어떻게 하고 있는지 등 완전히 새로운 서비스 하나를 추가하는 프로젝트가 시작되는 것입니다.

수혜자에게 노력을 기울이는 만큼 지불자에게 노력을 기울이지 않는다면 결국 회사가 존속할 수 없다는 긴장감을 갖고 지불자를 위한 제품과 서비스에 지금보다 훨씬 더 많은 노력을 기울여야 합니다. 지불자가 본인이 지불한 돈의 가치를 충분히 느끼게 해줘야 한다는 것입니다. 이런 부분에 대해서는 스타트업들이 대체로 등한시하는 경향이 있기에 거듭 강조하는 것입니다.

그리고 한 가지 덧붙이고 싶은 것이 있는데요. 수혜자와 지불자가 다르다고 결론이 났고, 그래서 광고를 수익 모델로 결정한 경우라면 꼭 들어봐야 할 조언입니다. 종종 인터넷 서비스를 출시하는 스타트업들이 그냥 막연하게 '돈은 광고로 벌면 되겠지'라고 생각하는 경우가 많습니다. 실제로 IR 문서를 검토하거나 IR 피칭을 듣다 보면, 수익 모델이 명확히 정의되어 있지 않은 상황에서 무작정 광고로 돈 벌겠다고 선언하는 경우를 아주 흔하게 접합니다. '수익 모델이 없어? 그러면 광고 붙이면 되지 뭐'라는 마인드로 사업을 계획합니다. 그러나 현실에서 광고주는 그렇게 쉽게 지갑을 열지 않습니다. 게다가 광고주는 확실한 매체 한 곳에 돈을 집중해서 쓰기 원하지, 몇천 명이나 몇만 명 정도 되는 조그마한 매체 여럿에 돈을 나누어서 쓰고 싶어 하지 않습니다. 광고효과가 떨어지기 때문입니다.

따라서 여러분이 아무런 근거 없이 2년 차, 3년 차에 사용자가 몇만 명 되지도 않는 상황에서 광고로 몇억 원씩 벌겠다는 매출 계획을 잡고 있다면, 그 계획은 당장 멈추고 우리에게 맞는 수익 모델이 무엇인지를 원점에서부터 다시 생각해봐야 합니다. 서비스가 좋아서 광고를 붙이는 것이지, 돈 벌 방법이 없으니 광고를 붙이는 게 아닙니다. 광고로 돈 버는 거 그렇게 쉽지 않습니다.

제가 수익 모델이라는 주제를 두고 오히려 전략적이고 본질적인 '의사결정'에 대한 내용을 강조하는 이유는 가격만 정한다고 해서 그게 수익 모델이 되는 게 아니라는 것을 말씀드리고 싶기 때문입니다. 수혜자와 지불자가 일치하지 않는다면 수혜자뿐만 아니라 지불자를 위해서도 많은 준비와 노력이 필요합니다. 특히 광고를 수익 모델로 결정한 경우, 광고주에 대한 파악은 물론 광고 시스템에 대한 준비도 필요합니다. 물론, 선택에 따라서는 광고 시스템에 대한 대행사를 활용하여 우리는 광고의 지면만을 제공하고, 그 지면에 대행사가 알아서 광고를 게재하고 수익을 분배해주는 방식을 도입하는 것도 방법일 것입니다. 그러나 심지어 그렇게 대행사를 활용하는 것으로 결정한다 하더라도 우리 스스로가 지불자에 대해 깊이 있게 분석하고 이해하는 것은 필수입니다. 그래야만 대행사를 가장 효과적으로 활용할 수 있게 될 것입니다. 수혜자와 지불자를 명확하게 정의함으로써 단순히 '인기 있는' 제품과 서비스를 넘어 '돈도 잘 버는' 제품과 서비스를 만들어가시길 바랍니다.

26

마케팅 에이전시를
잘 고르는 법

온라인/SNS 마케팅을 하려고 하는데요. 에이전시를 어떻게 선택해야
할지 모르겠습니다.

"

현재 업계에는 다양한 형태와 역할을 수행하는 온라인/SNS 마케팅 에
이전시가 상당히 많습니다. 어떤 업체를 선택할 것인지에 앞서 드리고
싶은 조언이 있습니다. 온라인 마케팅만큼은 어렵더라도 꼭 한 번은 창
업자 본인이 직접 해보세요. 직접 광고를 집행해보면 많은 것에 대한 이
해도가 올라갑니다. 그리고 무엇보다 중요한 것은 우리만의 마케팅 기
획을 세워놓고 대행사를 만나야 한다는 것입니다. 내 생각이 정리되어
있지 않으면 대행사를 충분히 활용할 수 없게 됩니다.

Q

제품 출시를 앞두고 있는 생활가전 분야의 스타트업 창업자입니다. 저희 제품이 경쟁 제품들에 비하면 건강에 이로운 기능들을 많이 가지고 있는데, 이게 눈에 보이는 게 아니라서 이런 장점들을 잘 설명해줄 수 있는 SNS 마케팅을 생각 중입니다. 주변 지인들의 소개로 온라인 마케팅 업체를 몇 군데 만나봤는데, 업체마다 가격 차이도 꽤 큰 것 같고 제안서나 제안 발표를 들어봐도 어떤 업체가 진짜 괜찮은 업체인지를 구분하기가 참 어렵습니다. 온라인 마케팅 대행사를 잘 선택할 수 있는 방법이 있을까요?

A

요즘은 온라인이든 오프라인이든 어느 공간에서 사업을 펼치든 간에 상관없이 온라인 마케팅이 필수가 되었습니다. 포털 같은 곳에 광고를 게재하기도 하고, SNS를 활용해서 카드뉴스 형태나 체험 영상 등을 소재로 콘텐츠 마케팅이라는 것을 하기도 하죠. 마치 제품을 직접 체험한 것과 같은 광고 모델이 나와서 "이 제품 쓰고 나서 피부 고민 끝!"과 같은 자극적인 자막들을 달아서 광고하곤 합니다. 이런 광고가 워낙 유행을 하다 보니 국내에는 헤아릴 수 없을 만큼 많은 수의 온라인 마케팅 대행사들이 생겨났습니다. 이런 업체들 중에서 옥석을 가리고, 또 나에게 맞는 업체를 고른다는 것은 상당히 어려운 일입니다. 특히 이런 마케팅 분야의 경험이 전혀 없는 개발자나 기술자 출신의 창업자들은 대행사에 대한 판단이 잘 안 되기 때문에 마케팅 비용을 불

필요하게 낭비하기도 합니다. 대행사들 몇 군데로부터 제안서를 받아보거나 제안 미팅을 진행해봐도, 솔직히 그 담당자의 관상을 보는 것 외에는 도무지 판단이 안 되니 답답할 따름입니다.

구체적으로 어떤 업체를 어떻게 선정해야 하는지에 대한 실전 노하우를 전달해드리기에 앞서, 한 가지 당부하고 싶은 게 있는데요. 내가 아무리 마케팅에 대한 경험이 전혀 없는 창업자라 하더라도, 대행사를 선정하기 전에 창업자가 반드시 온라인 광고 집행을 직접 해보시길 권합니다. 네이버, 카카오, 구글, 페이스북, 인스타그램, 유튜브 등의 광고 플랫폼에 직접 접속해서 다만 10만 원이라도 예산을 걸어놓고 가벼운 형태의 광고를 돌려보는 그 '절차'를 한번 진행해보셨으면 합니다. 그런 절차를 직접 진행해보면서 온라인 마케팅이 대략 어떻게 진행되는지, 어떤 세팅을 통해 타깃팅을 하는지, 집행의 결과는 어떤 지표로 어떻게 관리되는지 등을 파악해보시면 향후 대행사들과의 커뮤니케이션도 훨씬 원활해질 수 있습니다. 게다가 대행사가 제안하는 내용들도 훨씬 더 실감 나게 이해되실 것입니다. 이 경험이 있느냐 없느냐에 따라 온라인 마케팅에 대한 이해도가 하늘과 땅의 차이를 만드니 부담스럽지 않은 예산 수준에서 반드시 직접 해보시길 바랍니다.

자, 그럼 이런 경험을 직접 해보셨다고 가정하고, 본격적으로 어떻게 하면 좋은 대행사를 만날 수 있는지에 대해 세 가지 팁을 말씀드리겠습니다.

1. 대행사 미팅에 앞서 우리만의 마케팅 기획을 반드시 갖고 있어야 합니다.
2. 대행사 미팅 중에는 우리와 색깔이 맞는지를 판단해 봐야 합니다.
3. 대행사 미팅 후에는 스타트업과 일했던 레퍼런스를 반드시 체크해 봐야 합니다.

첫째, 우리만의 마케팅 기획을 갖는 것은 매우 중요한 출발점입니다.

제아무리 훌륭하고 유명한 대행사를 만난다 하더라도 우리에게 마케팅에 대한 목표와 기획 방향이 없다면 우리는 그 대행사를 100% 활용할 수 없게 될 것입니다. 마케팅이라는 건 단순히 광고를 만드는 행위가 아닙니다. 그보다 훨씬 더 심오하고 전략적인 행위이기 때문입니다. 마케팅 기획에 있어서 고민해야 할 가장 큰 질문은 '우리가 누구에게 무엇을 얻으려 하는가'입니다. 어떤 타깃 고객을 대상으로 어떤 마케팅 효과를 얻고자 함인지를 정의하는 것이 가장 중요한 출발점입니다.

조금 더 구체적으로 풀어보자면 타깃 고객은 누구이며, 이들에게 접근할 수 있는 가장 효과적인 매체는 무엇인지, 그 매체를 통해 전달할 우리의 메시지는 무엇인지, 이번 캠페인에 우리가 지출할 수 있는 예산의 규모는 어느 정도인지, 그리고 이만큼의 돈을 썼을 때 우리에게 돌아오는 마케팅 효과(매출, 가입자 등 정량적인 성과 지표)는 무엇인지 등을 명확하게 정리해놓아야 합니다.

이런 마케팅 기획이 정리되어 있지 않으면 대행사를 만날 때마다 내 생각도 왔다 갔다 하게 되고, 또 에이전시들이 자신들의 매출을 조금 더 올리기 위해서 제안하는 부가적인 상품들에 대해 전혀 판단이 내려지지 않을 수 있습니다. 내 생각과 방향이 없으니, 듣다 보면 다 좋아 보이는 겁니다. 그러다 보면 흔히 말하는 '호갱'이 되는 것이죠. 명확하게 내 생각이 서 있어야만 다른 사람의 제안을 받았을 때도 확실하게 판단할 수 있게 됩니다. 무턱대고 대행사를 먼저 만나고 다닐 것이 아니라, 우선 나의 생각부터 정리하는 시간을 가져보기 바랍니다.

둘째, 우리에게 '색깔'이 맞는 곳을 골라야 합니다.

이 색깔이라는 것은 사실 굉장히 모호하고 정성적인 단어입니다. 그래서 사실 이 답변을 쓰면서도 설명하기 참 어려운데요. 창업자들 중에는 "아이구~ 저는 마케팅 이런 거 전혀 몰라요"라고 하면서도, 막상 광고 소재를 제시하면 "이건 이래서 별로, 저건 저래서 별로"라고 피드백을 하는 경우가 많습니다. 그런 분들은 말로는 마케팅을 모른다고 하지만 실은 마케팅에 대한 경력이 없을 뿐, 의외로 자기의 색깔은 아주 명확하게 가지고 있는 경우입니다. 그런데 이런 분들이 평소에는 본인이 명확한 색깔을 갖고 있는지 모르고 있습니다. 그러다가 대행사들을 만나서 제안을 받으면 그때 가서야 자신의 취향이 있다는 것을 발견하는 것이죠. 이렇게 뒤늦게 발견이 되면 대행사와 일하는 것도 참 힘들어집니다. 이것도 맘에 안 들고 저것도 마음에 안 드는 경험을 반복하면서 돈은 돈대로 쓰고 에이전시와의 관계는 관계대로 틀어지는 그런 어려운 상황에 처하게 되는 것이죠.

나에게 색깔이 맞는 에이전시를 고르는 두 가지 팁이 있는데요. 하나는 평소에 나의 색깔이 무엇인지를 꾸준히 찾아보는 것이고, 또 하나는 대행사가 했던 포트폴리오를 보며 색깔을 캐치해내는 것입니다. 평소에 나의 색깔이 무엇인지 찾아보는 것은 그리 어렵지 않습니다. 그동안 여러분이 접해왔던 모든 광고를 떠올려 보십시오. 그중에서 어떤 것들이 마음에 들었고, 어떤 것들이 마음에 안 들었는지를 생각해보면 됩니다. 그런 것들을 종합해서 몇 가지 멋있는 단어로 정리되지 않는다 하더라도, 이런 광고는 마음에 들었고 저런 광고는 마음에 안 들었다는 말만 해도 대행사에게는 아주 좋은 힌트가 됩니다.

나의 색깔을 어느 정도 찾았다면, 그다음은 대행사의 색깔이 나와 맞는지 캐치해내는 것인데요. 이때 필요한 것은 그 대행사가 지금까지 해왔던 일들을 꼼꼼히 잘 살펴보는 것입니다. 보통 대행사들의 제안서에는 그들이 집행했던 광고 캠페인이 포트폴리오 형태로 담겨 있는데, 이 광고의 사례들을 보면서 내가 좋아했던 느낌의 광고들을 많이 했는지 아닌지를 판단해보면 됩니다. 그리고 또 만일 창업자 자신이 디테일을 잘 보고 캐치하는 편이라면, 그 대행사가 과거에 만들었던 광고들의 '톤앤드매너tone and manner'를 잘 살펴보면 좋습니다.

톤앤드매너라는 것은 보통 그 대행사가 쓰는 말투, 컬러, 폰트, 이미지, 이미지의 배치, 스토리의 흐름 등 대행사만이 갖고 있는 고유의 표현 방식을 의미합니다. 이런 부분이 얼핏 들으면 어려워 보이지만, 의외로 이공계 출신의 창업자 중에서도 톤의 매너에 대해 디테일하게 잘 캐치하는 분들이 많이 있으니 너무 어렵게 생각하실 필요가 없습니다. 자신이 가진 색깔을 잘 발견하고 대행사들이 가진 경험들을 잘 살펴보면서 나에게 색깔이 잘 맞는 대행사를 찾게 되시길 바랍니다.

셋째, 대행사가 스타트업과 일했던 레퍼런스를 반드시 체크해 봐야 합니다.

나와 미팅을 진행한 에이전시가 그동안 스타트업들과 어떤 일들을 했었고 그때 평가가 어땠는지를 최대한 수소문해보는 것입니다. 제가 이 부분을 언급하는 이유는 많은 창업자가 유명한 기업들과 일했던 에이전시들에게 덮어놓고 믿고 의지하는 경향을 보이기 때문입니다.

저도 비슷한 경험이 있는데요. 어떤 에이전시를 만났는데 꽤 유명한 대기업들의 수주를 많이 받았고 지금도 꾸준히 일하고 있었습니다. 그 부분이 왠지 모르게 신뢰도 가고 마음에 들었습니다. 그런데 혼자 이런저런 생각을 하다가 든 생각이, 혹시나 이 대행사가 오히려 대기업 물량이 많기 때문에 우리 일은 소홀히 하지 않을까 싶었습니다.

그래서 주변 지인들을 통해 이 대행사가 같이 일했다는 스타트업들의 경험들을 들어봤습니다. 역시나 찜찜한 예감은 틀리지 않았습니다. 대기업 클라이언트에게는 최선을 다하고 충성을 다하는 반면, 스타트업들에게는 일의 우선순위를 낮추고 내부 인력 중에서도 가장 실력이 떨어지는 사람들을 배치한다는 얘기를 듣게 된 것입니다. 저는 결국 그 대행사와의 계약은 포기했고 조금 덜 유명하지만 스타트업들의 생태계를 이해하고 같이 호흡할 수 있는 대행사를 다시 찾아 나섰습니다. 실제로 대행사와 일하다 보면 이런 일들이 굉장히 많이 있습니다.

대기업과 일했던 경험이 많다고 해서 좋은 대행사라고 판단하면 안 됩니다. 최근에는 스타트업 전문 마케팅 대행사를 표방하는 곳도 많으니 그런 곳들을 만나보는 것도 좋을 것입니다. 물론, 아무리 레퍼런스 체크를 해서 선택을 한다 해도 변수는 늘 존재합니다. 과거에 좋은 레퍼런스를 만들었던 담당자와 이번에 내 회사를 맡을 담당자가 다를 것이기 때문에 과거의 레퍼런스가 좋았다고 해서 반드시 내 회사와도 좋은 성과를 낼 것인지는 미지수입니다. 대행업이라는 것도 결국은 사람이 하는 일이기 때문입니다.

레퍼런스 체크를 한다고 해서 모든 것이 보장되지는 않겠지만, 그래도 분명한 것은 레퍼런스 체크를 통해 좋은 경험을 보장받을 수는 없더라도 문제가 될 만한 대행사는 걸러낼 수 있을 것입니다.

사실 마케팅 대행사뿐만 아니라 외주 개발사 등 모든 형태의 에이전시와 일한다는 것은 참 어려운 일입니다. 사실 좋은 대행사를 만난다는 것은 복불복이라고 얘기해도 과언이 아닐 정도입니다. 그러나 최소한 우리가 그런 의사결정을 앞두고 우리만의 생각과 반드시 점검해야 할 포인트들을 확인한다면 불확실성이 높은 상황 속에서도 최대한 좋은 대행사를 만날 수 있을 것이라고 생각합니다. 이를 위해 가장 중요한 것은 나의 생각이 명확하게 서 있어야 한다는 것입니다. 모쪼록 좋은 대행사와 유익한 파트너십을 경험하시길 바랍니다!

27

계약서는 변호사에게만
맡기면 된다?

사업을 하면서 중요한 계약을 체결할 때, 혹시 주의해야 할 것이 있을 까요?

—— **"** ——

어떤 종류의 계약서든 반드시 대표자(창업자)가 계약서를 직접 읽으셔 야 합니다. 특히 이공계 출신 창업자들이 '나와는 다른 세계의 언어'라고 생각해서 법무 담당자나 변호사에게 일임하는 경우가 많은데요. 계약서 를 읽지 않는 창업자는 회사 전체의 아주 큰 리스크 요인입니다. 회사의 직인이 찍힌다는 건 그 계약서에 있는 내용에 모두 동의한다는 것입니 다. 그런데 계약 내용을 모르고 있다면, 당연히 위험한 일이 되는 것이 죠. 계약서는 꼭 두 번은 읽어보셔야 합니다. 내 입장에서 한 번, 상대방 입장에서 또 한 번!

Q

1년 전에 창업했는데, 평소 알고 지내던 중소기업 사장님이 파트너십 계약을 맺자고 연락을 주셨습니다. 그래서 몇 번 만나면서 이런저런 조건들에 대해 의견을 나누었고 화기애애한 가운데에 이제 곧 계약을 체결할 예정입니다. 그동안 기술 연구만 해왔지, 이렇게 업체 간의 계약서에 '대표자'로서 서명을 해보는 건 처음이라 괜히 긴장이 됩니다. 이렇게 회사를 대표해서 계약을 체결할 때 유의해야 할 사항에는 어떤 것들이 있을까요?

A

아주 좋은 질문을 주셨네요! 업무상 계약을 직접 다뤄보거나, 변호사와 같이 해당 분야의 전문성이 있는 분이 아닌 이상 스타트업을 창업하는 대다수의 창업자는 이 계약이라는 문제에 대해서 상당히 어렵게 생각합니다. 그나마도 '어렵게 생각한다'는 건 다행스러운 일이고, 너무나 어렵고 생소한 나머지 아예 나와는 무관한 영역이라고 치부하고 신경 쓰지 않는 경우도 많이 있습니다. 경리나 재무를 맡은 직원에게 알아서 검토하라고 맡기거나, 혹은 변호사에게 온전히 의지하면서 진행합니다.

제가 창업자들을 대상으로 컨설팅하면서 굉장히 많이 조언하는 분야 중 하나가 바로 이 계약과 관련된 내용인데요. 계약서는 대표자 본인이 직접 그 내용을 다 파악해야 한다고 여러 번 강조하는 편입니다. 어떤 쟁점이 있는지, 그에 대한 합의 내용은 무엇인지, 이 계약에 따른 리스크는 무엇인지를 분명히 알고 계약을 체결하셔야 합니다. 계약서를 읽지 않는 스타트업 대표는 회사의 큰 리스크 중 하나입니다.

자, 그런데 변호사에게 계약서 검토를 의뢰하고 모든 것을 맡기면 될 것 같은데 왜 대표가 직접 계약서의 내용을 모두 알아야 하는 것일까요? 그것은 변호사가 아무리 유능하고 뛰어나다 하더라도 계약에 따른 결과에 대해 '책임져줄 수는 없기 때문'입니다. 아무리 변호사가 검토를 잘 해줬다 해도 계약 당사자로서 서명하는 것은 변호사가 아니라 대표자 본인이라는 것을 반드시 명심하셔야 합니다.

변호사는 계약서 내용에 대한 의견을 제시하고 정당한 계약 체결이 이뤄질 수 있도록 도움을 주는 사람이지, 계약의 내용에 포함되어 있는 의무사항을 대신 이행해주는 사람이 아닙니다. 변호사들은 법률적 용어의 적정성을 보거나, 추후에 분쟁이 생겼을 때 오해의 소지가 될 만한 표현들을 바꿔주거나, 유사한 계약서와의 비교를 통해 문제가 되는 계약 조항을 업계에서 일반적으로 사용하는 내용으로 바꿀 수 있도록 '안내해주는' 역할을 합니다. 변호사는 조력자일 뿐 최종적인 책임을 지는 사람은 계약서에 서명하는 대표자 본인이라는 점을 꼭 기억하셔야 합니다.

그럼, 계약을 잘 체결하는 요령은 무엇일까요? 실전에서 깨달은 네 가지 팁을 말씀드리겠습니다.

1. 계약 조건에 대해서는 말이 아닌 문서를 통해 커뮤니케이션하세요.

2. 모든 계약서는 창업자 본인이 두 번 이상 정독하세요.

3. 사전에 합의된 부분과 '같은 듯 다른 듯'한 표현이 있다면 반드시 짚고 넘어가세요.

4. 계약과 관련된 커뮤니케이션에서는 처음부터 냉정한 태도를 보여주세요.

첫째, 계약 조건이 오갈 때에는 말이 아닌 문서를 통해야 합니다.

일반적으로 초기 기업은 창업자 본인이 모든 계약의 상황에 직접 커뮤니케이션을 하고 직접 체결까지 하게 되죠. 대기업의 경우는 사업을 하는 부서 따로, 계약을 검토하는 부서 따로, 계약 체결을 절차를 진행하는 부서 따로 있지만, 스타트업은 그렇지 않기 때문에 창업자 본인이 상대 당사자와 직접 커뮤니케이션하여 처음부터 끝까지 모든 과정을 처리하는 경우가 많습니다.

이런 경우, 장점은 계약 진행 속도가 굉장히 빠르다는 점이지만, 단점은 많은 것이 구두로 이루어진다는 것입니다. 상대 당사자 입장에서도 계약을 체결하는 당사자인 회사의 최고 책임자가 눈앞에 있기 때문에 그냥 말로 하고 말지 굳이 문서를 통해 커뮤니케이션하지 않게 됩니다. 그러다 보니 사전에 '구두로 합의된 내용'을 가지고 계약을 쓰게 되는데, 누구나 그렇듯 구두로 나눈 내용은 어느새 망각하거나 왜곡되기 때문에 그렇게 작성된 계약은 종종 잡음을 낳곤 합니다. 말이라는 건 그 당시의 상황과 뉘앙스에 따라서 해석이 완전히 달라질 수 있기 때문에, 구두를 통한 합의라는 것은 어찌 보면 '아무 것도 합의되지 않은 것'과 다를 바 없습니다.

따라서 아무리 구두로 합의했더라도 계약서에 들어갈 만한 내용들은 반드시 문서화된 형태로 다시한번 확인을 받는 것이 서로에게 좋습니다. 문서화된 커뮤니케이션이란 반드시 거창하게 갖추어진 문서를 의미하지 않습니다. 이메일이나 문자나 메신저 대화를 통하는 것도 괜찮은 방법인데, 이런 기록들은 향후 분쟁이 생겼을 때 증거로 활용될 수 있기 때문입니다.

제가 알고 지내는 몇몇 창업자도 구두 합의를 했다가 계약 시점에 당황스러웠던 경험들을 갖고 있습니다. 일단 창업자가 여기저기 파트너가 될 만한 회사들의 책임자를 만나서 이렇게 저렇게 구두로 이것저것 약속을 하고 다닙니다. 그리고 나서 막상 이런 구두 합의 사항들이 담긴 계약서 초안을 받고 나면, 당초 본인이 얘기했던 것과는 약간씩 다르게 상대방이 이해했다는 것을 뒤늦게 발견하게 됩니다. 원칙적으로야 계약서 초안 단계든, 계약서 서명하기 1초 전이든, 언제든 그 계약에 대해서는 수정을 요구할 수 있습니다. 하지만 현실에서는 화기애애하게 구두로 합의한 상태에서 계약 문구를 바꾸자고 하면 상대방 입장에서는 불쾌하게 받아들일 수 있습니다. 심지어 우리 회사의 신뢰도에 의문을 가질 수도 있습니다.

그리고 또 반대로, 악덕한 상대방을 만나게 되면 구두 합의라는 상황을 악용해서 교묘하게 계약문구를 불공정한 내용으로 작성한 후 "이미 합의한 건데 왜 이제 와서 이러냐"면서 압박할 수도 있습니다. 문제 있는 계약서는 사인하기 직전이라도 중단하고 계약을 취소해야 하지만, 그런 매끄럽지 않은 과정을 거친다는 것 자체가 창업자 입장에서는 상당한 부담이 됩니다. 구두로 합의하면 어쩔 수 없이 계약에 응해야 한다는 말이 아니라, 원칙과 현실에는 큰 차이가 있으니 처음부터 문서화된 커뮤니케이션을 하는 것이 꼭 필요하다는 말씀을 드리는 것입니다. 문서화된 커뮤니케이션을 위해서는 그때그때 회의록을 공유하고 이견이 없는지 확인을 받는 것이 가장 좋습니다. 만일 그런 형태가 부담스럽거나 어색하다면, 최소한 문자나 메신저를 통해서라도 그때그때 논의한 내용에 대해 "오늘 이런저런 내용에 대해 논의했던 부분 잘 이해했습니다. 혹시 제가 다르게 이해한 부분 있다면 언제든 말씀해주세요"라는 식으로 부담스럽지 않게 내용 확인을 받아두는 것도 좋은 요령입니다.

둘째, 계약서는 창업자가 반드시 두 번 이상 정독하십시오.

계약서는 나의 입장으로 한번, 상대방의 입장으로 한번, 이렇게 꼭 두 번을 읽어봐야 합니다. 처음에 이런 조언을 해드리면 많은 창업자가 "제가 법대를 나온 것도 아니고 저 계약서 내용을 어떻게 다 이해합니까"라고 반문하시는데요. 그건 사실 계약서를 한 번도 안 읽어봤기 때문에 갖고 있는 두려움입니다. 막상 계약서를 읽어보면 몇 가지 법률적 용어를 제외하고는 대체로 다 이해할 수 있는 내용들이라는 걸 알게 될 것입니다. 그리고 그 법률적 용어라는 것이 주로 계약에 대한 의무, 해지, 손해배상, 지적재산 보호, 비밀유지 등에 대한 내용인데, 대부분의 기업 간 계약서에는 이런 부분이 유사한 내용으로 반복적으로 쓰이기 때문에, 이런 용어들에 대해 한두 번 공부하고 나면 법률적 조항도 어느 정도 이해할 수 있게 됩니다. 물론 그렇다고 해서 우리가 변호사와 같은 높은 수준의 이해도를 갖지는 못하지만, 최소한 이 계약서가 대략 어떤 내용들을 담고 있고 나에게 부여되는 의무와 책임이 무엇인지는 해석할 수 있게 됩니다.

그렇게 전체적인 내용을 반드시 창업자가 알아야만 변호사에게 의뢰한다 하더라도 명확하게 내가 궁금한 부분들을 질문할 수 있게 되고, 또 변호사가 제공하는 법률적 조언에 대해서도 깊이 있게 이해할 수 있게 됩니다.

제 경험을 잠깐 나눠보겠습니다. 대기업 생활을 마치고 처음으로 창업했을 때 파트너 기업과 첫 계약을 체결하는 데 상당히 어색하고 어렵게 느껴졌던 기억이 납니다. 창업하기 전에 오랜 시간동안 저는 대기업에서 전략 기획, 신사업, 글로벌 M&A 등의 업무를 진행했기 때문에 기업 간의 계약에 대한 부분은 스스로가 잘 안다고 자부하고 있었습니다. 그런데 막상 내가 대표자가 되어 계약서에 서명하려니 왠지 모르게 겁도 나고 막연한 두려움도 생겼습니다. 왜 그럴까 생각해보니, 대기업에서 일할 때 제가 경험했던 계약에 대한 검토는 내 부서에 해당하는 내용만 제한적으로 검토를 했을 뿐, 계약서 전체 내용을 파악하고 전체 구조를 이해했던 적은 없었다는 것을 그때 비로소 깨달았습니다. 그런데 또 흥미로웠던 것은 그 이후로 계약서 전체를 한두 번 정독하다 보니 계약서의 구조라는 것이 대체로 비슷하다는 것을 발견할 수 있었다는 것입니다. 그 이후로는 계약서의 내용을 파악하는 것이 훨씬 더 수월해졌습니다.

그러므로 창업자 여러분, 계약서라면 너무 남의 나라의 언어인 것처럼 덮어두고 물러나지 마시고, 결국 여기에 쓰인 모든 말은 대표자인 내가 책임지게 된다는 생각으로 처음부터 끝까지 한 글자 한 글자 정독해보기를 바랍니다.

셋째, 사전에 합의된 내용과 '같은 듯 다른 듯'한 부분이 있다면 정확하게 짚고 넘어가야 합니다.

이 또한 많은 창업자가 계약을 검토하고 수정하는 것이 나의 일이 아니라고 생각하기 때문에 발생하는 현상입니다. 스타트업들이 겪는 아주 흔한 예를 하나 들어보겠습니다. 스타트업들은 당장 돈이 없으니 대행사나 파트너와 계약을 하면서 초기에 일부 비용을 지불하되 나머지 금액은 이후에 매출, 매출이익, 영업이익 등으로부터 '수익을 나누는 형태'로 계약하기도 합니다. 그런데 이때 아주 흔하게 발생하는 문제가 있는데요. 그것은 바로 '수익'배분이라는 단어를 상호 간에 잘못 해석하는 일입니다.

어떤 파트너사와 계약하면서 착수금으로 1,000만 원을 현금으로 지급하고 나머지 9,000만 원에 대해서는 향후 1년간 수익의 10퍼센트를 배분하는 것으로 대체하는 계약을 맺는다고 합시다. 이때 '수익'이라는 단어를 어떻게 정의하느냐에 따라 주고받는 금액에 아주 큰 차이가 납니다. 각자가 유리하게 이쪽에서는 수익을 '영업이익'으로, 상대방에서는 수익을 '매출'로 이해하는 경우가 빈번합니다. 만일 이번 달 매출이 3억 원이고 영업이익이 1,000만 원이라고 하면, 수익을 매출로 해석할 경우 수익배분 금액은 3억 원의 10%인 3,000만 원이 되는 반면, 영업이익으로 해석할 경우 1,000만 원의 10%인 100만 원으로 금액이 확 달라집니다. 그렇기 때문에 이러한 단어 하나도 명확하게 정의하는 것이 좋습니다. 특히 이런 단어가 빈번하게 논란이 되는 이유는 구두로 논의하는 상황에서는 분위기상 수익배분 산식 등을 구체적으로 언급하기 애매하기 때문입니다.

따라서 계약서 초안을 검토하거나, 계약서에 서명하는 마지막 단계를 앞두고서라도 애매하게 느껴지는 표현이 있다면 반드시 짚고 넘어가야 합니다. 애매하게 쓰인 단어의 의미를 대충 넘겨 짚지 말고 명확한 질의를 통해 확실하게 정의해놓는 것이 좋습니다. 특히 상식적으로 판단했을 때 해석이 묘연한 표현, 단번에 잘 이해가 되지 않는 표현, 같은 내용인데 조항에 여러 부분에 걸쳐 약간씩 다르게 쓰인 표현이 있다면, 이런 부분들은 반드시 정확하게 정의하고 수정해야 합니다.

넷째, 계약과 관련해서는 처음부터 냉정한 태도를 유지하는 것이 필요합니다.

대부분의 창업자가 파트너와 계약 체결을 위해 논의하는 동안에는 화기애애한 분위기를 이어가다가 갑자기 계약 얘기가 나왔을 때 정색하기란 쉽지 않습니다. 그런데 이건 인지상정입니다. 누구나 좋은 얼굴로 대면하다가 갑자기 얼굴을 차갑게 바꾸기는 쉽지 않죠. 그렇기 때문에 저는 오히려 이런 조언을 드리는 것입니다. 파트너와 만난 초기 시점부터 계약과 관련된 내용이 언급되는 순간이 오면 다소 냉정하고 진지하게 커뮤니케이션하는 것을 권합니다.

이런 커뮤니케이션은 상대방에게 메시지를 주는 효과도 있습니다. '저 친구는 평소에는 순해 보이더니 계약과 관련된 얘기가 나올 때는 냉정해지네'라는 인상을 상대방에게 심어주는 효과가 있습니다. 계약이라는 것이 내가 개인의 자격으로 하는 것이 아니라 회사를 대표하여 회사 전체가 져야 할 의무와 책임에 대해 합의하는 것입니다. 때문에 나 한 사람을 위해서가 아니라 회사 전체를 위해 처음부터 이러한 진지함과 그 긴장감을 보여주는 것이 반드시 필요합니다.

가장 피해야 할 태도는 '우리는 아직 작은 스타트업이고 아직도 아쉬운 게 많으니 파트너사의 심기를 건드리지 말아야지'라는 마음으로 상대방의 질문이나 제안에 시종일관 'yes, yes'로 일관하는 것입니다. 그렇게 호의적으로 했던 답변들이 상대방 입장에서는 '구두합의'로 인식될 수 있기 때문입니다.

　파트너와의 계약이란 회사 성장을 위한 필수적인 절차이지만, 동시에 회사 전체에게 리스크가 될 수 있는 중대한 결정이라는 것을 꼭 기억하세요. 그리고 막연한 두려움을 버리시고 직접 계약서 하나하나를 검토하고 숙지하는 노력을 반드시 하시기 바랍니다!

28

위기를 맞았을 때
창업자가 해야 할 의사결정

창업 초기인데 벌써 위기를 맞았습니다. 아무래도 폐업해야 할 것 같아서 좌절감이 큽니다. 어떻게 마음을 다잡아야 할지 모르겠습니다.

"

사업이 망한다고 망하는 게 아니에요. 대표가 무너지면 그때 진짜 망하는 겁니다. 사업이 어렵더라도 내가 무너질 정도가 아니라면 버텨봐야죠. 그러나 사업이 기울면서 나도 함께 무너지고 있다면, 그 사업은 정리하는 것이 맞을 겁니다.

Q

창업한 지 6개월 된 초기 창업자입니다. 메타버스를 주제로 창업했는데, 시기를 잘못 만났는지 역량의 부족인지, 창업 6개월 만에 폐업을 검토하고 있습니다. 초기 자본금은 이미 다 소진했지만 투자유치에 실패하면서 최근 3~4개월 정도는 5명의 직원에게 월급을 주기 위해 제 개인 돈을 회사에 가수금 형태로 넣어서 운영했는데요. 더 이상 그렇게 유지하는 것도 한계에 부딪혀서 아무래도 폐업해야 할 것 같습니다. 생각이 너무 많아서 마음이 잘 잡히지 않고 우울한 마음도 듭니다. 어떻게 마음을 다잡을 수 있을까요?

A

저도 첫 번째 창업했던 회사를 폐업하기로 결심했을 때 정말 마음이 괴로웠는데요, 지금 그 기로에 서 있는 대표님의 마음이 얼마나 힘드실지 공감이 됩니다. 정확히 말하면 폐업 절차가 다 끝났을 때보다는 폐업하기로 결심했을 때가 참 힘들었던 기억이 납니다. 약 2년 정도의 시간을 모든 열정을 바쳐서 이 사업을 위해 뛰었는데 결국은 접어야만 한다는 사실에 모든 것이 무너지는 느낌이었습니다. 그리고 마치 회복할 수 없는 실패를 겪는 것만 같은 절망감에 휩싸였습니다. 또 무엇보다 나를 믿고 함께해준 창업의 동지들에게 말로 표현할 수 없는 미안함과 죄책감도 들었고요.

우리는 성공한 스타트업들의 얘기만 들어서 그렇지, 실상은 얼마 못 가서 폐업하는 회사들의 비율이 훨씬 높습니다. 과학기술

정책연구원의 분석(2020년 3월)을 보니, 스타트업의 1년 생존율은 62%, 5년 생존율은 27%에 불과하다고 해요. 그러니 질문자처럼 창업 후 1년도 안 되어서 바로 사업이 위기를 맞고 폐업해야 할 기로에 서 있는 경우가 열에 넷 정도는 된다는 것입니다. 지금도 이 생태계에는 수많은 스타트업이 절체절명의 위기 속에서 생존과 폐업에 기로에 서 있을 것입니다.

제가 폐업의 기로에 서서 그렇게 힘들어할 때 결정적으로 힘이 되고 길이 되었던 말이 있었습니다. 어떤 선배가 저에게 그런 얘기를 해줬어요. "진짜 좋은 창업자는 사업을 잘 일으키는 사람이 아니라, 사업을 접어야 할 때를 알고 잘 접는 사람이다. 벌이는 건 잘해도 깔끔하게 마무리하는 사람은 흔치 않다. 그러나 잘 마무리하는 그 경험이 결국 너를 다시 일으킬 것이고, 좋은 마무리를 함께 했던 사람들이 너를 결국 다시 도울 것이다." 당시에 그 말이 저에게 참 큰 힘이 됐습니다.

누군가는 반드시 사업에 있어서 실패를 겪어야만 하는 것이니 그 높은 실패의 확률 속에 내가 속해 있는 거라면 담담하게 그 현실을 받아들이고, 지금부터는 어떻게 하면 함께했던 사람들에게 피해가 덜 갈 수 있을지를 고민해보자는 생각이 들었습니다. 그래서 그때부터는 정신을 바짝 차리고 회사를 정리하는 것에만 집중했던 기억이 납니다.

잘 마무리하는 것이 결국 잘 일으키는 것만큼 가치 있는 일이라는 믿음이 있었기 때문입니다. 남아 있는 자산과 현금은 철저하게 공동창업자의 지분에 맞게 나눈 후에 청산했습니다. 그 덕분인지는 몰라도 첫 창업 때 만났던 공동창업자들과 지금까지도 좋은 관계를 유지하며 지내고 있습니다. 각자의 길을 가는 모습에 함께 응원하고 박수를 보내며 언제든 서로를 도울 수 있는 관계로 남아 있습니다.

그리고 또 하나 드리고 싶은 말씀이 있는데요. 제가 첫 창업에서 무참히 실패하고 보니 한동안은 좌절감에도 빠지고 위축감에도 싸여있었지만 결국 그런 시간들이 저에게는 큰 도움이 되는 시간이었습니다. 마지막까지 어떻게든 살아보려고 있는 돈도 다 털어 넣어 보고, 또 수십 곳의 벤처캐피탈을 만나서 어필하기도 했습니다. 또 마지막에는 정말 회사를 헐값에라도 넘겨서 이 사업만큼은 살려보겠다는 일념으로 전략적 투자자들을 만나며 마지막까지 살길을 찾아 헤맸던 기억이 있습니다. 그럼에도 불구하고 회사는 결국 폐업하게 되었고, 제 인생의 첫 번째이자 가장 큰 실패를 겪게 되었습니다.

그런데요, 지금 돌이켜보면 실패의 시간은 결국 축적의 시간이었습니다. 그냥 아무 의미 없이 날아가 버리는 내 인생의 책에서 지워져 버리는 그런 시간이 아니라, 그때 내가 보냈던 모든 시간과 내가 만났던 모든 인연과 또 내가 겪어야 했던 모든 일은 결국 나에게 큰 경험과 지혜와 교훈을 주는 아주 소중한 시간이었던 것입니다. 비록 다른 사람들이 보기에 저는 후퇴하는 것 같고 바닥으로 떨어지는 것 같았겠지만 돌아보면 그 시간은 저에게 이런 소중한 것들을 차곡차곡 쌓게 해주는 시간이었습니다.

지금 폐업의 기로에 서서 힘들어하는 창업자가 있다면 폐업을 통해서 찾아오는 고통과 좌절감에 함몰되지 마시길 바랍니다. 이런 시간들을 통해서 나에게 얻어지는 것들이 분명히 있다는 것, 지금은 비록 눈에 보이지 않고 몸으로 체감되지 않지만 이런 시간들이 나에게 세상에 누구도 얻을 수 없는 귀중한 경험과 가치를 더해주고 있다는 것을 반드시 믿으시길 바랍니다. 특히 이번의 실패로 인해 여러분의 인생이나 다음 사업의 경로가 모두 뒤틀어지고 무너질 거라고 생각하지 마십시오. 결국은 지금의 이 시간을 딛고 여러분은 다시 일어서게 되어 있습니다.

이 사업은 여기서 끝이겠지만, 여러분 인생에서 이 사업이 결코 마지막 사업이 아닐 것입니다. 다시 일어날 것이고, 다른 사업으로 또다시 기회를 찾을 수 있을 것입니다. 그리고 그때 지금 겪고 있는 이 실패와 좌절의 경험들이 나에게 정말 강력한 무기가 될 것입니다. 지금의 실패가 훗날 누구도 갖출 수 없는 내공으로 돌아와 나의 내면을 강하게 지켜줄 것입니다.

회사가 망한다고 망하는 게 아니고, 대표가 무너지면 그때 진짜 망하는 겁니다. 지금의 실패와 좌절을 반드시 이겨내시길 바랍니다. 어두워 보이지만 이 길을 통해 내가 가장 소중한 가치를 얻겠다는 마음으로 접을 때 잘 접는 창업자가 되시기를 바랍니다.

3부에서 꼭 기억해야 할 핵심 포인트

21 스타트업에게 전략이란?

리소스가 한정적인 스타트업에게 '전략'은 오히려 매우 중요해요. '무슨 사업'을 '어느 시장'에서 어떻게 '차별화'할지만 정의해도 전략의 중요 요소는 다 정리된 거예요.

22 업의 본질을 알아야 Growth Path를 잡을 수 있어요

좀 단순화하면, 판매형 사업인지 광고형 사업인지를 구분해봐야 해요. 업의 본질이 무엇인지에 따라 성장 전략은 완전히 달라지니까요.

23 사업의 타이밍을 어떻게 판단할까?

완벽한 판단은 불가능하죠. 그러나 사업의 준비도, 고객의 준비도, 사회적 준비도를 고려해보면 지금이 사업 전개의 타이밍인지 아닌지 어느 정도 판단할 수 있어요.

24 스타트업이니까 MVP는 필수 아이템?

스타트업이니까 MVP는 꼭 해야 한다는 강박은 필요 없어요. MVP의 사상만 취하면 됩니다. 빠른 속도로 시장의 피드백을 받아 제품의 완성도와 경쟁력만 높일 수 있다면 방법이나 형태는 중요치 않아요.

25 혜택은 누가 보고, 돈은 누가 내나?

수익 모델을 잡을 땐 우선 수혜자와 지불자를 구분해보세요. 이 둘이 불일치하는 경우엔 수혜자와 지불자 각각을 위한 제품과 서비스를 동시에 고민해야 하거든요.

26 마케팅 에이전시를 잘 고르는 법

창업자가 검색포털이나 SNS에서 소액으로라도 광고를 직접 집행해보세요. 기본적인 이해를 갖고 에이전시를 만나면 소통과 판단이 수월해질 거예요. 그리고 우리만의 마케팅 기획, 즉 '생각'이 정리된 후에 만나야 한다는 것도 잊지 마세요.

27 계약서는 변호사에게만 맡기면 된다?

어떤 계약서든 창업자(대표자)가 반드시 '직접' 읽어보셔야 해요. 변호사는 도움을 주는 사람이지 책임을 대신 져주는 사람이 아니에요. 도장을 찍는 순간 모든 책임은 당신에게 돌아갑니다.

28 위기를 맞았을 때 창업자가 해야 할 의사결정

사업이 망한다고 망하는 게 아니라, 대표가 무너지면 그때 진짜 망하는 거죠. 아직 내가 무너질 정도가 아니라면 어떻게든 버티는 방향으로 결정하세요. 그렇지만 내가 함께 무너지고 있는 상황이라면 그 사업은 이쯤에서 정리하는 게 좋을 겁니다.

4부

HR 이슈가
버거울 때

29

초기 멤버, 열정과 능력 중에
뭐가 더 중요할까?

초기 멤버를 뽑아야 하는데 능력자를 뽑아야 할까요, 열정가를 뽑아야

할까요?

"

지금 내 회사에 필요한 것이 능력인지 열정인지 판단해보세요. 그냥 사
람이 탐나서 뽑아놓고 할 일을 찾는 경우가 생각보다 많습니다. '제가 사
람 욕심이 있어서요' 하면서 웃어넘길 게 아닙니다. 스타트업에게 인건
비는 절대적 비중을 차지합니다. 냉정하게 지금 필요한 사람이 누구인
지 판단해보세요.

Q

조만간 회사를 설립하고 창업에 도전하는 40대 예비 창업자입니다. 직장 생활을 하면서 알고 지내던 후배들 중에 초기 멤버로 영입할 만한 친구들을 물색하고 있는데, 어린 친구들은 열정은 있지만 능력 면에서 아직 좀 부족하고, 숙련도가 있는 친구들은 능력은 있지만 그만큼 포기해야 할 것들이 많다 보니 보상 측면에서 부담이 되는 게 사실입니다. 주변에 먼저 창업한 분들 얘기를 들어보니, 누군가는 어린 친구를 뽑아서 키우라는 분도 있고, 누군가는 한 사람을 뽑더라도 능력 좋은 사람을 뽑으라는 조언을 해주시던데, 과연 어떤 유형의 사람을 초기 멤버로 영입하는 게 맞을지 고민입니다.

A

초기 멤버를 어떻게 구성할 것인지에 대해서는 정말 고민이 많이 되는 부분입니다. 실제로 창업자들이 저에게 하시는 많은 질문 중의 하나가 '연봉 높은 능력자 vs. 연봉 낮은 열정가' 중에 누구를 뽑으면 좋겠냐는 질문입니다. 능력자는 연봉이 높지만 즉시 전력으로 당장 업무 수행이 가능한 반면, 열정가는 연봉은 낮지만 당장 어딘가에 쓸 수 없는 역량 수준인 경우가 많습니다.

자, 그런데요. 저는 이 질문에 대한 답을 하기에 앞서서 먼저 이것부터 말씀드리고 싶습니다. 능력자로 인식하고 있는 그 사람이 정말 능력자 맞나요? 또 열정가로 인식되고 있는 그 사람은 진짜 열정가 맞나요? 저는 그 두 유형의 사람을 두고 고민하시기 이전에 일단 검증부터 해보시길 권합니다. 능력자든 열정가든 실

4부 HR 이슈가 버거울 때

제와 달리 자기 스스로를 그렇게 포장하는 경우가 너무 빈번하기 때문입니다. 특히 개발, 마케팅, 재무, 법무, 특허 등 전문 영역을 수행하는 사람들 중에는 자신의 경력과 역량을 부풀리는 경우가 많습니다.

또 신입사원 급의 젊은 구직자들 중에서도 어떻게든 취업에 성공하겠다는 생각만으로 인터뷰에서는 마치 회사에 젊음을 모두 바칠 것처럼 과장하기도 합니다. 그래서 레퍼런스 체크 등을 통해 최대한 검증해본 후에 고민을 시작해도 늦지 않다고 말씀드리고 싶습니다. 절대 첫인상에 속지 마시길 바랍니다. 특히 스타트업의 경우는 한 사람만 잘못 뽑아도 회사가 휘청거릴 수 있기 때문입니다.

자, 그럼 이제 레퍼런스 체크를 통해 능력자와 열정가로 검증이 된 두 사람이 있다고 가정하겠습니다. 스타트업의 초기 멤버로서 이 중에 과연 누구를 뽑아야 할까요? 저는 이렇게 생각합니다. 지금 이 시점에 회사에 필요한 사람이 누구인지를 먼저 규정해야 합니다. 어느 회사든 어느 시점이든 능력과 열정을 모두 가질 수 있다면 좋겠지만, 현실은 늘 제약이 있기 때문에 조금 냉정하게 판단해볼 필요가 있습니다.

종종 창업자들이 사람을 뽑는 과정에서 행하는 실수가 있는데요. 탐나는 사람을 보면 지금 회사에 필요가 있든 없든 무조건 뽑고 본다는 것입니다. 예를 들어 이런 상황입니다. 지금 회사에 필요한 사람은 능력은 조금 부족해도 같이 으샤으샤 하면서 파이팅 넘치고, 같이 밤도 새면서 힘든 시기를 버텨줄 수 있는 사람이 필요한데, 정작 창업자는 어딘가에서 만난 능력자에게 마음을 뺏겨 그 사람을 채용하고 맙니다. 그런데 이렇게 뽑은 능력자가 회사에 대한 로열티와 소속감보다는 자신의 커리어 관리에만 관심 있어서 딱히 열정을 보이지도 않고 정해진 일만 처리한 후 칼퇴근해 버립니다. 이 경우 회사는 그 사람을 위해 큰 비용을 지불하지만 정작 지금 시점에 필요한 '열정'이라는 역량은 확보하지 못하게 되는 것입니다.

지금 회사에 필요한 역량이 무엇인지를 판단할 때에는 대표를 포함한 기존 구성원들의 보유 역량을 고려할 필요가 있습니다. 기존에 있는 구성원들이 가진 능력과 열정을 잘 판단하여 현재의 구성원을 재배치하거나 업무를 조정함으로써 현재 회사가 가진 채용 니즈가 해소될 수 있는지를 먼저 확인해볼 필요가 있습니다.

초기 스타트업에게는 사실 창업자의 역량이 거의 전부이기 때문에, 창업자 자신이 가진 능력과 열정을 객관화하여 잘 판단한 후 채용에 대한 방향을 결정하시면 됩니다. 창업자 자신의 역량으로 커버가 되는 부분이라면, 아무리 탐나는 인재가 있어도 뽑으면 안 됩니다.

자, 그럼 이제 회사가 필요한 역량도 정의되고 기존 구성원들의 역량을 고려하여 최종적으로 능력자 혹은 열정가를 뽑기로 결정했다고 가정해보겠습니다. 만일 능력자를 뽑는다면 조직 내에 있는 누군가가 열심히 그분에게 배워서 그분의 능력을 단순히 개인의 것이 아니라 회사의 자산으로 만드는 노력이 필요합니다. 그런 '자산화'에 대한 노력을 하지 않는다면 능력자가 한순간에 회사를 떠나는 순간, 회사에 있던 그 능력은 곧바로 사라지게 될 것입니다.

또 만일 열정가를 뽑는다면 어떻게 해야 할까요? 이분에게 능력을 갖출 수 있도록 육성 활동을 해야 합니다. 다만 이렇게 누군가를 육성할 때에는 장기적인 관점이 필요합니다. 열정가가 능력까지 탑재하게 되면 매력이 매우 높아지기 때문에 어딘가에서 좋은 오퍼를 받을 가능성이 높아질 것입니다. 열정에 능력까지 갖추었으니 말입니다. 그래서 열정가를 육성할 때에는 장기적인 보상 플랜도 함께 제시하는 것이 좋습니다. 자칫하면 열정가를 능력자로 변신시킨 후에 다른 곳에 뺏겨버리는 '사관학교'쯤으로 전락할 수 있기 때문입니다.

지금까지는 창업자 여러분이 '능력자냐, 열정가냐'라는 질문 앞에 어떤 것들을 고려해야 하는지를 설명해드렸는데요. 지금부터는 이 질문에 대한 저의 개인적 견해를 말씀드려 보겠습니다. 저는 초기 기업은 열정가를 뽑는 게 맞다는 생각을 합니다. 왜냐하면 초기 기업은 현실적으로 높은 연봉을 지불하기 쉽지 않고, 또 연봉 높은 능력자들은 스타트업에 적응하는 데 어려움을 겪는 경우가 많기 때문입니다. 쉽게 말해서 조기축구팀에 갑자기 손흥민을 뽑는다고 생각하면 조기축구팀 감독이야 정말 탐을 내겠지만, 손흥민의 연봉을 맞출 수도 없을 것입니다. 또 손흥민 선수도 조기축구팀의 여러 가지 한계와 부족함으로 인해 적응하기 어려울 것입니다. 실제로 스타트업에 이런 일들이 벌어집니다.

꽤 유명한 분들이 스타트업에 왔다가 적응하지 못하고 몇 개월만에 그만두는 경우들이 많습니다. 그게 그분의 인성에 문제가 있어서가 아닙니다. 보통 그렇게 화려한 이력을 가진 분들은 대부분 잘 갖추어진 인프라 속에서 일했을 가능성이 큽니다. 그러다 보니 체계며 인프라며 아무것도 없는 작은 스타트업에 왔을 때 적응하지 못하는 경우가 많은 것입니다. 대기업의 환경에 익숙했던 분들은 그런 인프라가 받쳐줘야만 그분의 능력을 100% 발휘할 수 있기 때문에, 이런 분들을 모셔 오면서 지불했던 비용에 비하면 퍼포먼스가 충분히 안 나오는 상황이 지속되는 것입니다.

제가 예전에 대기업에서 여러 가지 신사업을 벌일 때, 그리고 또 그 이후에 창업을 몇 차례 하면서 느끼는 것은 어쨌거나 열정이 있는 사람은 결국에는 자기에게 필요한 역량을 배우더라는 것입니다. 그래서 오히려 그런 열정가들은 회사가 기다려주고 기회를 줄 때마다 빠르게 성장하며, 능력자보다 훨씬 회사의 성장에 기여하는 핵심인재로 거듭나게 됩니다. 물론 이것은 어디까지나 저의 경험에서 비롯된 결론일 뿐이니 참고만 하시면 됩니다.

초기 스타트업에게 사람에 대한 고민은 사실 80~90%의 비중이라고 해도 과언이 아닙니다. 그렇다고 해서 좋아 보이는 사람을 무조건 뽑아서는 절대 안 됩니다. 돈이 부족한 초기 기업에게는 좋은 사람을 놓치는 한이 있어도, 지금 회사에게 명확하게 필요한 사람을 뽑는 것이 중요합니다. 그러기 위해서는 후보에 대한 검증과 회사의 필요에 대한 냉정한 판단이 수반되어야 한다는 것을 잊지 마시기 바랍니다!

30

믿었던 초기 멤버가
'돈'을 요구하며 돌변할 때

시리즈A 투자를 받고 나니 초기멤버들이 갑자기 월급을 대폭 올려달라 네요. 아직은 돈을 아껴야 하는 상황인데 말입니다. 게다가 다른 직원도 아니고 저와 창업 초기를 함께 보낸 초기 멤버들이 이러니 충격이 큽니 다. 이런 경우 어떻게 해야 할까요?

"

초기 멤버라고 해서 무조건 창업자와 같은 마음이라고 생각하시면 안 됩니다. 특히 초기 멤버라면 무조건 비전을 보고 함께했을 거라고 생각 하지만, 이런 편견을 깨는 것이 좋습니다. 초기 멤버라고 하더라도 누군 가는 비전 충만하겠지만, 누군가는 '현금 충만'하기를 원합니다.

Q

저는 창업한 지 이제 3년째에 접어드는 초기 창업자입니다. 작년에 운 좋게도 벤처캐피털로부터 20억 원의 투자를 받게 되어 올해부터 본격적으로 사업을 전개해보려는 참입니다. 그런데 이제 겨우 시리즈A 투자유치에 성공한 것뿐인데, 초기 멤버들이 조금 달라졌습니다. 저는 이 돈으로 앞으로 할 게 많아서 투자금조차 부족하다고 느끼는데, 초기 멤버들은 투자유치에 성공했으니 급여 인상과 함께 지난 2년간 고생한 것에 대한 상여금(인센티브)을 지급하라고 요구하고 있습니다. 물론 저 역시 그동안 고생한 직원들을 위해 보상이 필요하다고 생각은 하고 있던 터라, 투자유치를 기념하여 스톡옵션을 부여하려고 생각 중인데요. 초기 멤버들이 요구하는 수준은 대기업과 유사한 수준의 급여 인상입니다. 이에 저는 스톡옵션 부여를 발표했지만 여전히 이 친구들의 불만은 수그러들지 않은 눈치입니다. 이번에 받은 투자금으로는 대략 1.5년 정도 버틸 수 있을 것 같은데요, 이럴 땐 어떻게 해야 할까요? 현금지출을 최소화하기 위해 스톡옵션을 고수해야 할까요? 아니면 그들이 원하는 수준의 급여 인상을 해줘야 하는 것일까요? 설립 때부터 함께했던 초기 멤버들이 이러니까 솔직히 당황스럽고 배신감도 느껴집니다. 공동의 목표를 향해 함께 걷고 있다고 생각했는데 갑자기 남처럼 느껴지기도 하고요. 어떻게 하면 좋을지 의견 부탁드립니다.

A

대표님, 고생이 많으시네요. 일단 제가 보니 급여를 얼마를 올려야 하느냐 이런 문제보다는 초기 멤버인데 어떻게 이런 수 있나 하는 배신감을 더 크게 느끼는 것 같습니다. 충분히 이해가 되는 상황입니다. 왜냐하면 생각보다 많은 회사에서 투자유치 직후에 빈번하게 이런 갈등이 벌어지기 때문입니다. 이런 일을 처음 겪은 대부분의 창업자는 많이 실망하기도 하고, 또 의견 차이를 좁히지 못해 초기 멤버와 결별하는 일을 겪기도 합니다.

실제로 제가 잘 아는 어떤 창업자는 거의 공동창업자라고 여길 만큼 의지하고 아끼며 함께해왔던 초기 멤버가 시리즈A 투자유치 직후 다른 회사로부터 받은 오퍼를 들이밀며 연봉 협상을 하는 모습을 보면서 큰 충격을 받고 힘들어했습니다. 이 갈등의 상황을 두고 당시에 저도 꾸준히 도와드렸는데, 그때 제가 본 것은 그 초기 멤버가 인상해달라고 했던 금액이 문제가 아니었습니다. 믿었던 멤버가 이미 다른 곳에 인터뷰를 진행해왔다는 사실과 그걸 내밀며 '이거 안 맞춰주면 나간다'라는 뉘앙스를 풍기는 것에 창업자는 더 큰 충격과 배신감을 느꼈다는 것이었습니다.

사실 이런 감정적인 부분 외에도 초기 멤버가 창업자와 갈등 관계를 가져간다는 것은 회사 내부에도, 회사 외부에도, 투자사에게도 좋지 않은 신호로 보일 수 있기 때문에 상당히 난이도가 높은 상황임에는 분명합니다. 당시 그 창업자는 울며 겨자먹기로 연봉 인상을 해주며 그 초기 멤버를 달랬는데, 그 초기 멤버는 결국 2년 뒤 회사가 데스밸리에 접어들 즈음에 가장 먼저 이직하고 말았습니다.

저는 이런 생각이 듭니다. 회사에 있는 그 누구든, 창업자 본인과 같은 마음인 사람은 없을 것입니다. 저는 창업자들이 최대한 빠른 시간 안에 이것을 인정하는 것이 필요하다고 생각합니다. 앞서 말씀드린 케이스에서도 저는 그 초기 멤버를 굳이 비난하고 싶지 않습니다. 어디까지나 본인의 선택인 것이고, 또 그 초기 멤버에게는 연봉 이외에도 많은 것을 고려하며 직장을 다닌 것이기 때문에 제가 모르는 여러 요인이 작용했을 수도 있습니다. 그래서 제가 말씀드리고 싶은 건 초기 멤버라고 해서 창업자와 같은 마음일 거라고 전제해서는 안 된다는 것입니다.

질문자의 경우를 보면, 질문자와 함께했던 초기 멤버들은 지난 2년의 시간을 돌아보며 좋았던 경험도 많이 있었겠지만 아마 굉장히 힘들고 앞이 보이지 않는 상황들도 많이 겪었을 겁니다. 그런 과정들을 통해서 아마도 이 직원들은 회사에 대해 지쳐 있을 수도 있고 불투명한 미래에 대한 불안을 느끼고 있을 수도 있습니다. 그렇기 때문에 초기 멤버는 어떤 어려움에도 굴하지 않고 오직 회사의 비전에 충만하여 열정이 넘치는 사람이라고 단정 짓는 것은 굉장히 잘못된 생각입니다.

초기 멤버에 대한 기대와 편견을 지우고 지금의 상황을 바라보면, 사실 상황은 단순합니다. 급여 인상을 요구하는 직원이 있을 뿐이고, 질문자께서 결정하셔야 하는 건 이 직원에게 그만큼의 연봉을 올려줄 만한 가치가 있는지만 판단하면 되는 것입니다. '아니, 믿어왔던 네가 어떻게…'라는 마음만 지우면 됩니다.

누구에게 얼마의 급여를 인상하고, 얼마의 스톡옵션을 주면 되는지 그 문제만 풀면 되는 것입니다. 심정적으로 어려우시겠지만 제가 오히려 이렇게 남의 속 모르듯 단순하게 말씀드리는 것은, 그렇게 해서 현실을 받아들여야만 창업자의 마음도 편안해지고 초기 멤버들과의 관계도 더 이상 악화되지 않기 때문입니다. 이 배를 함께 타고 있을지는 몰라도 각자가 꿈꾸는 미래는 다를 수 있습니다.

자, 그러면 단순화된 그 문제에 집중해보죠. 각각의 직원들에게 어떻게 보상하면 좋을까요? 직원들의 보상에 앞서서 반드시 하셔야 할 일은, 우리가 확보한 투자금이 어디에 얼마나 쓰일 것인지와 그렇게 쓰였을 때 예상하는 런웨이Runway, 스타트업이 현재 보유한 자금으로 운영될 수 있는 최대의 기간가 어느 정도라는 것을 솔직하게 공유하는 일입니다. (아, 물론 회사가 인수합병, 제휴 등 중요한 딜을 계획하고 있어서 런웨이를 공유하는 것이 부담스러운 상황이라면 런웨이에 대한 아주 구체적인 숫자는 밝히지 않으셔도 좋습니다. 현재 질문자의 상황을 가정하여 아직 초기 단계이기 때문에 구체적인 커뮤니케이션을 하셔도 좋다고 말씀드리는 것입니다.)

그리하여 직원들이 현 상황에 대한 잘 이해하게 되었을 때, 그때부터는 각각의 직원들과 일대일로 만나는 것을 권합니다. 어떤 사람은 내가 지금까지 인식했던 것과는 달리 현금으로 보상받길 원할 수도 있고, 어떤 사람은 스톡옵션을 많이 받기를 원할 수도 있습니다. 즉 각 개인마다 필요가 다를 수 있기 때문에, 회사가 생각하는 플랜만을 정해놓고 어렵게 설득할 필요는 없다는 것입니다.

예를 들어, A라는 직원은 창업자가 보기에는 아무리 열정에 가득 차서 긍정적인 에너지로 일하는 것 같아도, 막상 그 사람의 마음속에는 회사의 주식을 받는 것보다는 당장 눈앞에 보이는 현금을 받길 원할 수도 있습니다. 이 직원이 회사에서 보여준 외적인 모습과 속마음은 전혀 다를 수 있다는 것입니다. 밝고 열정이 넘치는 건 단지 그의 성격일 뿐, 마음속으로는 회사의 미래에 대해 불안감을 가지고 있을지 모릅니다. 혹은 개인적인 재무 상황에 따라서 당장 현금이 필요할 수도 있는 것이고요.

또 B라는 직원은 평소엔 냉소적으로 보였는데 막상 1:1로 얘기를 나눠보니 회사의 성장에 대한 강한 믿음이 있을 수도 있습니다. 그런가 하면 C라는 직원은 현금과 주식으로 반반씩 보상받길 원할 수도 있습니다. 즉 이렇게 다양한 상황들이 존재할 수 있기 때문에 회사가 규정하는 대로 보상의 방식과 규모를 결정하는 것은 오히려 더 어려운 설득의 과정이 필요할지 모릅니다. 물론 모든 직원이 원하는 비율대로 다 맞춰줄 수는 없겠지만, 기본적으로 각자가 가진 성향과 판단을 들어보면 큰 틀에서 보상 구조를 어떻게 가져가야 하는지 훨씬 명확하게 보일 겁니다.

핵심은 초기 멤버라고 해서 무조건 내 마음과 같을 거라는 생각을 버리시라는 것입니다. 그렇게 생각을 먼저 원점으로 돌려놓은 후에 문제를 바라보시되 각각의 사람이 가지고 있는 마음속 열정의 온도가 모두 다르다는 것을 전제로 문제를 풀어가셨으면 좋겠습니다.

투자유치 성공에 축하드리고요. 모쪼록 현명하게 직원들의 보상 문제를 잘 풀어가시길 기원합니다!

31

C레벨 구성이
고민이 될 때

창업 초기부터 C레벨을 구성하는 게 맞을까요? 뽑자니 비용 부담이, 안 뽑자니 회사가 없어 보여서 고민입니다.

스타트업에서 C레벨은 회사를 흥하게도, 회사를 망하게도 합니다. 딱 한 사람의 C레벨이 회사를 망하게 하는 경우는 부지기수입니다. 남에게 보이는 것을 의식하기보다는 회사의 가치가 개인의 가치보다 커졌을 때, 그때 임원진을 구성하세요.

Q

대기업에서 임원생활까지 하다가 얼마 전에 퇴임한 50대 창업자입니다. 다른 회사의 임원자리를 더 알아볼까 하다가, 더 늦어지면 창업을 아예 시도도 못 해볼 것 같아서 과감히 창업의 길로 들어섰습니다. 창업한 지는 3개월이 되었고 다행히 지인들이 투자해준 돈이 있어서 1년 정도는 운영할 수 있는 자금을 마련해둔 상황입니다. 문제는 이 상황에서 C레벨 임원급들을 뽑아야 하는지가 고민입니다. 2명 정도라도 임원급을 뽑으면 운영자금의 여유가 1년 치에서 6개월 치로 확 줄어들 것 같아서요. 그런데 또 막상 안 뽑고 이대로 가자니 뭔가 회사가 체계도 없고 빈약한 느낌이 들어서 다른 사람들 보기에 회사가 너무 없어 보이지 않을까 걱정도 됩니다. 초기 스타트업의 C레벨 구성에 대해 조언 부탁드립니다.

A

창업 초기부터 C레벨들을 두어야 하는가? 이 질문도 많은 초기 창업자가 고민하는 주제입니다. 저는 간단하게 이렇게 말씀드리고 싶습니다. 일단 회사가 재정적 여력이 안 된다면 C레벨을 구성할 필요가 전혀 없습니다. 생각하고 말고 할 것도 없습니다. 생존이 급한데 굳이 비싼 돈 들여가며 무거운 사람들을 채용할 필요는 없습니다. 듣고 보면 당연하고 상식적인 얘기 같지만, 이상하게 C레벨을 뽑아야 한다는 강박 때문에 회사가 여력이 없음에도 불구하고 억지로 C레벨을 영입하는 경우가 꽤 있습니다. 저는 굳이 그럴 필요는 없다고 생각합니다. 아마도 질문자께서 대기업에서 임원으로 생활을 하셨기 때문에, 늘 보아왔던 조직의 모습과 갖춰야 할 조직의 위계를 생각할 때 C레벨이 없다는 게 뭔가 어색하고 허전해서 더 그런 필요를 느끼시는 것 같습니다.

초기 스타트업에게 있어서 조직의 완성도나 조직의 거대함 같은 것들은 전혀 중요하지 않습니다. 특히 구성원들이 대외적으로 어떤 타이틀을 가지고 있는지는 투자유치나 파트너십 체결 등에 그렇게 영향을 미치는 요소가 아닙니다. 따라서 남의 이목을 의식해서 군이 C레벨을 구성할 필요가 전혀 없습니다. 초기 기업은 창업자 한 사람이 그 기업 전체를 대표한다고 해도 과언이 아닙니다. 사실상 모든 구심점이 창업자에게 쏠려 있기 때문에 창업자 이외에 어떤 레벨에 누가 있는지, 조직적 규모와 위계가 어떻게 구성되어 있는지 등은 그다지 중요하지 않은 것입니다.

대기업 생활을 오래 하셨으니 타이틀이 주는 힘을 아실 것이고, 스타트업이 그렇지 않아도 작은 회사이니 타이틀을 통해서라도 대외적으로 무시당하기 싫은 마음이 있으시겠지만, 재정적으로 여유가 없을 때에는 군이 C레벨을 꾸리실 필요가 없습니다.

자, 이제 문제는 재정적 여력이 있을 때는 어떻게 할까입니다. 결론적으로 말씀드리면, 저는 이 경우에도 군이 갖출 필요가 없다고 말씀드리고 싶습니다. 즉 임원진 구성에 대한 문제는 회사 재정의 여력과 무관하다는 것입니다. 관련해서 두 가지 포인트를 고려해야 합니다.

첫째는 C레벨을 구성하고 싶은 진짜 동기가 무엇인지를 점검해봐야 하고, 둘째는 현재 우리 회사의 가치가 개인의 가치보다 높은지를 판단해야 합니다.

첫째, 진짜 동기가 무엇인가?

C레벨을 갖추기 위해 서두르는 경우를 보면, 대기업 출신 창업자들이 뭔가 조직체를 갖춰야 할 것 같은 강박이 있는 경우이거나, 혹은 창업자가 나를 대신해서 이런저런 일들을 처리해줄 수 있는 누군가를 세우고 싶어 하는 경우입니다. 특히 후자의 경우는 대기업에서 임원급 이상까지 근무하신 연령대가 높은 창업자들에게서 주로 나타납니다. "내가 이 나이에 언제 다 이걸 하고 있나? 빨리 누군가를 좀 뽑아서 임원 타이틀을 주고 그 사람이 나 대신 험한 일을 좀 해줬으면 좋겠다"라는 마음입니다. 연령대가 높은 창업자들은 절대적으로 에너지도 떨어지고 건강상으로도 오랜 시간을 업무에 매달릴 수 없으니 충분히 그럴 수 있다고 생각합니다.

그러나 이런 동기를 가지고 임원을 뽑게 되면 결국은 창업자가 사업의 상세한 부분까지 관여하기 어려워집니다. 내가 손을 떼고 누군가에게 일을 덜어주는 순간 그 일은 나에게서 상당 부분 떠나게 되고, 아무리 의사결정 체계를 확립해놓아도 상당 부분이 나의 통제 권역 밖으로 벗어나게 됩니다. 초기 기업에게는 한두 가지의 실무적 의사결정조차도 회사의 흥망에 영향을 주게 되는데, 상당 부분을 초기부터 다른 사람에게 맡기고 운영한다는 것은 회사에게는 큰 리스크가 될 수 있습니다.

제가 알고 있던 어떤 스타트업에서는 창업자가 연세도 좀 있으셨고 평생 연구직으로 있었던 분이라 영업, 마케팅, 대외활동, 제휴 관련 업무를 외부 인력을 채용하여 상당 부분 자율성을 부여했습니다. 대기업 기획부서 출신의 30대 후반의 인력을 채용하여 CBO Chief Business Officer, 최고사업책임자로 임명했습니다. 열정이 넘치던 그 CBO는 여러 파트너와 적극적으로 관계를 형성해갔는데, 네트워킹을 하던 중 어떤 중소기업으로부터 제휴 제안을 받게 되었습니다. 그런데 이 CBO는 본인의 기준으로 보기에는 '이 정도 작은 규모의 중소기업과 제휴하면 향후 회사의 성장에 한계가 생기지 않을까' 해서 정중히 거절했다고 합니다.

그런데 나중에 이 건을 두고 창업자와 얘기를 나눴는데, 창업자는 생각이 달랐습니다. 해당 분야의 기술 연구에 평생을 보낸 창업자 입장에서는 그 중소기업이 그냥 중소기업이 아니라 강소기업이었던 것입니다. 창업자는 이미 CBO가 제휴 제안을 거절했다는 말을 듣고 몹시 당황해하며 왜 미리 상의하지 않았느냐고 다그쳤습니다. CBO의 입장에서는 본인에게 자율권을 준 것이 아니냐며 불쾌한 내색을 했습니다. 결국 그 창업자는 CBO에게 이제부터 모든 의사결정은 본인이 할 테니 모든 건에 대해 보고해달라고 했고, 그런 체계를 답답해하던 CBO는 3개월 뒤에 퇴사하고 말았습니다.

이 사례에서 잘못이 있다면 누구에게 있을까요? 창업자에게 소상하게 상의하지 않은 CBO의 잘못일까요? 아닙니다. 저는 결국 창업자의 잘못이라고 봅니다. CBO는 창업자가 본인에게 부여한 '자율성'이라는 것을 다소 크게 해석했던 면은 있지만, 충분히 납득이 되는 사유로 제휴 제안을 거절했으니 CBO의 행동이나 역할 수행에 나쁜 의도가 있다고 보기는 어렵습니다.

문제는 연구 외의 일에는 신경 쓰고 싶지 않은 마음에 너무 성급하게 C레벨을 임명하고 모호한 형태로 '자율권'을 부여한 창업자에게 있는 것입니다. 스타트업의 흥망이 결정되는 건 대단하고 거창한 의사결정뿐만 아니라, 일상에서의 업무 퀄리티와 작은 의사결정에도 달려 있다는 것을 반드시 기억하셔야 합니다. 따라서 초기에는 가능한 모든 일을 직접 주도하면서 오히려 역량 있는 주니어 멤버들을 잘 뽑는 게 현명한 방법입니다.

둘째, 우리 회사의 가치가 개인의 가치보다 높은지를 생각해보세요.

만일 C레벨을 꾸려야 하는 이유가 명확하고 확실하다면 당연히 C레벨을 꾸리는 게 맞겠죠. 그것조차 제가 막고 싶지는 않습니다. 그럼에도 불구하고, 한 번만 더 생각해보셨으면 하는 화두를 던져보고 싶습니다. 초기 스타트업의 경우 회사의 가치가 개인의 가치보다 높기가 웬만해선 어렵습니다.

회사의 가치가 개인의 가치보다 낮으면 무슨 일이 벌어질까요? C레벨을 뽑았을 때 그 사람이 다행히 창업자와 잘 맞으면 좋지만, 한번 방향이 안 맞기 시작하면 그 임원 한 사람이 회사 전체를 흔들게 됩니다. 그 임원도 기업의 가치보다 본인의 가치가 큰 것을 본능적으로 알기 때문입니다. 스타트업에 있어서 임원 한 사람이 미치는 영향은 어마어마합니다. 한 사람의 임원을 잘 못 뽑은 탓에 핵심 업무가 중단되고 하위 직원들이 모두 퇴사하는 경우도 허다합니다.

실제로 어떤 스타트업에서는 CTOChief Technology Officer, 최고기술책임자를 한번 잘못 뽑았다가 중요한 개발 프로젝트가 모두 연기되거나 중단되는 경험을 했습니다. 긴급하게 개발 일정을 변경하거나 추가 개발 건이 발생하면 CTO가 이 핑계 저 핑계로 일을 거부하거나 태업을 해왔던 것입니다. 결국 그 회사는 1년간 서비스를 개편하지 못했고, 그런 내홍을 겪은 끝에 어려운 절차를 거쳐 그 CTO를 권고사직 시켰습니다.

또 어떤 스타트업에서는 CMOChief Marketing Officer, 최고마케팅책임자를 채용했는데, 이 사람이 들어온 이후로 하나 둘씩 직원들이 퇴사하기 시작하더니 어느새 마케팅본부의 거의 모든 직원이 퇴사하는 지경에 이르렀습니다. 알고 보니 퇴사하는 모든 직원이 새로 온 CMO의 무능함과 모욕적 언사 등을 못 이기고 퇴사했던 것입니다. 이 회사 역시 한참의 갈등을 겪어가며 CMO를 권고사직 시켰는데, 그 과정 또한 순탄치 않았습니다. 권고사직 이후에도 CMO였던 그 사람은 한참 동안을 회사에 대한 허위 및 과장된

이야기를 업계에 쏟아내며 회사의 이미지를 추락시켰습니다.

이런 모든 일이 회사의 가치가 개인의 가치보다 낮기 때문에 발생하는 것입니다. 이런 상황에서는 C레벨 한 명을 잘못 뽑으면 이 사람과 함께 하는 동안에도 문제, 그 사람이 퇴사하고 나가서도 문제입니다. 따라서 재정적 여력이 있고 초기 기업임에도 불구하고 C레벨을 뽑아야 하는 분명한 이유가 있다고 하더라도 초기에 임원진을 꾸리는 것에 대해서는 최대한 보수적으로 생각하시고, 후보자 한 사람 한 사람에 대해 신중하게 검토하셔야 합니다.

스타트업은 멋지고 혁신적인 기업이기 이전에, 아주 작은 회사입니다. 회사의 규모가 커지고 조직이 거대해지면 당연히 임원진도 필요하겠죠. 그러나 아직 작디작은 초기 기업인 상태에서는 창업자가 돌아가는 모든 일에 대해 오너십을 갖고 직접 챙기는 것이 맞습니다. 그렇기에 굳이 초기부터 C레벨을 구성하는 것보다는 회사의 가치가 개인의 가치보다 훨씬 더 높아졌다고 생각될 때 구성하는 것이 옳은 판단이라고 생각합니다. 스타트업에게는 한 사람이 가지는 영향력이, 특히 그 사람이 C레벨이라면 회사 전체를 흔들 수도 있을 만큼의 영향력이 있다는 것을 잊지 마시기 바랍니다!

32

도움을 주신 분들에게
지분 보상을 고려할 때

사업에 도움을 줄 테니 주식을 좀 달라는 분들이 몇 분 계십니다. 보통 스타트업이 이런 분들에게는 몇 %의 지분을 드려야 하나요?

"

누구에게 얼마를 주느냐 이전에, 지분을 주는 게 맞는지부터 판단해보세요. 지분은 고마운 사람에게 주는 게 아닙니다. 고마운 사람에게는 현금으로 보상하세요. 지분은 지분의 가치를 올리는 데 기여할 수 있는 사람에게만 주어야 합니다.

Q

안녕하세요? 창업한 지 만 3년이 지난 코딩 교육 분야의 스타트업입니다. 저희는 초기에는 교습소로 시작해서 돈을 벌다가 지금은 오프라인 학원과 온라인 플랫폼까지 병행하고 있습니다. 다행히 초기부터 돈을 버는 모델로 시작해서 투자받지 않고 잘 운영해왔습니다. 그런데 이제 좀 이름이 알려지니 여기저기에서 도움을 줄 테니 지분을 달라고 요구하는 분들이 부쩍 늘었습니다. 제휴를 도와주겠다는 분, 특허를 봐주겠다는 변리사님, 채용에 도움을 주겠다는 헤드헌터 등 몇몇 분이 무상으로 도움을 주고 지분을 받고 싶다고 하시는데요. 이분들 중에는 지금까지의 사업에 도움을 주신 분도 있고, 이제 막 새로 알게 된 분도 계십니다. 보통 이런 경우에 각각 몇 % 정도씩 드리면 회사도 부담이 없고 받는 분들도 만족하는 수준이 될까요?

A

창업해서 회사를 운영하다 보면 여기저기 신세를 많이 지게 됩니다. 그렇게 도움을 주는 분들 중에는 의외로 지분을 달라고 요구하는 경우가 꽤 많습니다. 크게 보면 이런 사람들은 두 가지 부류인데요. 하나는 실제로 회사의 성장에 확신이 있어서 나중에 이 지분의 가치가 상당히 높아질 거라는 기대를 갖고 요구하는 경우이고요. 또 다른 경우는 어딘가에서 하나라도 터져라 하는 심정으로 여기저기 스타트업들에게 낚싯대 드리우고 지분을 받아놓는 경우입니다. 물론 이런 사람들 중에서도 진심으로 회사를 위해서 도와주는 분들이 있겠지만 대개는 이런 분들의

4부 HR 이슈가 버거울 때

성향은 도박판에 판돈을 걸어두는 심리와 유사한 것 같습니다.

그런데 이런 분들 중에는 우리가 반드시 경계해야 할 불순한 의도를 가진 사람들이 있습니다. 이런 사람들의 특징은 딱히 아직까지 도움을 준 것도 없으면서 "앞으로 공짜로 많이 도와줄 테니 지분을 좀 달라"고 요구합니다. 이런 경우에 창업자는 전문가처럼 보이는 그 사람에게 도움을 받고 싶기는 한데, 당장에 현금은 없으니 정말 지분을 줘야 하나 고민하게 됩니다. 창업자들은 생각보다 인정에 이끌리는 경우가 많습니다. 그만큼 힘들고 외롭기 때문입니다. 그런 힘든 상황에 자신에게 먼저 와서 손 내밀어주고 무상으로 도움을 주겠다고 약속하면 마음이 자꾸 가고 의지하게 되는 것입니다. 그래서 정말 이런 분들에게 지분이라도 나눠줘야 하나 싶은 마음이 드는 것입니다.

이 질문에 대한 대답을 명확하게 드리겠습니다. 지분은 고마운 사람이 아니라, 앞으로 지분의 가치를 올리는 데 기여할 수 있는 사람에게 주셔야 합니다. 지금까지 도움을 받았던 사람이든, 앞으로 도움을 줄 것으로 기대되는 사람이든, 지분의 가치, 즉 회사의 가치를 높이는 데 확실히 기여할 수 있는 사람이라면 지분을 주셔도 됩니다.

그러나 창업 초기에 도움을 받긴 했으나 그 이후로 사업의 성장에는 기여가 없었다든가, 혹은 앞으로 도와주겠다고 하는데 확실한 신뢰 관계가 쌓이지 않았을 때에는 절대 지분으로 보상해주면 안 됩니다. 이 사람들은 앞으로의 회사 가치를 높일 수 있을

지가 불분명하기 때문입니다. 지분이란 게 나누어줄 때에는 마치 환산한 만큼의 현금을 나누어주는 기분이지만, 엄밀하게 지분은 현금과 달리 그 가치가 언제든 변할 수 있는 유가증권입니다. 그렇기 때문에 그 유가증권의 가치를 높여줄 수 있다는 확신이 든다면 지분을 나누어주지만, 그런 확신이 들지 않는다면 오히려 현금으로 보상하는 것을 추천합니다. 과거의 고마움을 미래의 가치로 보상하실 필요가 없다는 것입니다.

지분을 함부로 나누어주어서는 안 되는 또 다른 이유가 있습니다. 바로 지분이라는 것은 '권리'이기 때문입니다. 적든 많든 지분을 들고 있다는 건 '주식회사'에 어떤 형태로든 영향을 미칠 수 있는 권리를 갖고 있다는 의미입니다. 단순히 보상 수단이 아니라는 말입니다. 그러니 그러한 권리를 쉽게 나누어준다는 것 자체가 상식적으로만 생각해봐도 굉장히 위험한 일이겠죠. 창업 과정에서 도움을 받아서 고맙다는 의미로 지분을 나누어주었다가 낭패를 보는 경우가 종종 있습니다.

여기까지 글을 읽으면서도 이렇게 생각할 수 있을 것입니다. "아니 뭐 그까짓 지분 몇 % 나눠주는 게 뭐 그렇게 문제가 된다고…." 그러나 투자를 받고 시간이 흘러 다양한 주주들이 회사에 섞이게 되면, 어떤 경우에는 지분 1~2% 때문에 회사의 경영권을 뺏길 수도 있는 위험에 처할 수 있습니다. 심지어 내 편이라고 믿었던 공동창업자도 돌아설 수 있는 마당에 그렇게 소수 지분을 들고 있는 몇몇 주주는 언제든 태도를 바꿀 수 있다는 것을 잊으시면 안 됩니다. 창업자와의 신뢰 관계가 명확하지 않은 소액 주주들은 회사의 성장에 반하는 주주들과의 결탁을 통해 단기적인 이익만을 추구할 가능성이 얼마든지 있습니다.

또 이런 경우도 있습니다. 유명한 변호사, 변리사, 회계사 등 전문가에게 지분을 주고 도움받을 것을 기대했는데, 이름만 걸어놓았을 뿐 도움이 되지 않았습니다. 심지어는 스타트업 여럿에게 지분만 받아놓고 도움은 주지 않는 것으로 이미 소문이 파다한 사람이 있다면, 그런 경우는 그 사람이 우리 회사의 주주명부에 이름을 올린 것만으로도 회사의 이미지에 악영향을 주게 됩니다. 이런 경우 투자유치 과정에서, 문제가 되는 이 사람의 지분을 정리하지 않으면 투자하지 않겠다는 투자사의 요구를 받기도 합니다. 특정 주주가 가진 이미지와 신뢰도가 그대로 내 회사에 투영되고 전이될 수 있기 때문에 누군가에게 지분을 준다는 것, 즉 우리 회사의 주주명부에 누군가를 올린다는 것은 그만큼 신중해야 하는 것입니다.

그렇다면 창업 과정에서 분명히 도움을 받았고 향후에도 도움을 줄 수 있을 거라고 생각되어서 지분을 나누어주고 싶다면, 어떤 방식으로 주는 것이 좋을까요? 보통주를 아무 조건 없이 주는 것보다는 스톡옵션Stock option, 주식매수선택권을 부여하거나, 혹은 보통주를 주더라도 일정 기간 내에 매각을 금지한다거나, 매각 시 창업자에게 우선적으로 매각해야 한다거나, 회사의 성장에 저해하는 행위가 있을 경우 지분을 조건 없이 회수할 수 있도록 하는 등

특정한 조건을 붙이는 것이 좋습니다.

이런 조건들이 붙게 되면 지분을 받은 사람도 회사의 성장을 위해 함께 노력하고 협조할 수 있는 여건이 마련된다고 볼 수 있습니다. 만일 조건을 달겠다고 했을 때 반발할 경우, 그런 사람은 회사의 성장에 함께 하고 싶은 사람이 아니라고 판단하셔도 좋습니다. 이렇게 주식을 공여하거나 매매하면서 조건을 달아야 할 경우는 앞에서 제가 말씀드린 몇 가지 방식 외에도 다양한 아이디어가 있을 수 있으니 변호사와 상의하면서 한 번쯤 이런 경우에 대한 계약의 틀을 잡아놓는 것도 좋습니다.

지분이 가지는 의미와 무게감을 생각하시면서, 신세 진 사람이 아닌 회사의 성장을 위해 함께 뛸 사람에게 의미 있는 지분을 나누어주셔야 합니다. 그런 분들과 함께 지분의 가치를 올리며 지속적으로 성장하는 회사를 꾸려 가시길 바랍니다!

4부에서 꼭 기억해야 할 핵심 포인트

29 초기 멤버, 열정과 능력 중에 뭐가 더 중요할까?

아주 냉정하게 지금 필요한 요소가 열정인지 능력인지 판단해 보세요. 마냥 사람 욕심 내면서 이 사람 저 사람 영입하는 건 절대 금물입니다.

30 믿었던 초기 멤버가 '돈'을 요구하며 돌변할 때

초기 멤버라 해도 창업자와 같은 마음일 수는 없어요. 이 점을 빨리 받아들여야 합니다. 누군가는 비전 충만하겠지만, 누군가는 '현금 충만'하길 바랄 거예요.

31 C레벨 구성이 고민될 때

스타트업에서는 C레벨 단 한 명이 회사를 흥하게도 망하게도 해요. 회사의 가치가 개인의 가치보다 훨씬 높아졌을 때 C레벨을 구성해도 늦지 않습니다.

32 도움을 주신 분들에게 지분 보상을 고려할 때

일단, 지분을 주는 게 맞나요? 지분은 고마운 사람이 아닌, 지분의 가치를 높일 수 있는 사람에게 주어야 해요. 그런 사람이 아니라면 어떻게든 현금으로 보상하는 게 맞습니다.

창업가의 질문

초판 1쇄 인쇄 2024년 6월 26일
초판 1쇄 발행 2024년 7월 3일

지은이 최유환

편집 정은아 **표지디자인** 페이퍼컷 **본문디자인** 박은진
마케팅 임동건 신현아 **경영지원** 이지원
출판총괄 송준기 **펴낸곳** 파지트 **펴낸이** 최익성

출판등록 제2021-000049호
주소 경기도 화성시 동탄원천로 354-28 **전화** 070-7672-1001
이메일 pazit.book@gmail.com **인스타** @pazit.book

© 최유환, 2024
ISBN 979-11-7152-049-7 03320

THE STORY FILLS YOU
책으로 펴내고 싶은 이야기가 있다면, 원고를 메일로 보내주세요.
파지트는 당신의 이야기를 기다리고 있습니다.